조선 500년 대민 커뮤니케이션 윤음(綸音) 연구

박종민 · 남태우 · 김상연 공저

학지사비즈

발간을 축하하며

황성욱(한국PR학회 회장, 부산대학교)
2024년 1월

주지하다시피 현대 PR학은 1980년대 그루닉의 PR모형 제안을 중심으로 체계적인 이론적 틀을 갖추기 시작하였다. 이후 많은 아시아권 학자의 학술적 노력이 함께하며 주로 서양을 중심으로 PR학이 체계화되어 왔다. 하지만 상대적으로 아시아권에서의 PR의 역사를 살펴보는 노력은 현저히 미흡했던 것이 사실이다. 이러한 공백을 인지하면서 한국PR학회는 이 같은 문제의식을 가진 커뮤니케이션 및 행정학자로 구성된 이 책의 저자들의 역사에 대한 높은 관심에 크게 주목하였다. 조선 500년 대민 커뮤니케이션 연구 사료가 충분히 존재하고, 이는 서구인들에게는 부러움의 대상이 되고 있으며, 이를 분석하는 것은 한국PR학의 역사를 정립하고 대민관계 역사를 서양에 알리는 전환점이 된다고 저자들은 설명하였다. 한국PR학회는 이에 공감하며 이 책이 기획 및 집필되는 과정을 기쁜 마음으로 후원하였다. 우리의 PR역사를 되돌아보고 체계적으로 분석하며, 나아가 현 시대와 비교하여 함의를 얻는, 학술적으로 그 의미가 매우 큰 연구 결과를 한 해 동안 기다렸다.

제1장에서는 '조선 500년 대민 커뮤니케이션'을 살펴보기 위해 매우 체계적으로 윤음을 분석하였다. 시대적 배경을 비롯한 다양한 변인을 분석 틀로 제기하였고, 단순한 일련의 요인을 중심으로 한 분석에 그치는 것이 아니라 서구에서 정립된 다양한 PR이론을 분석의 프레임워크로 하면서 축적된 학술자산의 활용을 게을리하지 않았다. 이 같은 이론을 토대로 한 현명한 접근과 분석은

서구 이론과의 연결을 통해 독자로 하여금 나침반을 쥐고 조선시대의 대민소통을 즐겁게 여행할 수 있도록 해 주었다.

정책학 차원의 분석을 다루는 제2장의 연구 결과는 커뮤니케이션학과 행정학을 연결하면서 두 영역의 학자들에게 건강한 지적 자극을 제공한다. 제2장에서 가장 두드러지는 내용을 살펴보면, 흔히 대탕평의 시대라 불리는 영정조 시대에 윤음이 증가했다는 것이다. 이는 극단적 대립이 아닌 고른 인재등용의 탕평의 시대에 대국민 소통 또한 자연스레 증가하였음을 의미한다. 정치의 안정과 대국민 소통의 정적 상관관계는 뻔한 결과인 것처럼 보이지만 정치권의 대립과 갈등에 지쳐 방황하는 우리에게 앞으로 나아가야 할 지향점을 명백히 보여 준다.

제3장에서는 정성적 분석에 그치는 것이 아니라 빅데이터 기반의 분석 기법들을 동반하는 세심한 노력 또한 기울이고 있다. 예를 들어, 토픽 모델링 등 다양한 기법을 통해 머신이 말하는 조선시대의 왕들의 대민 소통을 과학적으로 진단하고 그 분석 결과를 일목요연하게 제시한다. 특히 세종, 선조, 영조, 정조, 고종으로 이어지는 각 시대별 특징에 대한 해석과 현 시대와의 은근한 비교 해석은 제3장의 하이라이트라고 볼 수 있다.

이처럼 중요한 사료를 토대로 조선의 PR역사를 분석한 이 책은 단순히 책 한 권에 그치는 것이 아니라 학자들에게는 한국형 PR에 대한 후속 연구와 관심을 이어가게 하는 시발점이 될 것이다. 또한 현대 정부PR, 정책PR 실무자로 하여금 역사가 반복될 수 있음을 상기시키면서 과거 대민 소통의 장점을 배우고, 실수를 되풀이하지 않는 현명한 소통기획자가 되게 하는 데 일조할 것이다.

끝으로, PR을 배우고 익히고자 하는 많은 후학에게 한국PR의 역사를 가르치고 알리는 소중한 자료로 널리 활용될 수 있을 것이다. 체계적인 조사와 분석을 위해 인내심을 갖고 수고해 주신 저자분들에게 깊은 감사를 드리며 축사를 맺고자 한다.

머리말

『조선 500년 대민 커뮤니케이션: 윤음(綸音) 연구』의 머리말을 학지사로부터 요청받고 필자가 집필한 제1장의 앞부분에 『조선왕조실록(朝鮮王朝實錄)』에 대한 소개가 비교적 상세하지 못함이 생각났다. 이에 머리말 첫부분에는 『조선왕조실록』에 대한 소개를 간략하게 해 보고자 한다.

『조선왕조실록』은 1392년 조선시대 제1대 왕 태조로부터 1864년 제25대 왕 철종에 이르기까지 25대 472년간의 역사를 연월일 순서에 따라 편년체로 기록한 역사서이다. 철종 이후 『고종황제실록』 『순종황제실록』은 일제강점기에 일본인들의 지시를 받으며 편찬되었기 때문에 사실 왜곡 등이 심하여 실록으로서의 가치가 손상되었다. 총 1,893권 888책, 필사본 · 인본, 정족산본과 태백산본 등이 일괄적으로 1973년 국보로 지정되었으며, 1997년에는 훈민정음과 함께 유네스코 세계기록유산으로 등록되었다(한국민족문화대백과, 한국학중앙연구원).

편찬 과정을 살펴보아도 『조선왕조실록』이 가지는 고증적 가치가 잘 드러난다.

> 과정은 초초(初草) · 중초(中草) · 정초(正草)의 3단계로 나뉘어 있다. '초초는 각 방의 당상과 낭청(郎廳)이 자료를 분류하고 중요자료를 뽑아 작성한 초안이다. 중초는 도청에서 그 내용을 수정 · 보완한 것이고, 정초는 총재관과 도청 당상이 중

> 초를 교열하고 최종적으로 수정 · 첨삭을 하여 완성한 것이다. 정초본을 인쇄하여 사고(史庫)에 봉안하고 편찬에 이용된 시정기 · 사초 및 초 · 중 · 정초는 모두 세초(洗草: 없애는 것)하였는데, 이는 앞으로 필화를 막자는 것이었다. 초기에는 실록청의 기사관이 편찬 작업 중 알게 된 사실을 누설하여 처벌받은 일도 있었고, 사초에 사관의 이름을 명기하도록 하여 문제가 되었던 적도 있었으나, 대체로 편찬과정의 공정성과 익명성은 보장되었던 것으로 평가된다. 사고에 수장시킨 『실록』은 충해와 습기에 의한 오손을 막기 위하여 정기적으로 포쇄(曝曬)하도록 하였고 이상 유무를 확인하기 위하여 형지안(形止案)을 작성하였다. 실록은 선왕 및 신하들의 행적과 정책의 득실을 기록한 것이었으므로 국가의 제례나 사신 접대 등 주요 행사가 있을 때 전례(前例)를 참고하기 위해 사관이 내용 일부를 확인하는 경우를 제외하고는 누구의 열람도 허용되지 않았다.
>
> –조선왕조실록(朝鮮王朝實錄), 네이버 지식백과, 두산백과 두피디아, 두산백과–

『조선왕조실록』의 보관 과정도 흥미롭다. 처음에는 춘추관 · 묘향산 · 태백산 · 오대산 · 강화도 마리산에 새로 사고를 설치하여 보관하였다. 현재 남한에서 소재가 파악된 『조선왕조실록』은 총 2,219책으로, 이 가운데 정족산본 1,187책과 낙질 및 산엽본 99책이 서울대학교 규장각한국학연구원에 소장되어 있으며, 그 밖에 태백산본 848책이 국가기록원 역사기록관에, 오대산본 75책이 국립고궁박물관에, 적성산본 4책과 봉모당본(奉謨堂本) 6책이 한국학중앙연구원 장서각 · 국립중앙도서관 등에 소장되어 있다(https://sillok.history.go.kr/intro/intro.do).

『조선왕조실록』의 종합적 가치평가 역시 다음 문구를 통해 정리가 가능하다.

> 『조선왕조실록』은 왕실 중심의 서술방식과 명분론적 시각, 당론(黨論)에 의한 곡필(曲筆)의 문제 등이 한계로 지적될 수 있으나 조선시대의 정치 · 경제 · 사회 · 문화 등 다방면에 걸친 역사적 사실을 망라하여 수록하고 있는 세계적으로 귀

중한 문화유산임은 물론, 조선시대를 이해하는 데 있어 가장 기본적인 사료이다. 1997년 10월 유네스코 세계기록유산으로 지정되었다.

–조선왕조실록(朝鮮王朝實錄), 네이버 지식백과, 두산백과 두피디아, 두산백과–

이 연구를 위한 기초분석자료로는 국사편찬위원회 사이트에서 제공하는 『조선왕조실록』의 국역본을 활용하였다. 윤음은 본문에서도 언급되었듯이 '조선시대 국왕이 국민에게 내린 훈유(訓諭)의 문서'이다(한국민족문화대백과). 국사편찬위원회 사이트에는『조선왕조실록』내 윤음이 총 1,052건 있었고, 각 실록별 태종(1), 세종(32), 문종(7), 단종(8), 세조(34), 예종(9), 성종(22), 연산군(3), 중종(15), 명종(14), 선조(49), 선조수정실록(3), 광해군일기 중초본(17), 광해군일기 정초본(11), 인조(15), 효종(10), 현종(4), 현종개수(11), 숙종(47), 숙종보궐정오(1), 경종(9), 경종수정(7), 영조(196), 정조(262), 순조(80), 헌종(7), 철종(18), 고종(155), 순종(1), 순종부록(4)이 있었다.

이 책은 사회과학방법론에 충실하게 분석되었다. 인식론(epistemology)은 인류에게 진리 탐구의 긴 여정이다. 이에 기반한 사회과학방법론(research methodology for social science)과 방법론 유형 중 하나인 양적 내용 분석(quantitative content analysis)은 '기초자료의 대표성과 분석 방법의 과학적 엄밀성'을 매우 중요하게 생각한다. 이 연구 결과가 조선시대 왕의 대민 커뮤니케이션을 그리고 윤음을 완벽하게 고증하였다고 평가할 수는 없다. 그러나 500년이 지난 지금 조선 500년 기간을 현존하는 윤음자료를 활용한 최초의 분석이라는 것에 의미를 두고 싶다. 이러한 진리 발견의 흐름 속에『조선왕조실록』내 윤음을 연구하면서 필자들은 마치 이제까지 드러나지 않은 '600년 동안의 새로운 진실'을 밝혀낸다는 소명(召命)감과 신비감마저 느꼈다.

이 책의 전체 구성을 간략하게 소개하면, 필자가 정리한 제1장은『조선왕조실록』내 윤음 연구를 위한 기초 배경이 될 수 있는 윤음의 이해,『조선왕조실록』의 역사 기록적 가치, 조선시대 대민 커뮤니케이션 기존 논의들, 왕의 대민 커뮤니케이션으로서 윤음의 기능과 의미를 정리하였고, 제2장과 제3장의 윤음의 양적 내용 분석을 위한 변수들 및 연구 방법을 정리하였다.

성균관대학교 남태우 교수가 집필한 제2장에서는 분석변수로 선정된 시대적 구분, 임금별 재위 기간에 따른 윤음의 특징을 정리하였다. 더불어 윤음의 정책영역, 목표공중, 대상공간, 정책유형 I(Lowi, 1964), 정책유형 II(Wilson, 2001), 정책수단 I(Vedung, 1998), 정책수단 II(Schneider & Ingram, 1990), 정책수단 III(Hood, 1986), 정책 의제 설정 과정(Cobb, Ross, & Ross, 1976), 커뮤니케이션 목적, 커뮤니케이션 전략 방법(주도성) I(Hutton, 1999), 커뮤니케이션 전략 방법(이미지) II(Hutton, 1999), 정서 메시지 커뮤니케이션 위기 대응(Coombs, 1999)에 따른 윤음의 특징이 정리되었다.

제1장과 제2장이 휴먼 코딩을 통한 아날로그식 양적 내용 분석이었다면, 광운대학교 김상연 교수가 집필한 제3장에서는 LDA 토픽 모델링과 Word2Vec 기법을 활용한 윤음 분석이었다. 필자가 제3장 제목에서 멋지게 표현한, 그야말로 '머신이 바라본' 조선시대 왕의 대국민 커뮤니케이션을 살펴본 것이다.

솔직히『조선왕조실록』내 윤음 연구의 연구계획서는 이미 13년 전에 준비되어 있었다. 여러 번 연구 사업에 응모하였으나 고배를 마시고 말았다. 사장될 수 있었던 연구 아이디어에 힘을 얹어 주신 분은 서울대학교 명예교수이신 차배근 교수님이다. 차 교수님은 2022년에 저서『우리나라 전통신문 조선시대 조보 연구: 조선왕조실록 사료를 바탕으로』를 서울대학교출판문화원에서 출간하셨고, 직접 한 권을 보내 주셨다. 감사한 마음에 점심을 모시며 집필 아이디어를 말씀드렸고, 큰 용기와 응원을 보내 주셨다. 차 교수님의 저서에 비하면 졸고이지만 필자들의 열의가 담겼고, 또 이 연구를 바탕으로 우리나라 커뮤니케이션학, PR학 그리고 정책학이 한층 깊어지기를 조심스레 기대해 본다.

마지막으로, 이 책의 출간에 직접적으로 아낌없는 지원을 해 준 한국PR학회 황성욱 회장에게 감사의 뜻을 전한다. 학지사의 지원 역시 감사하다. 학자들의 노력에는 늘 함께해야 할 시간을 나누어 주는 가족의 배려가 뒤에 있다. 필자들의 가족들에게 감사하며, 필자, 가족 그리고 독자들 모두 건강하고 행복하기를 빌어 본다.

2024년 1월

필자들을 대표하여 박종민 적음

차례

제2장 정책PR의 관점에서 본 윤음 • 57

남태우 교수

제3장 머신이 바라본 조선시대 대민 커뮤니케이션 • 105

김상연 교수

제1장

조선 500년 대민 커뮤니케이션: 윤음(綸音) 연구

1. 들어가며

인류 집권체제의 대국민 관계(대민중 관계, 대민관계, 대민관계 커뮤니케이션, 대민 커뮤니케이션) 행위[1]에 대한 역사는 상당히 오래전부터 시작되었음을 알려 주는 다양한 역사적 증거가 세계 도처에 남아 있음을 확인할 수 있다. 일반적으로 국민을 통치하는 커뮤니케이션 방법은 연설 및 방송, 출판물과 신문, 행사 및 시위, 서신과 편지, 문화적인 행사와 관례 등으로 이루어져 왔다. 통치자들은 커뮤니케이션 매체를 활용한 공개 연설을 통해 중요한 정책, 결정 또는 사건에 대한 정보를 전달하거나 동의를 얻으려는 노력을 기울였다. 또 일부 통치자들은 서신이나 편지를 통해 개인적으로 국민들과 소통하고 질문에 답하거나 의견을 나누는 기회를 제공하였다. 정부나 통치자의 출판물, 정론지, 신문 등을 통해 국민들에게 정책 설명이나 이슈에 대한 정보를 전달하기도 하였다. 행사 및 시위에서 국민들과 직접적으로 만나는 행사나 시위에 참여함으로써 의견을 나누기도 하였다. 행사 중에는 문화적인 행사와 관례도 있어 이를 통해 통치자들은 국민들과 교류하고 문화적인 연결을 강화하였다.

이 연구는 이러한 집권 통치자들이 대민관계에 관한 관심의 결과이다. 필자는 오랫동안 정책홍보 및 정책커뮤니케이션 과목을 대학에서 강의하고 또 관

---

1) 이 책에서는 대민중 관계, 대민관계, 대민관계 커뮤니케이션, 대민 커뮤니케이션, 정책커뮤니케이션, 정책PR, Government PR, GPR을 큰 의미 차이 없이 혼용하였음을 밝힌다.

련 연구를 진행해 왔다. 그러던 중 15년 전쯤에 우리나라에 존재하는『조선왕조실록(朝鮮王朝實錄)』이 통치자들의 대민관계 그리고 통치자들과 민중의 관계를 촘촘하고 세밀하게 연구할 수 있는 좋은 사료적 가치가 있다고 판단하였다.

그간 연구 결과들을 살펴보면, 우리나라에서 국가 조직 대민관계의 역사에 대한 연구들이 그동안 활발히 진행되지 못하였다. 실례로 한국 상고사를 기록한『삼국사기(三國史記)』에는 국가를 통치하는 수단으로서의 대민관계 행위들이 직·간접적으로 이루어졌다는 암시들이 곳곳에 남아 있음에도 불구하고 이와 관련된 학술적 연구는 많지 않았다. 반만년의 역사를 가진 우리나라는 잦은 전란 등으로 인하여 연대에 비해 사료의 양이 부족하다.『삼국사기』나『삼국유사(三國遺事)』『고려사(高麗史)』와 같은 자료들은 방대한 기간을 함축하여 다루고 있기 때문에 세밀한 연구를 하기에 어려움이 있다.

이에 이 연구는 대민관계의 모습을 살펴보기 위해 세계적으로도 인정받는 한국 기록문화의 보고(寶庫)이자 체계가 가장 확고히 잡혀 있는 사료로 손꼽히는『조선왕조실록』을 통해 부분적으로나마 조선시대 대민관계를 고찰해 보려 한다.

조선시대는 공중과의 커뮤니케이션이 상당히 발달한 시대였다. 언관 등의 청요직(淸要職)이나 상소제도, 신문고제도 등 다양한 언론제도를 비롯하여 격쟁 같은 상향식 커뮤니케이션 행위들이 활발하게 이루어졌으며, 조선왕조의 대민관계이자 하향식 커뮤니케이션인 윤음(綸音), 교서(敎書)[2] 등도 활발하였다.[3]

---

2) 국왕이 내리는 명령서·훈유서(訓諭書)·선포문(宣布文)의 성격을 가진 문서이다. 황제가 내릴 경우에는 조서(詔書) 또는 칙서(勅書)라고 한다. 원나라의 지배하에 들어가기 전의 고려와 대한제국시대에는 조서라고 하였다. 한편, 왕세자가 왕을 대신해서 대리청정할 때 왕세자가 내리는 유훈을 영서(令書)라고 하는데 이것은 왕의 교서와 같은 효력을 가진다. 교서의 종류는 내용에 따라 매우 다양하다. 예를 들면, 즉위교서(卽位敎書)·구언교서(求言敎書)·공신녹훈교서(功臣錄勳敎書)·배향교서(配享敎書)·문묘종사교서(文廟從祀敎書)·반사교서(頒赦敎書)가 있다. 그 밖에 사여(賜與)·권농(勸農)·사명훈유(使命訓諭)·봉작(封爵)·책봉(冊封)·가례(嘉禮)·납징(納徵)·포장(褒奬) 등의 교서가 있다. 교서 또는 조서는 대개 문신이 제진(製進)하여 왕의 열

윤음은 정부정책을 결정하는 국정운영의 최고 수반인 국왕이 관료들과 백성들에게 그 뜻을 전달하는 대민관계 매체였다. 윤음의 내용에는 충·효·열 등의 유교적 도덕관을 비롯하여 국가의 중대사까지 다양한 주제를 다루고 있었으며, 필요에 따라 활용하고 있었다는 것을 확인할 수 있다. 이는 현대 국가에서 행해지는 정부의 대민관계와 매우 유사한 목적과 모습을 가지고 있음을 의미한다. 이 연구에서는 향촌 사회에서부터 국정 전반의 이르기까지 다양한 내용을 필요에 따라 관료들과 백성들과 커뮤니케이션하는 대민관계 매체로서 윤음에 대해 알아보고자 한다. 이러한 분석으로 조선왕조의 대민관계 철학에 새로운 이해를 제시할 수 있을 것이다.

또한 기존 윤음을 단지 행정적 조치를 위한 도구로서 한정하여 정의하기도 하였다. 그러나 윤음은 단순한 행정행위를 넘어 조선시대 정부의 대국민 커뮤니케이션 도구로 이해할 수 있으며, 이는 한반도 역사에서 정부의 대국민 커뮤니케이션 과정의 연구와 분석을 현재보다 약 500년을 더 끌어올린다는 의미도 있다. 사실 공중관계(Public Relatons: PR)[4]학을 주도하는 미국 PR역사의 시

람(閱覽) 또는 청문(聽聞)을 거치게 된다. 교서는 원문서(原文書) 그대로 전래되는 경우도 있지만, 그 경우에는 발급된 교서의 수에 비하면 극히 소수에 지나지 않는다. 원문서 상태의 교서는 남아 있지 않다. 다만『조선왕조실록』『승정원일기』『일성록』등 관찬사서(官撰史書)와『동문선(東文選)』등에 전재되어 그 내용을 알 수 있는 것이 많이 전해지고 있다. 그러나 전재 또는 전사(傳寫)된 것은 고문서로서의 성격을 상실한 것이다. 현재 전해지고 있는 교서 가운데에는 관찬사서나 문집류에 전재되지 않은 것이 상당수 있으며, 그중에는 그 시대의 역사를 연구하는 데 긴요한 자료가 되는 것이 많이 있다. 특히 현재 전해지고 있는 교서 중에는 개인에게 내려진 공신교서(功臣敎書)·사명훈유교서(使命訓諭敎書) 등이 대부분을 차지한다. 이것은 그 가문의 영예를 상징하는 유산이기 때문이다(한국민족문화대백과 참조).

3) 윤음은 왕의 명을 받아 나라의 사무를 처리하는 관료의 발표나 보고 등이며, 여기에 사용되는 특별한 발음법이 있다. 윤음은 대개 국왕의 명령을 나타내며, 왕의 의사를 전달하는 역할을 한다. 조선시대에는 중요한 정식 문서나 보고에 사용되었다. 교서는 왕의 지시나 명령을 나라의 다양한 관료나 귀족에게 전달하는 문서이다. 교서는 윤음과 달리 특별한 발음법이나 언어적 규칙은 적용되지 않는다.『조선왕조실록』내에서 교서는 왕의 명을 실제로 전달하는 문서 형태로 나타난다.

4) 이 장에서는 공중관계(public relations)와 PR을 동일한 개념으로 혼용하여 사용하였음을 밝힌다.

발점(始發點)이 19세기 즈음으로 논의되며 연구되고 있는 상황에서, 이 연구는 조선의 적극적인 PR 커뮤니케이션의 증거로서 윤음을 분석함과 동시에 한국 PR역사의 정립과 동양의 대민관계 역사를 서양에 알리는 중요한 역할을 할 수 있을 것이라 기대한다.

또한 윤음의 내용적인 측면과 사상적 측면, 정치 · 사회적인 변화 등 당대 시대적 배경과의 연계를 통해 윤음의 변화 양상을 다양한 학문적 관점을 통해 발견하고자 하였다. 윤음은 국정운영의 수반인 왕이 충효열 등 기본적인 도덕에서부터 국가의 중대사까지 다양한 내용을 필요에 따라 관료들과 백성들에게 전달하는 매체였으며, 이는 근대 국가 건국 이래로 행해진 정부의 대민관계 및 정부PR과 상당히 유사한 목적과 양태를 가지고 있음을 알 수 있다. 따라서 이 책에서는 이와 같은 윤음 연구를 통해 조선왕조의 하향식 대민관계 커뮤니케이션의 모습을 살펴보고, 윤음의 구체적인 내용과 역할에 대해 사회과학적 방법을 통해 객관적인 방법으로 고찰하였다. 윤음의 분석 범위는 1392년 조선을 건국한 태조 임금부터 1863년 철종 대에 이르기까지 472년간의 역사를 기록한 『조선왕조실록』을 통해서이다. 또한 연구를 위한 기초분석자료의 내용은 교육과학기술부 국사편찬위원회 사이트에서 제공하는 『조선왕조실록』의 국역본을 토대로 분석하였다.

윤음 분석은 조선의 역사적 기간, 윤음의 주제 및 특성, 커뮤니케이션 및 공중관계(public relations)에서 커뮤니케이션 과정과 방법을 분석하는 기존 분석 유목 등 다양한 분석변수들을 통해 연구가 가능하다.

우선 윤음이 실제로 어떠한 내용을 담고 있는지, 쟁점별로 구분하여 유목을 선정하였다. 유목 선정 방법은 『조선왕조실록』 사이트에서 윤음으로 검색이 되는 1,052건 중 100건을 무작위로 선정한 후 『조선왕조실록』 데이터베이스에서 사용되는 분류색인과 비교하여 귀납적으로 도출하였다.

조선시기를 시대적으로 구분하는 방법도 다양하다. 여기서 정치변동에 따른 윤음 내용은 임금의 재위와 기간에 따라 분석이 이루어졌고, 정치 · 사상적인 변동을 중심으로 전기, 중기, 후기의 구분 방식으로도 분석되었다. 조선은 일반적으로 태조가 조선을 건국한 후 체제정비가 완료된 14세기에서 15세기 사이의 시기를 전기(前期)로, 사림이 정치적으로 급부상하여 붕당정치가 진행되는 15세기에서 18세기를 중기(中期)로, 붕당이 붕괴하고 척족에 의한 세도정치가 실시되는 18세기에서 20세기 사이를 후기(後期)로 구분한다. 이러한 시대적 구분도 분석에 유용하였다.

또한 공중의 특성에 따라 윤음이 어떠한 양상을 보이는지에 대해 알아보고자 목표공중을 왕실과 관료, 백성과 유생으로 구분하였다. 관료와 백성은 실제로 선행연구에서 나타난 것처럼 한문본과 언해본으로 분리되어 윤음이 활용되었던 것과 같이 실제로 내용 면에서도 차이가 있을 것이라 추측된다. 특히, 왕실 사람은 왕족의 대우를 받았지만 정치적 행위는 금지되었으며, 유생은 정치가 최우선 목표이지만 아직 정치를 행할 수 있는 단계의 신분이 아니기 때문에 관료를 공중으로 하는 유목과는 특별히 분리하였다. 그뿐만 아니라 커뮤니케이션의 공간에 따른 특성을 알아보고자 중앙과 지방으로 나누었고, 전국에 유목이 반포되는 경우를 산정하여 '전국' 역시 공간 특성에 따른 유목으로 선정하였다.

더불어 윤음의 정책영역의 변숫값을 '① 국방 ② 교육 ③ 사상 ④ 인사 ⑤ 왕실 ⑥ 정치 ⑦ 사법 ⑧ 재정 ⑨ 천기 ⑩ 농업 ⑪ 풍속 ⑫ 외교'로 정하고, 정책의 변숫값을 두 가지, 즉 유형 I(Lowi, 1964)은 ① 분배정책 ② 재분배정책 ③ 규제정책 ④ 구성정책 ⑤ 기타로, 유형 II(Wilson, 2001)는 ① 다수주의정책 ② 기업가정책 ③ 고객지향정책 ④ 이익집단정책으로 분석하였다. 정책수단의 변숫값은 세 가지, 즉 수단 I(Vedung, 1998)은 ① 규제 ② 인센티브 ③ 설득으로, 수단 II(Schneider & Ingram, 1990)는 ① 권위 ② 인센티브 ③ 역량형성 ④ 상징권고 ⑤ 학습으로, 수단 III(Hood,1986)은 ①정보매개 ② 권위(법, 규제) ③ 재원 ④ 조직으로 규정하여 분석하였다. 정책 의제 설정 과정(Cobb, Ross, & Ross, 1976)의 변숫값은 ① 동원모형 ② 공고화모형 ③ 외부주도모형 ④ 내부접근모형으로 구분하였다.

『조선왕조실록』 내에 윤음은 '국왕이 국민에게 내리는 훈유(訓諭) 또는 그 문서(한국고전용어사전)'이다. 다시 말해, 국왕의 대국민 커뮤니케이션이고 커뮤니케이션 내용이다. 이 연구에서는 윤음을 하나의 커뮤니케이션 과정이라고 정의하고 커뮤니케이션 목적의 변숫값을 ① 정보제공 ② 태도변화 ③ 행동유도로, 커뮤니케이션 전략 방법(Hutton, 1999) 두 가지(주도성, 이미지)로 구분하였다. 주도성의 변숫값은 ① 사전추구적 ② 사후반응적으로, 이미지의 변숫값은 ① 인식개념중심적 ② 실체중심적으로 정의하여 분석하였다. 정서 메시지(① 정서감성전략사용 ② 정서감성전략부재)도 파악하였으며, 커뮤니케이션 위기 대응(Coombs, 1999)의 변숫값은 ① 방어전략(저책임) ② 수용전략(고책임)으로 분석하였다. 당대 조선의 대표적인 하향식 대민관계 커뮤니케이션이었던 윤음은 현대 대국민 공중관계(public relations) 관점에서도 충분히 분석이 가능할 것이라고 추측된다. 따라서 PR행위 유형의 다양한 최근 분석 유목(Coombs, 1999; Hutton, 1999)의 타당성을 귀납적으로 조사한 후 적용하여 윤음을 분석하였다.

2. 윤음은 무엇인가

윤음(綸音)은 '조선시대 국왕이 국민에게 내린 훈유(訓諭)의 문서'이다(한국민족문화대백과). 한편, 한국고전용어사전에 따르면 '국왕이 국민에게 내리는 훈유(訓諭) 또는 그 문서'이며, 두산백과에서는 '국왕이 관인과 인민을 타이르는 내용을 담은 문서'라고 정의한다.

한국고전용어사전에서는 그 어원을 설명하는데, 『예기(禮記)』 치의조의 "임금의 말이 실과 같으면 그 나오는 것은 굵은 밧줄처럼 나온다[王言如絲 其出如綸]."라고 한 대목에서 유래되었다고 한다. 그 대상은 중외(中外)의 관료로부터 서민에 이르는 온 국민 또는 일정한 지역의 관원이나 민인 등 경우에 따라 다르며, 내용은 당시의 정치적 또는 사회경제적인 부문과 관련한 다양한 내용이 담겨 있다(한국고전용어사전 참조).

윤음을 '국왕이 관인과 인민을 타이르는 내용을 담은 문서'로 정의한 두산백과에서는 윤음의 내용이 의례적인 것에서부터 국가의 위기상황에 특별히 내려지는 것에 이르기까지 매우 다양하다고 소개한다. '매 연초에 내리는 농사를 권장하는 윤음이 가장 일반적인 것이며, 이 밖에 노인 공양, 변방민 등용, 반란 진압, 충효열(忠孝烈) 포장(褒奬), 사학(邪學) 배척, 기근 구제, 부세 탕감, 음주와 소 도살의 금지, 과거 폐단 개혁, 성의 방비, 서적 반포 등 국정 전반'에 걸쳐 필요한 대로 내려졌다(두산백과 참조). 정해진 형식은 없으며 '임금이 친히 지어 어떤 인물들에게 어떤 일로 내리는 윤음'이라는 것을 앞에서 밝히고 이어서 임금이 말하는 형식으로 서술되어 있다(두산백과 참조). 윤음의 대상은 정부 관인, 특정 지역의 인민들에서 나라의 신민(臣民) 전체에 이르기까지 많은 사람을 대상으로 하였으므로 주로 활자로 인쇄하여 반포하였다. 한문 작성이 일반적이었지만 일반민을 대상으로 할 때는 언해본을 덧붙였고, 또는 독립적으로 언해본을 간행하여 반포하기도 하였다. 어떤 윤음은 국왕의 뜻이 세밀하게 전달되지 않거나, 한 번의 행사로 넘어갈 염려가 있어 이에 효과를 확실히 하는 방법이 강구되기도 하였다. 예를 들어, '정조는 1797년(정조 21)에 노인 공양과 농업을 권장하고『소학』등의 반포에 대한 의미를 밝히는 윤음을 내리면서 전국의 감사와 수령들이 그 내용을 자필로 써서 현판을 만들고 탁본을 떠서 중앙에 제출'하게 한 적도 있다(두산백과 두피디아 참조).

한편, 한국민족문화대백과에 따르면, 윤음의 대상은 '중외의 관료로부터 민인(民人)에 이르는 온 국민, 또는 일정한 부류, 일정한 지역의 관원이나 민인' 등 경우에 따라 달라질 수 있다. 내용은 '양로(養老) · 권농(勸農) · 척사(斥邪) · 포충(褒忠) · 구휼(救恤) · 독역(督役) · 군포탕감(軍布蕩減) · 계주(戒酒) · 과폐이정(科弊釐正: 과거의 폐단을 바로잡음) · 수성(守城) · 반행(頒行: 발행해 반포함)

등' 매우 다양하다(한국민족문화대백과 참조). 윤음은 대개 많은 사람에게 널리 알릴 필요가 있는 것이므로 '주자(鑄字)로 간행하기도 하였으며, 양반관료만이 대상인 경우에는 한문으로 간인(刊印)해 반포하였고, 일반 민인을 대상으로 하는 경우에는 앞에 한문으로 된 윤음을 싣고 뒤에 언해한 것을 붙여 반포하는 것이 일반적'이었다(한국민족문화대백과 참조). 그러나 경우에 따라서는 언해본만 별도로 간행한 것도 있다. 대부분 국왕이 발급하는 문서는 원문서 한 통만을 필서해 주었으나, 녹권(錄券)이나 윤음과 같이 부수를 많이 필요로 하는 문서는 간인해 펴내었다. 윤음의 서식은 내용과 대상에 따라 차이가 있어 정식(定式)은 없었으나 기두(起頭)는 일반적으로 '御製諭某人等某事綸音(어제유모인등모사륜음), 王若曰云云(왕약왈운운)'로 표현되었다. 윤음의 내용은 당시의 정치적 또는 사회경제적인 면에서 문제가 되었던 것이 적지 않으므로 그 시대의 정치 및 사회경제 관계를 연구하는 데 귀중한 자료이다. 또한, 윤음에는 대개 언해본이 함께 붙어 있으므로 국어학 연구에서도 중요한 자료가 된다(한국민족문화대백과 참조).[5]

3. 왜 윤음을 연구하는가

『사기(史記)』 상군열전에는 진(秦)나라의 재상 상앙(商鞅)의 법률을 시행하기 위한 대민관계 행위[6]가 기록되어 있으며, 기원전 19세기 메소포타미아에

5) 윤음은 많은 부수가 필요한 경우에는 간행해 반포했기 때문에 현존하는 것이 많다. 그 가운데 1797년(정조 21년)에 반행한 『어제양로무농반행소학오륜행실향음의식향약조례윤음(御製養老務農頒行小學五倫行實鄕飮儀式鄕約條例綸音)』과 1881년(고종 18년)에 반행한 『어제유대소신료급중외민인등척사윤음(御製諭大小臣僚及中外民人等斥邪綸音)』은 수십 권의 책이 남아 있다(한국민족문화대백과 참조).

6) 원문: 令旣具, 未布, 恐民之不信, 已乃立三丈之木於國都市南門, 募民有能徙置北門者予十金. 民怪之, 莫敢徙. 複曰「能徙者予五十金」. 有一人徙之, 輒予五十金, 以明不欺. 卒下令.

서는 통치자가 농민들에게 농법에 관한 정보를 알리기 위한 '농사공보(A farm bulletin)'를 활용하였다는 역사적 증거들이 발굴되었음을 살펴보았을 때, 아주 오래전부터 인류의 삶 속에서 통치자의 대국민 커뮤니케이션이 행해져 왔음을 알 수 있다(노병성, 권오박, 2011). 그러나 우리나라 역사에서 가장 초창기 형태의 통치자 대국민 커뮤니케이션 과정과 방법에 대한 연구는 명확하지 않다.

이렇듯 우리나라의 대민관계 커뮤니케이션에 대한 역사적 연구들이 활발히 이루어지지 않은 데에는 구체적인 사료의 부족도 이유가 될 수 있겠으나, 그 무엇보다도 대민 커뮤니케이션 역사를 통시적으로 살펴보려는 노력이 부족했다는 것도 중요한 이유 중 하나이다. 삼국의 탄생부터 고려에 이르기까지의 역사를 기록한 『삼국사기』에서는 법령을 실시하기 위한 홍보의 의미로서 '반시(頒示)'와 '하령(下令)'[7]이라는 개념이 등장함에도 불구하고, 이에 커뮤니케이션 영역으로 접근을 시도하는 연구는 없었다. 이는 대민 커뮤니케이션 영역이 한국의 역사에서 차지하는 위상이 없거나 부족했다는 것이 아니라, 대민

해석: 이리하여 법령은 작성되었으나 아직 포고하지는 않았다. 백성들의 불신을 염려했기 때문이었다. 그래서 세 장(丈)이나 되는 나무를 국도(國都)의 저잣거리의 남문에 세우고, 모인 백성들 중에서 "이것을 북문으로 옮겨 놓을 수 있는 자에게 10금(金)을 준다."라 했다. 백성들은 이것을 이상히 여겨 옮기지 못했다. 다시 "옮길 수 있는 자에게는 50금을 준다."라 했다. 어떤 한 사람이 이것을 옮기자 즉시 50금을 주어 백성을 속이지 않는다는 것을 밝혔다. 그리고 나서 드디어 법령을 공포했다(『사기』 상군열전 내용 중).

7) 한국 『삼국사기』에 등장하는 '반시(頒示)'와 '하령(下令)'이라는 개념을 살펴보면, 반시는 삼국시대에 사용되었던 중요한 행정 개념 중 하나이다. 이 용어는 명령이나 법률을 발표하거나 공표한다는 의미를 가지고 있다. 특히 군사 명령, 법령, 국가 정책 등을 사람들에게 알리기 위해 사용되었다. 이러한 반시는 왕이나 장군 등 정치적 권한을 가진 인물이 발표하였으며, 이를 통해 국가의 정책이나 명령이 국민들에게 전달되었다. 하령(下令)은 명령을 내리거나 지시하는 행위를 가리키는 용어이다. 이 용어는 주로 지휘권이 있는 사람이 특정한 명령이나 지시를 하여 그 내용을 이행하도록 하는 것을 의미한다. 삼국시대에서는 왕, 장군, 관료 등이 군대나 정부 기관을 통해 하령을 내렸으며, 이에 따라 군사 작전이나 정치적인 결정이 이루어졌다. 하령은 권위 있는 인물의 지시에 따라 국가나 군대의 움직임을 조정하는 중요한 수단으로 사용되었다. 이렇게 '반시'와 '하령'은 삼국사기 속에서 중요한 행정 및 지휘 개념으로 사용되었으며, 국가의 운영과 군사 작전에 큰 영향을 미쳤다.

커뮤니케이션 영역에 대한 통시적 연구 그 자체가 부족했음을 의미한다고 볼 수 있다.

물론 한국사의 연대적인 기간에 비해 사료의 절대적 양이 부족한 것 역시 사실이다. 또한 한국의 고대사와 중세사를 엿볼 수 있는 기록으로서『삼국사기』와『고려사』가 방대한 기간에 비해 세세한 기록으로서의 가치가 부족한 것 역시 우리 역사 속에서의 대민 커뮤니케이션 모습을 살펴보는 데 한계점으로 작용한다. 따라서 이 연구에서는 우리 역사 속에서 행해진 대민관계 커뮤니케이션의 모습을 살펴보기 위하여 체계가 가장 확고히 잡혀 있는 사료이자 세계기록유산으로도 유명한『조선왕조실록』을 통해 우리나라 역사 내에서의 대민관계 커뮤니케이션을 사회과학적 엄밀성에 기초하여 고찰하는 것을 시도하였다.

연산군 대에 폐지된 신문고제도가 영조 즉위 이후 부활하면서 18세기 이후로 내부 혹은 아래로부터의 공중과의 커뮤니케이션이 발전해 가기 시작했다(손석춘, 2004). 이에 따라 이 시기의 대민관계 커뮤니케이션에 대한 접근 역시 언관(言官), 상소(上訴)와 같은 언론제도나 신문고, 격쟁 등의 상향식 커뮤니케이션 연구가 대부분이었다(박정규, 1993). 따라서 조정이 백성들에게 정책 등을 전달하는 대민 커뮤니케이션 영역이자 하향식 커뮤니케이션인 윤음(綸音)을『조선왕조실록』이라는 세밀한 역사적 자료를 통해 살펴보는 것은 새로우면서도 필요 타당한 연구적 가치가 높다.

부언하면 윤음은 국정운영의 수반인 왕이 충효열 등의 기본적인 도덕에서부터 국가의 중대사까지 다양한 내용을 필요에 따라 관료들과 백성들에게 전달하는 매체였으며, 이는 근대 국가 건국 이래로 행해진 정부의 대민관계 커뮤니케이션과 상당히 유사한 목적과 양태를 가지고 있음을 판단할 수 있다. 따라서 이 연구에서는 이와 같은 윤음 연구를 통해 기존의 상향식 커뮤니케이션뿐만이 아니라 하향식 대민관계 커뮤니케이션의 모습을 살펴보고, 윤음의 구체적인 내용과 역할에 대해 고찰하였다. 즉, 이 연구에서는 1392년 조선을 건국한 태조 임금부터 1863년 철종 대에 이르기까지[8] 472년간의 역사를 기록한

『조선왕조실록』을 통해 당대 조정이 공중과의 커뮤니케이션을 위한 커뮤니케이션 매체로서 윤음의 내용을 분석하였으며, 이를 위하여 당대의 사회적, 정치적 배경을 동시에 고찰함으로써 윤음이 어떠한 역할을 수행했는지 알아보았다. 또한 역사적 흐름에 따라 윤음이 어떻게 변화해 왔는지 살펴보았다.

4. 한국 기록문화의 보고(寶庫), 『조선왕조실록』에 관한 연구

『조선왕조실록』은 1392년에 역성혁명을 통해 고려를 무너뜨리고 조선을 건국한 태조(太祖) 이성계로부터 25대 임금인 철종(哲宗)에 이르기까지 역대 임금들의 행적을 중심으로 역사를 정리한 조선왕조의 공식 국가 기록이다. 『조선왕조실록』은 500여 년간 조선의 정치와 경제, 외교, 국방, 사법, 교육, 사상, 과학, 생활 등 광범위한 분야의 사실(史實)들을 총망라하였다. 한국 기록문화의 진수를 가장 잘 드러내 주는 대표적인 사료로, 1972년 국보 151호로 지정되었고, 그 우수성을 세계적으로도 인정을 받아 1997년 유네스코 세계기록유산으로 지정되었다(신병주, 2006).

『조선왕조실록』은 임금이 훙어(薨御)한 후 영의정을 비롯한 편수관(編修官), 수찬(修撰官) 등을 중심으로 설치되는 실록청에 의해 선대(先代)의 임금에 대한 실록을 편찬하는 방식을 취했다. 실록청은 선대 임금 시절 사관이 기록하였던 사초(史草)를 비롯하여 정부 기관의 각종 행정 기록인 『춘추관시정기(春秋館時政記)』 『승정원일기(承政院日記)』 『비변사등록(備邊司謄錄)』 그리고 개인이 작성

8) 『고종실록』과 『순종실록』은 최종 편찬이 일제에 의해 이루어졌기 때문에 사료적 가치가 떨어져 실록으로서 인정을 받지 못하고 있다. 하지만 고종과 순종 대의 윤음 양상을 알아보는 것도 충분히 가치가 있는 것으로 판단하여 연구 대상에 포함하였다.

한 문집 등, 취합할 수 있는 모든 사료를 종합하여 실록을 편찬하였다. 이러한 과정을 거쳐 편찬된 실록은 춘추관(春秋館)에 봉안 의식을 행한 후 각 지방에 흩어진 사고(史庫)에 보관되었다. 이처럼 복잡한 과정을 거쳐 제작과 보관이 이루어지는 이유는 임금의 무분별한 열람으로 인해 사관의 독립성이 훼손될 여지가 있기 때문이다. 전통적으로 동양에서 역사를 기록하는 것은 선대의 사실을 귀감(龜鑑)으로 삼고자 하는 목적이 최우선이었기 때문에 권력자에 의해 사료가 왜곡되거나 훼손되는 일을 크게 경계하였다(김경수, 2008; 한우근, 1998).

따라서 『조선왕조실록』은 역사기록의 객관성과 500여 년의 사건들을 세세하게 기록하였다는 점에서 상당한 가치를 가진 기록문이다. 또한 『조선왕조실록』은 단순한 조정의 정무만을 다룬 것이 아니었다. 임금과 신료들에 대한 내용과 당대 조선을 둘러싼 국제 정세, 국방정책과 현황, 의례나 음악 등의 예술분야, 천재지변이나 기상과 천문에 관한 과학적 사실, 법령과 제도에 대한 통계, 지방행정과 민중의 생활, 각종 상소문과 장계 등 당대 조선에서 이루어졌던 정치 · 경제 · 사회 · 문화 등 다방면의 동향을 파악할 수 있는 기록물이기 때문에 다양한 연구를 진행할 수 있는 자료로서 활용되고 있다(신병주, 2006). 이 연구에서는 한국 기록문화의 정수(精髓)이자, 다양한 연구 가능성의 가치를 내포한 『조선왕조실록』을 분석함으로써 실록에 나타난 당대의 대민 커뮤니케이션에 대해 알아보았다.

5. 조선시대 대민관계 커뮤니케이션에 관한 연구

조선시대 언론의 역할은 관학(官學)인 유학을 바탕으로 성리학적 질서를 구축하는 데 가장 큰 목적을 두었다. 동양에서는 언론이 유학의 전통을 기반으로 교화(教化)와 왕도(王道)를 추구해야 한다고 여겼다. 교화는 '사회의 정도(正道)를 이끌기 위해 인의(仁義)라고 하는 성인(聖人)의 가르침을 일깨우게 해야 함'

을 의미한다(최승희, 2004). 이는 치자(治者)가 언론을 통해 신민(臣民)이 올바르지 않은 길을 걷거나 어려움에 빠졌을 때 구제하고 사회의 질서를 유지하여 궁극적으로 유교적 이상향을 건설해야 한다는 것을 뜻한다. 왕도는 천하의 주인이 백성이라는 민본주의(民本主義) 사상을 기초로 하여, 군신(君臣)과 군민(君民)의 관계에서의 끊임없는 소통을 강조하고 있다. 이는 '언론에서 다루어야 할 것이 위민(爲民)과 관계가 되어 있지 않는 것이 없어야 함을 의미'한다(박기성 2004; 이규완 1991; 이석규 1998). 이처럼 성리학적 질서를 바탕으로 한 언론의 사상적 배경은 동양 각국은 물론이고 조선의 건국 이래로 상당한 영향을 끼쳤다.

조선시대에는 비교적 상향식 커뮤니케이션이 발전했다. 18세기 영조(英祖)와 정조(正祖) 임금 이후에는 대민 커뮤니케이션의 핵심 공중인 관료나 백성에 대한 커뮤니케이션이 증가하였고, 특히 백성과 민의(民意)를 전달하는 커뮤니케이션이 상당히 발달하였다(손석춘, 2004). 이러한 조선시대 커뮤니케이션에 관한 연구는 대부분 언론기구와 공론을 다루는 것들이 상당수 진행되어 왔다. 특히, 언관(言官)이라 불리는 사헌부와 사간원, 홍문관 등의 삼사(三司)의 기능에 대한 연구나, 공론(公論)의 의미나 소원(訴願)제도 등 상향식 커뮤니케이션에 관한 연구들이 주를 이루어 왔다(박정규, 1993; 오종록, 2009).

최승희(1984)는 조선왕조 초기 언관들의 언론 활동의 쟁점을 군주별로 분석하였으며, 김영주(2009, 2010)는 언론 활동에 대해 당대에 사회적 특성을 파악해야 함을 강조하면서 공론에 대해 주목하였고, 조정이 정치를 행하는 데 중요한 배경이 될 공론 형성을 위한 제도적 장치로서의 구언(求言)에 대한 연구를 진행하였다. 박정규(1993)는 이러한 경향에 대해 문제의식을 가지고 조선시대의 하향식 커뮤니케이션에 관한 연구를 진행하였다. 그는 대표적 하향식 커뮤니케이션으로서 교서와 윤음에 주목하였고, 이 개념들을 당대 조선의 정치사회적 사안에 대해서 조정의 메시지를 공중들을 상대로 널리 설득하는 매체라고 설명하였다. 또한 이러한 하향식 커뮤니케이션의 형태를 근대적 언론의 맹아(萌芽)로 표현하며 앞으로도 체계적인 분석이 필요하다고 강조하였다.

한편, 김복수(1993)는 조선시대 이루어졌던 커뮤니케이션 형태가 대부분 문서(文書)로 이루어졌다고 가정하여, 커뮤니케이션의 매체로서 고문서들을 일곱 가지 유형으로 나누어 살펴보았다(〈표 1-1〉 참조). 이는 당대의 커뮤니케이션을 단순하게 상향식 혹은 하향식으로 바라보는 것이 아니라 실질적으로 어떠한 종류의 커뮤니케이션이 수행되었는지 세부적으로 살펴보고자 하는 시도였다.

이와 같은 분류는 격쟁(擊錚)이나 신문고(申聞鼓) 등 문서로 진행되지 않은 커뮤니케이션에 대해 간과하였다는 점에서 보완이 필요하다. 하지만, 조선시대에 행해졌던 다양한 커뮤니케이션의 형태를 제도 중점으로 파악할 수 있으며, 조정이 공중을 상대로 하는 설득 커뮤니케이션에 관해 다루었다는 점에서 시사하는 바가 크다.

노병성, 권오박(2011)은 조선시대 행해졌던 설득 커뮤니케이션으로서 대민 커뮤니케이션 행위에 대한 고찰을 실시하였다. 이 연구에서는 당대에 유교적 질서로의 교화(敎化)를 위해 간행되었던 『삼강행실도』를 바탕으로 메시지의 전략과 효과 등을 PR 커뮤니케이션 관점에서 분석하였다. 『삼강행실도』는 조선시대 삼강오륜(三綱五倫)과 같이 기본적인 소양으로 갖추고 있어야 할 가르침에 대해 그림과 설명을 통해 알려 주는 기록물로서, 간행과 홍보 과정에서

표 1-1 조선시대 커뮤니케이션 형태에 대한 일곱 가지 유형 분류(김복수, 1993)

형태		세부 내용
제1유형	명령	국이나 관부가 백성에게 일방적으로 내리는 것
제2유형	쌍방향	국왕이나 관부가 관부나 백성이 올린 문서에 대해 답하거나 판결하는 것
제3유형	업무보고	관부가 업무에 대해 국왕에게 올리는 것
제4유형	업무전달	관부와 관부 간의 업무에 대해 전달하는 것
제5유형	소식전달	관부가 일반 백성에게 소식을 알리는 것
제6유형	의사소통	사인(私人)과 사인 간의 소통
제7유형	통지	서원, 향교, 결사 등이 관계자에게 알리는 것

조정과 관료, 백성들 간의 끊임없는 소통이 있었음을 밝혀냈다. 이 연구는 조정과 공중 간의 원활했던 쌍방향 커뮤니케이션 여러 형태가 당대에도 충실하게 이루어졌음을 설명하고 있다. 또한 그들은 〈표 1-2〉 〈표 1-3〉과 같이 조선시대의 대민 커뮤니케이션을 상향식과 하향식으로 분류하여 당대에 행해졌던 설득 커뮤니케이션이 체계적인 제도로서 행해졌음을 연구를 통해 주장하였다.

이 연구에서는 선행연구와 같이 조선시대의 대민 커뮤니케이션 활동에 대해 알아보기 위해 사회적인 특성을 고려하여 분석해 보고자 한다. 특히 조선의 정치적 변동에 따라 대민 커뮤니케이션 중 윤음(綸音)이 어떻게 활용이 되었는지 파악해 보고자 한다.

표 1-2 상향식 대민 커뮤니케이션 분류(노병성, 권오박, 2011)

매체	세부 내용
언관(言官)	임금에게 간언하는 일을 맡은 관원. 사헌부(司憲府)와 사간원(司諫院)의 관원을 통틀어 이르는 말
상소(上疏)	신하가 왕에게 글로써 자신의 뜻을 전하는 제도
윤대(輪對)	임금 앞에 나아가 진술하는 것
규혼(叫閽)	왕이나 고관들의 행차 길에 뛰어들어 직소하는 제도
신문고(申聞鼓)	억울함을 당한 백성이 왕에게 직접 호소할 수 있도록 만든 매체
등장(等狀)	조선시대에 집단으로 언명해 관청에 올렸던 소장, 청원, 진정서
만인산(萬人傘)	주로 지방 관리들의 치적을 중앙 정부 건물 내 주요 통로에서 알리기 위해 이용한 큰 우산. 큰 비단 우산에 붉은 실로 지방 관리의 이름과 직위를 적고 장식하여 주목을 끌게 만듦
복합(伏閤)	대궐의 합문 밖에서 하는 조정의 당상관 이상의 고급 관리들이 행하는 시위 형식
괘서(掛書)	조정이나 관가의 비리를 고발하거나 각성을 촉구하는 대자보

표 1-3 하향식 대민 커뮤니케이션 분류(노병성, 권오박, 2011)

매체	세부 내용
조보(朝報)	왕실의 명령, 정보, 의도 등이 관리 등에게 전달되는 대표적 PR 매체
비망기(備忘記)	국왕의 명령을 적어서 승지에게 전달하는 문서
비답(批答)	상소에 대한 국왕의 답변
교서(敎書)	국왕의 명령서
윤음(綸音)	국왕의 훈유문: 국왕이 관인과 인민을 타이르는 내용을 담은 문서
전교(傳敎)	국왕의 정령을 뜻하며, 주로 승정원을 통하여 전달
돈유(敦諭)	국왕이 의정이나 유현에게 면려를 권하는 글
유서(諭書)	국왕이 각 지방으로 파견되는 관찰사, 절도사, 방어사들이 부임할 때 내리는 명령서
봉서(封書)	겉봉을 봉한 문서로서 종친이나 근신에게 내리는 사신, 혹은 암행어사가 임지로 나갈 때에 비밀을 지키기 위하여 사대문 밖에 나가 보도록 쓴 명령서
판부(判付)	상주한 형사 사건에 대한 국왕의 판결문 형식
연설(筵說)	경연에서 이루어진 국왕과의 토론 내용, 일종의 회의록
방문(榜文)	오래전부터 상용되어 온 광고문이나 게시문

6. 조선의 시대적 정치변동과 대민관계 커뮤니케이션

조선시대 정치적 상황의 시대적 변화가 각 시대의 대민관계 커뮤니케이션에도 영향을 미쳤을 것이라는 유추는 타당하다. 동양 사회는 사족(士族)[9] 중심의 사회였다. 사족은 궁극적으로 '왕도(王道)를 행하고 교화(敎化)와 항산(恒産)을 통해 위민(爲民)을 정치 행위의 목적으로 삼아 유교적 질서 구축을 실현하는 일종의 통치 집단'이었으며 이러한 경향은 조선에서도 크게 다르지 않았다. 특히 조선 후기에 들어서서 급격하게 민중의 위상이 변화함에 따라, 향약과 두

9) 조선 후기 향촌 사회에서 농민을 지배하던 계층.

례 등을 중심으로 통치 질서를 강화하려는 움직임이 있었다. 격쟁(擊錚)[10]이나 상언(上言)제도[11]의 양상을 살펴보면 언론제도도 이러한 정치 상황에 맞게 작동되어 왔음을 알 수 있다(이태진, 1989, 1999). 따라서 시대적 정치변동이 언론제도의 변화에도 영향을 주었다고 판단된다. 손석춘(2004)은 그의 연구에서 조선은 초기부터 공론(公論)의 개념을 중요하게 여겼지만 경제적 변동으로 인해 이러한 제도가 변화되었다고 하였으며, 양란(兩亂)을 기점으로 하여 급격한 농업 생산력의 변동과 신분제 사회의 붕괴, 산업의 분화(分化) 등으로 인해 커뮤니케이션 체제의 변화에 대한 요구가 크게 늘었다고 주장하였다.

이러한 주장에 관련한 연구로, 오종록(2009)은 지방을 중심으로 한 상업의 발달에 따라 의사소통 수단 역시 발전해 왔으며, 시장 권역의 형성과 확장으로 인해 각 지역 간의 의사소통 역시 활발했을 것이라는 가정하에 연구를 진행하였다. 박광용(2001)은 조선 조정이 변화하는 사회상에 따라 여론을 수렴하는 형식 또한 변하는 모습을 보이고, 공론에 입각한 정치 추진을 위해 격쟁제도의 활성화와 같은 언로(言路)의 개방 역시 확대되었음을 밝혀냈다.

조선의 정치적 변동에 관한 다양한 연구는 양란(兩亂)을 기점으로 하는 전통적인 이구분법(二區分法)이나 사회 · 경제적인 요소의 변동, 정치 · 사상적인

---

10) 조선시대에 억울하고 원통한 일을 당한 사람이 궁궐에 난입하거나 국왕이 거동하는 때를 포착하여 징 · 꽹과리[錚] · 북[鼓] 등을 쳐서 이목을 집중시킨 다음 자신의 사연을 국왕에게 직접 호소하는 행위(두산백과 참조).

11) 조선시대 국왕에게 올리는 문서양식. 위로는 관원으로부터 아래로는 공사천(公私賤)에 이르는 모든 사람이 쓸 수 있는 문서이다. 상언이 상소(上疏)와 다른 점은 상소는 대개 관원과 유생 · 사림이 국왕에게 올리는 문서양식이나, 상언은 관원으로서가 아니라 사인(私人)으로서 올리는 것이다. 또 상소에는 이두(吏讀)를 쓰지 않으나 상언에는 이두를 쓴다. 상언의 내용은 효자 · 충신 · 열녀의 정려(旌閭) · 정문(旌門)과 효자 · 충신 · 학행자(學行者)의 증직(贈職)에 관한 것이 대부분이다. 상언은 사림들이 하는 경우도 있고, 자손들이 조상을 위하여 올리는 경우도 있다. 상언의 구체적인 서식은 『유서필지(儒胥必知)』에 나타나 있다. 효자 · 충신 · 열녀 · 학행자에 대한 정려 · 정문 · 증직을 향촌이나 가문의 영예로 생각한 조선사회의 유교윤리적 측면을 보여 주는 것으로, 상언은 조선시대의 유교윤리 및 사회사 관계의 참고자료가 된다(한국민족문화대백과, 한국학중앙연구원 참조).

요소의 변동에 따른 삼구분법(三區分法) 등으로 조선왕조의 시대사를 구분해 왔다(고영진, 1995; 김돈, 2003; 김성우, 1995). 조선의 시대적 변화상에 관한 전통적인 시각으로서 이구분법은 임진왜란과 병자호란과 같이 조선 건국 이래로 경험하지 못했던 두 차례의 전쟁으로 사회가 급격하게 변화하기 시작했다는 주장으로서 시기적으로는 16세기를 기점으로 구분한다. 이러한 전통적인 시각은 본래 1920년대 일제의 어용학회였던 조선사편수회에서 처음으로 제기하였으며, 해방 이후 이와 같은 시각에 대한 변화와 새로운 관점의 필요성이 대두되었다. 조선의 시대적 변화상에는 양란이 아니라 정치 · 사상적인 요소나 사회 · 경제적인 요소가 더욱 크게 작용하였으며, 이에 대한 개념으로서 조선을 전기, 중기, 후기로 나누는 삼구분법 주장이 제기된다.

표 1-4 정치 · 사상을 중심으로 한 조선 시대 삼구분법(고영진, 1995)

구분			세부 내용
조선 전기	14~15세기	태조~중종	조선의 건국과 체제의 완성
조선 중기	15~18세기	중종~영조	사림의 등장과 붕당정치의 개막
조선 후기	18~20세기	영조~순종	붕당정치의 붕괴와 세도정치의 개막

이 연구에서는 고영진(1995)의 정치 · 사상을 중심으로 한 삼구분법을 따르고자 하였다. 이 삼구분법은 당대 조선왕조의 사상적 변동과 정치적 변동을 반영하고 있으며 이와 연관된 언론의 변화 양상 역시 이러한 구분법에 따른 차이를 보면서 가능하기 때문이다. 조선시대 언론의 변화 양상에 관한 다양한 연구(박광용, 2001; 손석춘, 2004; 오종록, 2009)에서 언론제도는 정치 상황에 따라 다양한 양상을 보이고 있기에 조선의 정치적 변동을 우선 살펴보아야 한다. 따라서 조선시대의 대민 커뮤니케이션 중의 하나인 윤음(綸音) 역시 이러한 배경에 따라 변화할 것이라는 예상을 할 수 있다.

7. 대민 커뮤니케이션 매체로서의 윤음

윤음(綸音)은 현대의 대민 커뮤니케이션의 관점에서 볼 때, 조선 조정의 정부 대민 매체에 비견(比肩)할 수 있다. 정부 대민 커뮤니케이션이란 정부가 PR행위의 주체가 되어 대국민(對國民)을 비롯한 다양한 스테이크홀더(Stockholders)들을 대상으로 커뮤니케이션 활동을 하는 것을 의미한다. 바스킨(Baskin et al., 1997)에 따르면, 정부 PR 커뮤니케이션의 목적은 크게 여덟 가지로 분류된다.

첫째, 정부의 새로운 주장에 대한 시민의 지지를 획득하고자 하는 것, 둘째, 정부기관의 업무 혹은 프로그램에 대해서 시민들의 혼선을 완화하고 최대한 흥미를 유발하는 것, 셋째, 사실적인 정보를 제공하여 참정(參政) 행위를 돕는 것, 넷째, 정부의 서비스를 이용할 수 있는 정보를 제공하는 것, 다섯째, 정부와 공중 간의 커뮤니케이션 채널을 개방하고 커뮤니케이션을 원활하게 하는 것, 여섯째, 정부에게 공중의 생각과 태도를 해석하게 해 주는 것, 일곱째, 정부의 법령이나 규율에 대해 공중의 자발적인 이해와 참여를 유도하는 것, 마지막으로, 정부의 정책에 대해 시민들의 지지를 구하는 것을 목적으로 한다.

조선시대에도 역시 국가의 입장이나 성과를 대내외로 홍보할 수 있는 수단이 필요했다. 전통적으로 유학을 기반으로 하는 국가들은 통치의 근거를 민본(民本)으로 내세웠다. 만약 민본에 어긋나는 행위를 치자(治者)가 했을 경우, 이는 역성혁명(易姓革命)을 통해 폭정을 일삼은 군주를 벌(罰)해야 하는 것이 당대의 개념이었다. 그렇기 때문에 항상 백성의 삶을 돌보아야 하는 것이 군주의 책무였다(이우성, 1976). 조선은 유학을 근본으로 하며 문치주의(文治主義)를 국시(國是)로 삼은 나라였다. 따라서 사대부의 정점에 있는 군주가 중심이 되어 패도적인 무력(武力)이 아니라 문(文)의 힘으로써 왕도를 실현하는 것이 궁극적인 목표였으며(이태진, 1990), 이는 조선시대 국정홍보의 개념에도 여실히 드러난다.

문치주의의 대표적인 산물인 윤음은 본래 황제의 명령이나 왕의 명령 등을 대체하는 용어들로 사용되어 왔으나, 대체로 앞서 말했던 교화(敎化)를 목적으로 하는 정부 PR 커뮤니케이션의 형태를 띠었다. 조선 초기의 윤음은 PR 커뮤니케이션으로써 교서와 혼동해 사용되어 왔으나, 시간이 지날수록 독자적인 위치를 차지하기 시작했다. 교서의 경우 단순히 대상 공중이 관료에게 한정되어 있었다면 윤음의 경우는 신분제도의 측면에서 양반에서부터 노비, 지역적으로는 중앙에서부터 지방에 이르기까지 광범위하고 다양한 공중을 대상으로 하였다(김백철, 2011; 박정규, 1993; 박종천, 1999; 백두현 2009).

서두에 설명한 바와 같이, 윤음의 제작과 반포는 하달의 대상인 공중의 성격에 따라 한문(漢文)이나 한글 풀이인 언해(諺解)로 작성되기도 하였다. 보통 사대부를 대상 공중으로 할 경우에는 한문이, 일반 백성의 경우에는 언해(諺解)가 반드시 따라 붙었다. 조선 초기의 윤음이 일반 백성들보다는 관료를 대상으로 하는 경우가 많았으나, 조선 후기로 갈수록 백성을 공중으로 선정하여 제작된 언해본 윤음이 광범위하게 활용되는 경향을 발견할 수 있는데, 이는 사회문화적 변동에 따른 것으로 추측할 수 있다.

이처럼 조선시대의 PR매체 중 하향식 커뮤니케이션에 속하는 윤음은 백성들에게 농업을 권장하는 내용을 비롯하여 왕실에 경사가 있을 경우에는 세금을 탕감해 준다거나 흉년에 민정을 위로하고 풍속을 지킬 것을 권유함으로써 민심을 수습하는 역할을 하였다(김현옥, 2008; 박정규, 1993; 우홍준, 2006, 2011; 염정섭, 2002). 또한 전 왕조의 불교사상이나 명대에 들어온 양명학 등 조선 후기에 들어서는 서학과 동학에 이르기까지 정치 사상적 변화에 따라 윤음을 활용하여 국체(國體)를 보존하기 위한 통치 활동을 실시하였다(박종천, 1999; 장희홍, 2006; 홍연주, 2006). 이는 궁극적으로 백성을 효과적으로 설득하고 훈유하기 위한 것이었다는 점에서 현대의 정부PR의 목적과 유사하다고 볼 수 있다. 이에 이 연구에서는 조선시대의 백성을 대상으로 한 정부PR의 관점으로 『조선왕조실록』에 나타난 윤음을 분석해 보고자 한다.

8. 윤음을 연구하기 위한 변수들 및 연구방법

이 책의 제1장에서는 윤음을 소개하고, 『조선왕조실록』 내 윤음을 어떻게 분석할 것인가에 대해 연구변수들 및 연구방법을 소개할 것이다. 본격적인 윤음의 분석 결과는 제2장과 제3장에서 논의하고자 한다.

표 1-5 조선 임금의 재위 연수

태조 (7)	정종 (2)	태종 (18)	**세종 (32)**	문종 (2)	단종 (3)	세조 (13)	예종 (1)	성종 (25)
연산군 (11)	**중종 (39)**	인종 (0.7)	명종 (22)	**선조 (41)**	광해군 (15)	인조 (27)	효종 (10)	현종 (15)
숙종 (46)	경종 (4)	**영조 (52)**	정조 (24)	**순조 (35)**	헌종 (15)	철종 (14)	**고종 (43)**	순종 (3)

1) 변수 1: 윤음의 주체인 임금의 재위

먼저 〈표 1-5〉는 조선 임금의 재위 연수이다. 영조, 숙종, 고종, 선조, 중종, 순조, 세종 순으로 재위 연수가 많았다. 이 연구를 진행하기 위한 사료로, 교육인적자원부 국사편찬위원회 사이트에서 제공하는 『조선왕조실록』 국역본(https://sillok.history.go.kr)을 토대로 윤음의 내용을 분석한다. 원문의 내용을 그대로 번역하고 내용을 분석할 수는 없으므로 국역본을 토대로 윤음을 분석하고자 하며 윤음을 키워드로 검색하여 나오는 자료의 수는 다음과 같다.

〈표 1-6〉에서 보이듯이 윤음에 대한 검색 결과 자료의 수는 총 1,052개였으며 각 실록별 태종(1), 세종(32), 문종(7), 단종(8), 세조(34), 예종(9), 성종(22), 연산군(3), 중종(15), 명종(14), 선조(49), 선조수정실록(3), 광해군일기 중초본(17), 광해군일기 정초본(11), 인조(15), 효종(10), 현종(4), 현종개수(11), 숙

표 1-6 『조선왕조실록』 국역본에 기재된 윤음 검색 건수

검색어	검색 건수	임금별 검색 건수
윤음	1,052건	태종(1), **세종(32)**, 문종(7), 단종(8), 세조(34), 예종(9), 성종(22), 연산군(3), 중종(15), 명종(14), **선조(49)**, 선조수정실록(3), 광해군일기 중초본(17), 광해군일기 정초본(11), 인조(15), 효종(10), 현종(4), 현종개수(11), 숙종(47), 숙종보궐정오(1), 경종(9), 경종수정(7), **영조(196)**, **정조(262)**, **순조(80)**, 헌종(7), 철종(18), **고종(155)**, 순종(1), 순종부록(4)

종(47), 숙종보궐정오(1), 경종(9), 경종수정(7), 영조(196), 정조(262), 순조(80), 헌종(7), 철종(18), 고종(155), 순종(1), 순종부록(4)이었다.

『조선왕조실록』은 단지 사학을 위한 연구의 보고만이 아니라 정책학의 역사를 500년 연장하는 데 기여할 수 있는 중요한 자료의 보고이다. 그럼에도 불구하고 『조선왕조실록』에 기재된 윤음이 전체 조선시대 윤음을 대표하는 대표성을 가지고 있는지에 대해서는 사회과학적 방법론 관점에서 비판의 여지가 있다. 따라서 이 책의 제2장, 제3장에서 분석되는 연구 결과는 조선시대 전체 윤음을 분석한 것이라기보다는 『조선왕조실록』 내 윤음을 정량적으로 분석한 결과이다. 사회과학적 대표성을 가졌다기보다는 사례연구의 성격을 가지고 있다고 하겠다. 그럼에도 이러한 연구는 조선 500년의 전체 시기를 현존하는 원자료로 분석하였다는 것에 큰 의미가 있다. 이러한 분석이 가능한 것은 그야말로 500년 역사가 비교적 진실에 기반하여 촘촘하게 기록되어 있는 『조선왕조실록』이라는 기록 보관소가 있기에 가능한 일이다.

2) 변수 2: 조선의 시대구분

정치적인 변동과 임금의 재위 기간 등 시간에 따라 윤음이 어떠한 양상을 보이는지에 대해 알아보고자 고영진(1995)의 시대구분을 참고하였다(〈표 1-7〉 참조). 정치변동에 따른 정책 내용 분석은 임금의 재위와는 별도로 정치 · 사상

표 1-7 정치변동에 따른 윤음 내용 분석 변숫값

정치변동에 따른 시대적 구분		
조선 전기	조선 중기	조선 후기
조선의 건국과 체제 정비	사림의 등장과 붕당의 전개	붕당의 붕괴와 세도정치의 전개
14~15세기	15~18세기	18~20세기

적인 변동을 중심으로 구분하였다. 고영진(1995)에 따라, 태조가 조선을 건국한 후 체제정비가 완료된 14세기에서 15세기 사이의 시기를 조선 전기(前期)로 칭하고, 사림이 정치적으로 급부상하여 붕당정치가 진행되는 15세기에서 18세기를 조선 중기(中期)로 칭하며, 붕당이 붕괴하고 척족에 의한 세도정치가 실시되는 18세기에서 20세기 사이를 조선 후기(後期)로 구분하였다. 또한 추후 분석의 결과의 유의미함을 바탕으로 임진왜란과 병자호란 시점으로 조선 전기와 후기로 구분하여 분석을 시도할 것이다.

3) 변수 3: 윤음의 정책영역

윤음이 실제로 어떠한 내용을 담고 있는지, 쟁점별로 구분하여 유목을 선정

표 1-8 정책영역별 윤음 내용 분석 변숫값

정책영역											
군사	교육	사상	인사	왕실	정치	사법	재정	천기	농업	풍속	외교
군기, 군정, 전쟁	교육	유학, 불교, 서학	임면, 승진, 연금	종친, 사급, 의식, 비빈, 종사	개혁, 정변, 편찬, 개혁, 선유, 구언, 탕평, 지방	탄핵, 송사, 행형, 사면, 추국, 치안	조세, 구휼, 역	일식, 가뭄, 냉해, 수해	임업, 권농, 수리, 양잠	윤리, 기강	명, 청, 일본, 러시아

하였다(〈표 1-8〉 참조). 유목 선정 방법은 『조선왕조실록』 사이트에서 윤음으로 검색이 되는 1,052건 중 100건을 무작위로 선정하여 『조선왕조실록』 데이터베이스에서 사용되는 분류색인을 바탕으로 윤음의 실제 내용을 분석하여 구분을 실시하였다. 쟁점은 군사에서부터 외교에 이르기까지 크게 12개로 유목을 선정하였고 각 유목에 1개에서 8개까지 세부 유목을 선정하여 분석을 실시하였다.

〈표 1-8〉의 구분법은 연구자들이 코딩하는 정책영역 간에 상호배타성(mutual exclusi-veness)과 포괄성(exhaustiveness)을 갖도록 하였다. 이를 위해 정책영역에 관한 연구자 간의 지속적인 논의를 통해 실록 기사 리뷰의 결과를 반영하였다. 질적 코딩으로 인사, 왕실, 정치, 사법 등에 관한 실제 내용을 살펴보았다. 인사의 경우 지금의 효율적 · 효과적 공공관리를 위한 인사정책의 내용이 소수로 포함되어 있기도 하지만, 대개는 누군가를 임명 · 파직하고 귀양을 보냈다는 기사에 그치는 경우도 많다. 왕실 관련 기사는 민정수석이나 감찰의 역할처럼 종친의 행위를 보고하는 경우와 종친 관련 행사, 종친 처우에 대한 언급이 많다. 정치 관련 기사는 상당 부분 정책의 영역으로 볼 수 있는 부분도 있는데 가급적 특정 정책영역으로 해석하여 코딩하였다. 또한 현재 국회나 정당정치와 같은 내용으로 이해되는 기사는 정치 영역으로 구분하고 정책 관련 논의에서는 배제하였다. 사법의 경우 치안과 안전의 경우에는 별도의 정책영역으로 구분할 수 있으나, 대부분의 경우 탄핵이나 추국과 직결되며 인사와 불가분의 관계이고 특정 정책이슈를 반영하고 있다고 보기는 어렵다. 지금의 중앙부처 혹은 정책기능 차원의 분류를 차용하여 국방, 농업, 복지 등과 같은 구분을 제시하였다. 그럼에도 이러한 정책영역 간 상호배타성과 포괄성을 고려한 구분은 쉽지 않았고, 두 명의 연구자와 두 명의 코더(coder) 간에 많은 논의를 통해 조정되었다.

4) 변수 4: 윤음의 목표공중 및 대상공간

전술한 바와 같이, 윤음은 '조선시대 국왕이 국민에게 내린 훈유(訓諭)의 문서(한국민족문화대백과)' '국왕이 국민에게 내리는 훈유(訓諭) 또는 그 문서(한국고전용어사전)' 또는 '국왕이 관인과 인민을 타이르는 내용을 담은 문서(두산백과)'로 정의된다. 여기에서 윤음의 주체가 조선시대 국왕이라면 대상, 즉 커뮤니케이션 목표공중은 국민, 관인, 인민 등이다.

여기에서는 공중의 특성에 따라 윤음이 어떠한 양상을 보이는지에 대해 알아보고자 목표공중을 왕실과 관료, 유생 그리고 일반백성으로 구분하였다. 관료와 백성은 실제로 선행연구에서 나타난 것처럼 한문본과 언해본으로 분리되어 윤음이 활용되었던 것과 같이 실제로 내용 면에서도 차이가 있다. 특히, 왕실 종친은 왕족의 대우를 받았지만 정치적 행위는 금지되었으며, 유생은 정치가 최우선 목표이지만 아직 정치를 행할 수 있는 단계의 신분이 아니기 때문에 관료를 공중으로 하는 유목과는 분리된다.

표 1-9 목표 공중별 윤음 내용 분석 변숫값

목표 공중 구분			
왕실	관료	유생	일반백성

표 1-10 커뮤니케이션 대상 공간별 윤음 내용 분석 변숫값

커뮤니케이션 대상 공간		
지방	중앙	전국

또한 커뮤니케이션의 공간에 따른 특성을 알아보고자 중앙과 지방으로 나누었고, 전국적으로 유목이 반포되는 경우를 산정하여 전국 역시 공간 특성에 따른 유목으로 선정하였다.

5) 변수 5: 윤음의 정책수단, 정책유형, 정책의제 설정과정

다음 장부터 기술될『조선왕조실록』내 윤음의 분석을 위한 분석변수 중 통치과정에서 정책과 관련된 변수들은 정책유형 I(Lowi, 1964), 정책유형 II(Wilson, 2001), 정책수단 I(Vedung, 1998), 정책수단 II(Schneider & Ingram, 1990), 정책수단 III(Hood, 1986), 정책의제 설정과정(Cobb, Ross, & Ross, 1976) 등으로 설정하였다.

먼저 로위(Lowi, 1964)의 분류에 따르면, 정책은 강제 가능성과 적용대상에 따라 네 가지 유형으로 나뉜다. 이 유형들은 다음과 같다. 분배정책은 자원, 서비스, 지위, 명예, 기회 등을 개인이나 집단에게 나누는 정책이다. 특정 개인이나 집단에 혜택이 제한되지 않으며 과도한 비용 부담도 발생하지 않아 심각한 정치적 갈등이나 대립을 초래하지 않는다. 규제정책은 개인이나 집단의 행위를 통제하고 제약을 가하는 정책이다. 이 정책은 혜택과 불이익에 대한 선택을 고려하기 때문에 참여 집단 간의 갈등이나 대립이 생기며 지지연합이 변하게 되어 불안정한 정치 관계가 형성될 수 있다. 재분배정책은 사회적으로 넓은 계층에 영향을 미치는 정책으로, 부유층과 빈곤층, 자본가와 무산계급 등을 대상으로 한다. 주요 목적은 계층 간 소득 이전이나 저소득층에 대한 사회적 지원이다. 이 정책에서는 혜택을 받는 집단과 비용을 부담하는 집단 간의 불일치가 있으며 의사결정은 해당 계층의 엘리트, 전문가 또는 정상 조직들 간에 진행된다. 구성정책은 분배, 규제, 재분배정책 어디에도 속하지 않는 체제의 구조와 운영에 관련된 정책들을 말한다. 선거구의 조정, 정부의 새로운 기구나 조직의 설립, 공직자 보수와 군인 퇴직연금 등이 이에 포함된다. 이 분류에 따라 의사결정 단위, 갈등 정도, 지지연합, 주요 행위자의 역할에 차이가 발생한다고 보고되었다(남궁근, 2016; 박종민, 남태우, 이세영, 조만혁, 2021).

윌슨(Wilson, 2001)은 정책의 비용과 이익이 국민 전체에게 분산되거나 특정 집단에 집중되는지에 따라 공공정책을 네 가지 유형으로 구분하였다. 여기서 정책의 비용은 정책을 채택함으로써 특정 개인이나 집단이 부담하는 금전적이거나 비금전적인 부분을 나타내며, 정책의 이익은 정책 채택으로 인해 사람들이 얻는 금전적이거나 비금전적인 만족이다. 비용-이익 분배는 정책의 비용과 이익이 국민 전체에게 분산되는지, 아니면 특정 집단에 집중되는지에 따라 윌슨이 제시한 네 가지 정책유형으로 분류된다. 첫째, 다수주의정책은 정책의 비용과 이익 모두가 국민 전체에게 분산되는 유형을 의미한다. 둘째, 기업가정책은 정책의 비용이 특정 집단에 집중되지만 이익은 국민 전체에게 분산되는 유형이다. 셋째, 고객지향정책의 경우 정책의 이익은 특정 집단에 집중되고 비용은 국민 전체에게 분산되는 유형을 나타낸다. 마지막으로, 이익집단정책은 정책의 비용과 이익이 별개의 특정 집단에 집중되는 유형을 의미한다(남궁근, 2016; 박종민, 남태우, 이세영, 조만혁, 2021).

정책수단은 보통 규제, 인센티브, 설득으로 구별된다. 규제는 비둥(Vedung, 1998)이 몽둥이로 비유했으며, 이는 '정부가 원하는 행동을 법적 의무로 강제하는 것'으로 정의된다. 그는 또한 인센티브를 당근으로 표현했는데, 이는 '정부가 시민들에게 재화나 서비스를 제공하거나 빼앗음으로써 특정한 행동을 촉진 또는 억제하는 것'으로 정의했다. 마지막으로 설득은 설교로 표현되며, '물질적 자원이나 강제적 의무를 동원하지 않고 주로 논증, 정보 및 지식 전달을 통해 시민들의 행동을 변화시키는 것'으로 정의된다(남궁근, 2016; 박종민, 남태우, 이세영, 조만혁, 2021). 한편, 슈나이더와 인그램(Schneider & Ingram, 1990)은 유사하게 권위적 수단, 인센티브, 역량형성, 상징과 권고, 학습으로 구분한다.

다음에 소개된 후드(Hood, 1986)의 연구에서는 정책수단을 효능 목적과 탐지 목적으로 나누어 설명한다. 첫째, '매개성'은 사회 네트워크를 중간에서 연결할 수 있는 속성을 나타낸다. 이 매개성 기반 수단은 정부가 정보를 구축하거나 사회구성원들 간의 상호 연결을 통해 의도한 정책효과를 달성하려는 것을 의미한다. 이러한 기반 수단에는 자문과 같은 효능 목적의 요소와 조사와 같은 탐지 목적의 요소가 포함된다. 둘째, '권위' 기반 수단은 정부가 사회구성원들의 활동에 강제적으로 개입하거나 특권을 부여하는 것을 나타낸다. 이 권위 기반 수단의 효능 목적은 법률과 같은 다양한 규정을 포함하며, 탐지 목적에는 등록 절차 등이 포함된다. 셋째, '재원' 기반 수단은 보조금을 제공하거나 인센티브를 활용하여 정책효과를 달성하려는 것을 의미한다. 이 기반의 대표적인 효능 목적 요소로는 보조금이 포함되며, 탐지 목적의 예로는 컨설팅이 있다. 마지막으로, '조직' 기반 수단은 정부가 조직을 활용하여 정책을 조율하거나 지원하는 방식을 나타낸다. 이 조직 기반의 대표적인 효능 목적 요소는 서비스 전달을 위한 조직 활동이며, 탐지 목적으로는 통계자료 활용이 있다. 따라서 이러한 연구를 통해 정책을 위해 새로운 조직을 구성할 필요성은 객관적인 조사와 분석을 통해 결정되는 것으로 나타났다(남궁근, 2016; 박종민, 남태우, 이세영, 조만혁, 2021).

콥과 로스와 로스(Cobb, Ross, & Ross, 1976)의 정책학 연구에서는 정책의 의제 설정 과정을 외부주도모형(민간 주도, 대중 참여 높음), 동원모형(정부 주도, 대중 참여 낮음), 내부접근모형(민간 주도, 대중 참여 낮음), 공고화모형(정부 주도, 대중 참여 높음)의 네 가지 모형으로 분류했다. 외부주도모형은 민간 그룹이 문제를 제기하고 공공의제에 성공적으로 도달한 다음 정부의제로 이행되는 모형을 나타낸다. 동원모형은 정책 결정자가 문제를 제기하고 자동적으로 정부의제로 전환되며 성공적인 실행을 위해 공공의제로 이전되는 유형이다. 내부접근모형은 정부 기관 내 조직이나 정책 결정자와 빈번하게 접촉하는 그룹에 의해 정책이 제안되는 것을 의미하며, 마지막으로 공고화모형은 이미 대중의 지지를 받는 정책문제에 대해 정부가 주도하여 해결을 시도하는 유형을 나타낸다(남궁근, 2016; 박종민, 남태우, 이세영, 조만혁, 2021).

이 연구에서는 윤음이 어떤 정책이슈를 담고 있는지에 주목한다. 내용 분석을 통해 코딩 변수는 정책유형과 정책수단으로부터 도출된다. 정책유형은 여러 학자의 분류가 있는데 정책의 타깃 대상의 관여나 주체성을 내포하고 있어 조선시대의 관점에서는 다소 적합하지 않을 수 있다. 하지만 로위(Lowi, 1964)

의 정책은 크게 분배정책, 재분배정책, 규제정책, 구성정책으로 구분되는데, 조선시대에도 이러한 정책의 구분이 가능하였다. 조선시대의 정책은 그 수단에 따라 분류하는 것 역시 가능하다. 비둥(Vedung, 1998)은 규제, 인센티브, 설득으로 구분하고, 슈나이더와 인그램(Schneider & Ingram, 1990)은 권위적 수단, 인센티브, 역량형성, 상징과 권고, 학습으로 구분하며, 후드(Hood, 1986)는

표 1-11 정책유형과 정책수단에 따른 분류

분석유목	준거	분류
정책유형	Lowi (1964)	• **분배정책**: 자원, 서비스, 기회, 지위, 명예 등을 집단이나 개인에게 분배 • **재분배정책**: 부와 권력을 많이 소유한 집단으로부터 그렇지 못한 집단으로 이전 • **규제정책**: 개인이나 집단의 행위에 대하여 제약과 통제를 가하는 정책 • **구성정책**: 체제의 구조와 운영에 관련된 정책
정책수단	Vedung (1998)	• **규제(몽둥이)**: 원하는 행동에 따르도록 정부가 법적인 의무를 부여 • **인센티브(당근)**: 시민들에게 재화, 서비스를 제공하거나 혹은 박탈하여 특정 행동을 더 활성화하거나 더 위축 • **설득(설교)**: 물질적 자원이나 강제적인 의무를 개입시키지 않고 정보전달과 논증만을 통해 시민의 행동을 변화
	Schneider와 Ingram (1990)	• **권위**: 법령이나 관료제의 계층제를 이용 • **인센티브**: 효용극대자를 가정하여 보상을 제공 • **역량형성**: 정보, 교육훈련, 자원을 개인, 집단, 기관에 제공하여 행동 · 결정을 지원 • **상징과 권고**: 신념, 가치(정의, 공정, 형평과 같은 무형적 가치, 문화 등)에 호소 • **학습**: 인식과 지식의 수준을 제고(공청회, 평가, 시민 패널, 자문위원회 등)
	Hood (1986)	• **정보매개**: 정보를 직 · 간접적으로 제공, 조언과 권고 • **권위**: 강제적으로 사회행위자들의 활동에 관여하거나 특권을 부여 • **재원**: 정책효과를 달성하기 위해 물질적 인센티브를 부여 • **조직**: 기관이나 기구를 활용하여 정책을 조정하거나 지원

정보매개, 강제적 권위, 재원 인센티브, 조직화로 구분한다. 복수의 코더를 통한 코딩에 의해 『조선왕조실록』에 기재된 정책쟁점은 네 가지 정책유형 중 하나, 정책수단은 세 가지 수단 내에서 세 유형, 다섯 가지 유형, 네 가지 유형 변수값 중 하나로 코딩된다. 정책유형과 정채수단의 분류는 〈표 1-11〉과 같다.

6) 변수6: 윤음의 정책커뮤니케이션

임금의 하향적 커뮤니케이션으로서의 윤음이 어떠한 기능을 수행하였을 것인지에 대한 의문도 제기된다. 정책커뮤니케이션에 대한 연구를 토대로 정책커뮤니케이션의 목적과 기능에 따라 〈표 1-12〉와 같은 분석변수를 선정하였다. 목적에 의해 정책커뮤니케이션이 정보제공, 태도변화, 행동유도의 세 가지 유형으로 구분된다. 기능에 따라 두 가지 차원(주도성 관련, 이미지 관련)으로 나누어 생각해 볼 수 있다. 이러한 정책커뮤니케이션 변수들은 현대적 공중관계(public relations)의 분석변수들에서 인용되었다.

당대 조선의 대표적인 하향식 PR 커뮤니케이션이었던 윤음은 현대 PR의 관점에서도 충분히 분석이 가능하다. 따라서 이 책에서는 허튼(Hutton, 1999)의 3I 모델과 쿰즈(Coombs, 1999)의 위기대응전략 모델을 통해 『조선왕조실록』에 나타난 윤음을 분석하고자 한다.

먼저 3I 모델은 그루닉과 헌트의 PR 4모델에서 제시하였던 쌍방향/일방향의 커뮤니케이션이 PR 실무를 이론화하는 데 미흡하다는 비판을 극복하기 위해 허튼(Hutton, 1999)이 제시하였다. 이 모델은 크게 이해, 주도성, 이미지의 세 가지 차원에서 이해가 된다.

이해는 자신이 속한 조직을 위한 것인지, 공중의 이해를 위한 것인지로 분석이 가능하다. 주도성은 사전추구적 PR활동인지, 사후반응적 PR활동인지 분석이 가능하며 이미지는 PR기능이 실체에 초점을 맞춘 것인지, 이미지에 초점을 두고 있는지 분석이 가능하다. 또한 허튼은 세 가지 차원상에서 여섯 가지로

표 1-12 허튼의 3I 이론에 따른 분석 유목(Hutton, 1999)

구분	이해			주도성			이미지		
	고객	↔	공중	사전	↔	사후	인지	↔	실체
설득	○			○			○		
옹호	○					○		○	
공공정보		○				○			○
공익 관련			○	○				○	
명성 관리	○			○			○		
관계 관리		○		○					○

구분이 되는 PR실무를 제시하였는데, 설득과 옹호, 공공정보, 공익 관련, 명성 관리, 관계 관리가 그것이다(〈표 1-12〉 참조).

현대적 용어이지만 전략 기획이나 이슈 관리와 같이 사전적으로 정책커뮤니케이션을 추구하는 것인지, 아니면 특정 정책 이슈에 대해 공중의 반응을 관리하기 위한 사후적인 대응인지의 구분이 존재한다. 또 다른 차원은 설득이나 이미지・명성 관리 등을 통해 사람들의 인식을 중심으로 행해지는 방식인지, 아니면 공공정보와 관계 관리를 통해 커뮤니케이션의 실체를 중심으로 행해지는 방식인지에 따른 구분이 가능하다. 인식중심 방식과 실체중심 방식은 각각 정책수단의 유형(설득과 상징, 정보제공)과도 유사한 측면이 있다.

한편, 쿰즈(Coombs, 1999)의 위기대응전략 모델은 위기의 책임 정도에 따라 방어전략과 수용전략을 사용할 수 있음을 의미한다. 방어전략은 조직이 위기에 대한 책임이 낮았을 때 사용하는 전략으로 공격과 부인 전략이 이에 해당된

표 1-13 쿰즈의 위기대응전략에 따른 분석 유목(Coombs, 1999)

위기대응전략						
방어전략(저책임)				수용전략(고책임)		
공격	부인	변명	자기합리화	칭찬	시정조치	사과

표 1-14 정책커뮤니케이션의 분류유목

기준	준거	유형
목적	박종민 외 (2015)	• **정보제공**: 공중에게 정보를 제공 • **태도변화**: 공중이 기존에 갖고 있는 태도에 대해 변화를 이끌어 내는 것 • **행동유도**: 공중의 특정 행동을 유도
기능	Hutton (1999)	• **사전추구적**(이해관계자에 대한 설문조사, 위기대응 및 관리계획, 이슈 관리와 전략적 커뮤니케이션 등 주도성을 갖고 기획 · 집행) 대 **사후반응적**(공중 반응에 대한 관리 등 특정한 이슈에 대한 반응) • **인식중심적**(설득, 이미지 · 명성 관리) 대 **실체중심적**(공공정보, 관계 관리)

다. 수용전략은 조직이 위기에 대한 책임이 높았을 때 사용하는 전략으로 시정 조치와 사과 전략이 이에 해당되며, 중립적인 위치에서 전 범위에 걸쳐 사용될 수 있는 변명, 자기합리화, 칭찬 전략 등으로 분석이 가능하다(〈표 1-13〉 참조).

마지막으로 커뮤니케이션 메시지 내에 정서성이 포함되는지는 전략 커뮤니케이션 유형화에서 의미 있는 분류이다. 따라서 ① 정서감성전략 사용과 ② 정서감성전략 부재를 정책커뮤니케이션 내용 내 정서 메시지 유무의 형태로 구분하여 분석하였다.

다음 〈표 1-15〉은 이 책의 제2장과 제3장에 포함된 『조선왕조실록』 윤음 분석을 위한 분석변수들을 총괄 정리한 표이다. 해당 분석변수와 변숫값들을 활용하여 총 1,052건의 『조선왕조실록』 내 윤음의 내용이 분석되었다.

표 1-15 『조선왕조실록』 내 윤음 분석을 위한 변수들

변수	항목
윤음이 포함된 실록	○○실록 ○권
임금	윤음의 주체 임금
시기	조선 전기, 중기 후기
윤음의 정책영역	① 국방 ② 교육 ③ 사상 ④ 인사 ⑤ 왕실 ⑥ 정치 ⑦ 사법 ⑧ 재정 ⑨ 천기 ⑩ 농업 ⑪ 풍속 ⑫ 외교

〈계속〉

윤음의 목표공중	① 왕실 ② 관료 ③ 유생 ④ 일반백성
윤음의 대상공간	① 전국 ② 중앙 ③ 지방
정책유형 I (Lowi, 1964)	① 분배정책 ② 재분배정책 ③ 규제정책 ④ 구성정책 ⑤ 기타
정책유형 II (Wilson, 2001)	① 다수주의정책 ② 기업가정책 ③ 고객지향정책 ④ 이익집단 정책
정책수단 I (Vedung, 1998)	① 규제 ② 인센티브 ③ 설득
정책수단 II (Schneider & Ingram, 1990)	① 권위 ② 인센티브 ③ 역량형성 ④ 상징권고 ⑤ 학습
정책수단 III (Hood,1986)	① 정보매개 ② 권위(법,규제) ③ 재원 ④ 조직
정책의제 설정과정 (Cobb, Ross, & Ross, 1976)	① 동원모형 ② 공고화모형 ③ 외부주도모형 ④ 내부접근모형
커뮤니케이션 목적	① 정보제공 ② 태도변화 ③ 행동유도
커뮤니케이션 전략 방법(주도성) I (Hutton, 1999)	① 사전추구적 ② 사후반응적
커뮤니케이션 전략 방법(이미지) II (Hutton, 1999)	① 인식개념중심적 ② 실체중심적
정서 메시지	① 정서감성전략 사용 ② 정서감성전략 부재
커뮤니케이션 위기 대응 (Coombs, 1999)	① 방어전략(저책임) ② 수용전략(고책임)

표 1-16 『조선왕조실록』 내 윤음 분석을 위한 변수(영역, 목표공중, 대상공간)의 내용 사례

변수	변숫값	주요 윤음 주제	윤음 사례
윤음 정책영역	① 국방	군함 제조 목재 보호 규제, 수어청 폐지	선조실록 62권(선조 28년 4월 3일 을사 2번째 기사): 삼정승이 상이 전교를 철회할 것을 청하다
	② 교육	과거시험 과목 추가, 향례 서적 유포	명종실록 22권(명종 12년 3월 25일 무인 3번째 기사): 성균관 생원 한호 등이 시학할 때 지영을 정파한 일이 예에 어긋남을 아뢴 상소
	③ 사상	배향 지시, 척사 윤음	정조실록 44권(정조 20년 6월 10일 갑신 4번째 기사): 유생 박한흠 등이 상소하여 조헌 · 김집의 문묘 종향을 청하다
	④ 인사	표창, 사직청원기각	단종실록 8권(단종 1년 10월 14일 정유 1번째 기사): 세조가 종친과 문무 백관과 더불어 전을 올리어 정난을 하례하고 표리를 올리다
	⑤ 왕실	존호청원 수용, 세자 책봉	단종실록 2권(단종 즉위년 8월 28일 무자 1번째 기사): 문종의 견전(遣奠)을 행하다. 발인 반차의 및 애책(哀册)과 사(詞)를 올리다
	⑥ 정치	대각의 간언 수용, 내각 설치	선조실록 62권(선조 28년 4월 3일 을사 14번째 기사): 예문관이 공론을 따를 것을 건의하다
	⑦ 사법	특별사면, 처벌청원 수용	예종실록 2권(예종 즉위년 11월 13일 기사 2번째 기사): 상제 · 학교 · 공법 · 사창 · 정병 유방에 관한 윤효손의 상소문
	⑧ 재정	사곡 간직법, 조세 감면	정조실록 41권(정조 18년 11월 1일 을유 1번째 기사): 화성의 공사를 정지하는 일에 관해 윤음을 내리다
	⑨ 천기	재해민 위로, 홍수 지역 위로사 파견	순조실록 14권(순조 11년 4월 28일 을해 3번째 기사): 가뭄과 관련하여 팔도와 사도의 방백과 수신에게 유시하다
	⑩ 농업	권농, 경작허가	순조실록 10권(순조 7년 1월 1일 계묘 3번째 기사): 권농 윤음을 내리다
	⑪ 풍속	수륙재 반대청원 기각, 사학 배척	중종실록 81권(중종 31년 4월 8일 임진 2번째 기사): 곽지정 등이 다시 상소를 올리다
	⑫ 외교	명나라 사은, 청나라 사은	세종실록 34권(세종 8년 12월 7일 병인 2번째 기사): 세자와 문무 백관을 거느리고 명에 보내는 사은 및 진하표에 배례하다

〈계속〉

윤음 목표공중	① 왕실	애책문, 시책문	세종실록 42권(세종 10년 11월 1일 기유 4번째 기사): 김효정이 순성군 이개에게 내린 반인을 거두라는 상소하다
	② 관료	대납 및 뇌물금지, 시무책 논의	세종실록 44권(세종 11년 6월 8일 계미 4번째 기사): 성덕을 노래하고 성수를 축원한 악장 2편을 악부에 기재하다
	③ 유생	소학 윤강, 권독	세종실록 63권(세종 16년 3월 9일 병술 2번째 기사): 성균관 대사성 권채 등이 글을 올려 왕의 치제와 덕을 찬미하다
	④ 일반백성	계주령, 구휼	문종실록 9권(문종 1년 9월 19일 갑인 3번째 기사): 역질의 만연으로 인한 수륙재 행사를 반대하는 대사헌 정창손의 상소
윤음 대상공간	① 전국	권농, 척사	세종실록 48권(세종 12년 4월 13일 계미 5번째 기사): 박안신이 왜구를 막을 병선을 제조할 것을 상소하다
	② 중앙	치국방안 상소 수용, 양역 개혁청원 수용	문종실록 13권(문종 2년 9월 1일 경인 1번째 기사): 현릉에 장사하다. 그 애책문(哀册文)
	③ 지방	이재민 구휼, 기근지역 조세감면	문종실록 9권(문종 1년 9월 19일 갑인 3번째 기사): 역질의 만연으로 인한 수륙재 행사를 반대하는 대사헌 정창손의 상소

표 1-17 『조선왕조실록』 내 윤음 분석을 위한 정책 관련 변수 내용 사례 I

변수	변숫값	주요 윤음 주제	윤음 사례
정책유형 I (Lowi, 1964)	① 분배정책	표창, 천릉 비용 지급	단종실록 8권(단종 1년 10월 14일 정유 1번째 기사): 세조가 종친과 문무 백관과 더불어 전을 올리어 정난을 하례하고 표리를 올리다
	② 재분배 정책	휼전, 사창법 시행	성종실록 198권(성종 17년 12월 14일 을유 4번째 기사): 양양 부사 유자한이 상소하여 백성의 사곡을 관부에 간직하여 낭비를 막기를 청하다
	③ 규제정책	조공 금지, 계주령	세종실록 100권(세종 25년 4월 27일 임자 1번째 기사): 성균 생원 최윤 등이 전 겸사성 금유의 직임을 환임시킬 것을 상소하다
	④ 구성정책	첨사원 설치 반대청원 기각, 능 관제 개정	세종실록 73권(세종 18년 윤6월 19일 계미 2번째 기사): 4품 이상이 올린 외구(外寇)의 제어책을 평안도 도절제사에게 보내다
	⑤ 기타	앞의 ①, ②, ③, ④ 이외에는 기타 ⑤로 코딩됨	

〈계속〉

정책유형 II (Wilson, 2001)	① 다수주의 정책	권농, 사치 풍습 금지	중종실록 52권(중종 19년 12월 8일 무술 3번째 기사): 경연 · 제사 · 입거 · 파방 등에 관해 논한 홍문관 응교 황효헌 등의 상소
	② 기업가 정책	대납 및 뇌물 금지, 백성들의 억울함이 없도록 여러 관사에 신칙	중종실록 54권(중종 20년 7월 19일 병자 3번째 기사): 홍문관 부제학 정옥형의 선왕들의 재변 대처 자세에 관한 상소
	③ 고객지향 정책	새 고을에 면세 토지 및 곡식 배분, 화성의 공사 정지 후 구휼	중종실록 5권(중종 3년 1월 3일 신축 1번째 기사): 대간이 공신에게 상 주는 일과 박영문 등을 치죄할 것을 아뢰다
	④ 이익집단 정책	성균관 재건, 유생 교육청원 수용	중종실록 58권(중종 22년 4월 29일 을해 5번째 기사): 성균관 생원 장맹현 등이 상소하여 박빈을 율에 따라 죄 줄 것을 간하다
정책수단 I (Vedung, 1998)	① 규제	사곡 간직법 시험, 조공 금지법	세종실록 97권(세종 24년 8월 12일 기해 2번째 기사): 성균 생원들이 의금부에 수금된 스승을 풀어 달라고 상소하다
	② 인센티브	특별승진, 경작 허가	세종실록 85권(세종 21년 5월 26일 계유 1번째 기사): 허조 · 송거신 등이 사은전을 올리다
	③ 설득	권농, 자주독립 고취	세종실록 67권(세종 17년 3월 29일 신축 5번째 기사): 영의정부사 황희가 전을 올려 노쇠함으로 사직하기를 청하니 이를 허락지 않다

표 1-18 『조선왕조실록』 내 윤음 분석을 위한 정책 관련 변수 내용 사례 II

변수	변숫값	주요 윤음 주제	윤음 사례
정책수단 II (Schneider & Ingram, 1990)	① 권위	금 채취 금지령, 장형 폐지령	세종실록 48권(세종 12년 4월 13일 계미 5번째 기사): 박안신이 왜구를 막을 병선을 제조할 것을 상소하다
	② 인센티브	표창, 승진	세종실록 85권(세종 21년 5월 26일 계유 1번째 기사): 허조 · 송거신 등이 사은전을 올리다
	③ 역량형성	권농, 척사	세종실록 73권(세종 18년 윤6월 19일 계미 2번째 기사): 4품 이상이 올린 외구(外寇)의 제어책을 평안도 도절제사에게 보내다
	④ 상징권고	사치 반성, 인재 추천 장려	세종실록 67권(세종 17년 3월 29일 신축 5번째 기사): 영의정부사 황희가 전을 올려 노쇠함으로 사직하기를 청하니 이를 허락지 않다
	⑤ 학습	향례 서적 유포, 시무책 논의	성종실록 67권(성종 7년 5월 15일 정사 7번째 기사): 대사헌 윤계겸 등이 9조의 시무책을 올리니 원상들에게 의논케 하다
정책수단 III (Hood, 1986)	① 정보매개	외구 제어책 유시 후 계책 계달 요구, 보감 편찬	성종실록 67권(성종 7년 5월 15일 정사 7번째 기사): 대사헌 윤계겸 등이 9조의 시무책을 올리니 원상들에게 의논케 하다
	② 권위 (법, 규제)	도승법 정지청원 기각, 과거법 관련 청원 기각	단종실록 2권(단종 즉위년 8월 28일 무자 1번째 기사): 문종의 견전(遣奠)을 행하다. 발인 반차의 및 애책(哀冊)과 사(詞)를 올리다
	③ 재원	공사 품삯 지급, 천릉 비용 지급	단종실록 8권(단종 1년 10월 14일 정유 1번째 기사): 세조가 종친과 문무 백관과 더불어 전을 올리어 정난을 하례하고 표리를 올리다
	④ 조직	수성 절목 반포	영조실록 74권(영조 27년 9월 11일 갑술 2번째 기사): 영조가 지어서 내린 수성 윤음(守城綸音)
정책의제 설정과정 (Cobb, Ross, & Ross, 1976)	① 동원모형	대동법 시행, 사창법 시행	영조실록 70권(영조 25년 9월 2일 정미 1번째 기사): 대리한 뒤로 군국에 관계되는 일은 동궁에 들이도록 명했는데 그를 윤음조라 하다
	② 공고화 모형	조세감면, 휼전	영조실록 77권(영조 28년 6월 7일 병신 2번째 기사): 승지와 사관에게 균역 윤음을 쓰라고 명하다
	③, ④ 외부주도/내부접근모형 없음		

표 1-19 『조선왕조실록』 내 윤음 분석을 위한 커뮤니케이션 변수들 내용 사례

변수	변숫값	주요 윤음 주제	윤음 사례
커뮤니케이션 목적	① 정보제공	새해 유시, 동지 유시	영조실록 56권(영조 18년 11월 26일 신사 1번째 기사): 동지날을 맞아 임금이 윤음을 내리다
	② 태도변화	사면령 반포, 계주령 반포	세종실록 97권(세종 24년 8월 12일 기해 2번째 기사): 성균 생원들이 의금부에 수금된 스승을 풀어 달라고 상소하다
	③ 행동유도	대납 및 뇌물 금지, 사곡 간직법 시험	세종실록 63권(세종 16년 3월 9일 병술 2번째 기사): 성균관 대사성 권채 등이 글을 올려 왕의 치제와 덕을 찬미하다
커뮤니케이션 전략 방법 (주도성) I (Hutton, 1999)	① 사전추구적	공평한 조세 및 사법 강화 윤음, 유연 경계령	세종실록 48권(세종 12년 4월 13일 계미 5번째 기사): 박안신이 왜구를 막을 병선을 제조할 것을 상소하다
	② 사후반응적	관직삭탈, 정당한 형벌적용 유시	세종실록 67권(세종 17년 3월 29일 신축 5번째 기사): 영의정부사 황희가 전을 올려 노쇠함으로 사직하기를 청하니 이를 허락지 않다
커뮤니케이션 전략 방법 (이미지) II (Hutton, 1999)	① 인식 개념중심적	조경행위 경계, 자주독립 고취	세종실록 97권(세종 24년 8월 24일 신해 3번째 기사): 정갑손 등 대간이 첨사원 설치를 반대하는 의견을 거듭 아뢰다 명종실록 24권(명종 13년 10월 6일 기유 4번째 기사): 사헌부 대사헌 윤인서가 전교하신 일로 언로가 막힐까 염려된다는 차자를 올리다
	② 실체중심적	대납 및 뇌물 금지, 금 채취 금지령	세종실록 73권(세종 18년 윤6월 19일 계미 2번째 기사): 4품 이상이 올린 외구(外寇)의 제어책을 평안도 도절제사에게 보내다
정서 메시지	① 정서 감성전략 사용	구휼, 진휼	세종실록 63권(세종 16년 3월 9일 병술 2번째 기사): 성균관 대사성 권채 등이 글을 올려 왕의 치제와 덕을 찬미하다
	② 정서 감성전략 부재	국문청원 기각, 석방청원 기각	세종실록 73권(세종 18년 윤6월 19일 계미 2번째 기사): 4품 이상이 올린 외구(外寇)의 제어책을 평안도 도절제사에게 보내다

〈계속〉

커뮤니케이션 위기 대응 (Coombs, 1999)	① 방어전략 (저책임)	표창, 임명	광해군일기 중초본 54권(광해 12년 9월 13일 정해 3번째 기사): 합사하여 존호 추상을 청했으나 불허하다 광해군일기 중초본 54권(광해 12년 9월 18일 임진 2번째 기사): 백관들이 존호 추상을 청했으나 불허하다
	② 수용전략 (고책임)	내노비 및 시노비제 폐지, 잡세 폐지	선조실록 75권(선조 29년 5월 17일 계미 4번째 기사): 성균관 진사 이욱 등이 성균관의 재건을 상소하니 의논하여 처치하게 하다

9. 첫 장을 마치며

이 연구에서는 조선시대 '국왕이 국민에게 내리는 훈유(訓諭) 또는 그 문서'인 윤음을 통치자의 대민관계 커뮤니케이션으로 정의하고 윤음의 내용과 특성을 세밀하게 분석하였다. 이러한 분석이 가능한 것은 조선시대의 의미 있는 사료적 가치를 담고 있는『조선왕조실록』에 비교적 충실하게 윤음의 원내용들이 기록되어 있기 때문이다. 이 연구에서 분석한 대상은『조선왕조실록』에 담긴 1,052건의 윤음 내용이다. 이 윤음은 비교적 각 임금 시대별로 빠짐없이 남아 있어, 이를 통해 시대적 특징과 임금의 제위 시기별 특징들을 파악할 수 있다.

윤음이 정책커뮤니케이션이라고 한다면, 정책학에서 정책을 구분하는 유형들로 분석 가능하고, 커뮤니케이션학 또는 PR학에서 커뮤니케이션을 분류하는 유형들로 윤음의 내용과 형식들을 파악할 수 있다는 전제가 필자의 판단이었다. 이러한 연구 전제는 분석 결과 틀리지 않은 판단이었다. 이 연구를 통해 윤음의 내용과 형식을 분석하였고, 윤음을 조선시대 구분, 정책 영역 차이에 따라 파악할 수 있었다. 더불어 정책학에서 일반적으로 정책을 구분하는 정책수단과 유형 구분에 따라 윤음을 내용 분석한 결과, 조선시대 대국민 정책의 특징들을 파악할 수 있었다. 마지막으로 커뮤니케이션 유형에 따라 윤음을 분석함으로써 조선시대 통치자들의 대민관계 커뮤니케이션 특징을 파악할 수 있었다. 이러한 분석은 다음 장에서 자세하게 소개될 것이다.

이 책은 우리나라 정책커뮤니케이션의 형태인 윤음의 내용과 형식을 사회과학적 엄밀성에 기반하여 분석함으로써 500년 조선 정책커뮤니케이션의 전체적 특성을 이해할 수 있었다는 것에 큰 의미가 있다. 더불어 이러한 결과가 우리나라 정책커뮤니케이션 연구 시작을 현존하는 연구들에 비해 시기적으로 600년 앞당겼다는 것 또한 또 다른 연구 성과이다.

필자가 이 책을 집필하면서 해외 PR학자들에게 이 연구의 개요를 설명한 적이 있었다. 그들은 무엇보다도 『조선왕조실록』이라는 사료가 우리나라에 존재한다는 것에 매우 놀랐고, 이 사료를 통해 정책커뮤니케이션 500년을 분석한다는 것에 부러움을 감추지 못했다. 부디 이 연구가 이러한 의미 있는 후속 관련 연구들의 의미 있는 시작점이 되기를 조심스레 기대해 본다.

참고문헌

고영진(1995). 조선사회의 정치 · 사상적 변화와 시기구분. 역사와 현실, 18, 84-110.

김경수(2008). 조선왕조실록의 편찬과 사료적 가치. 전라문화총서, 27, 15-57.

김돈(2003). 조선시대 정치사 연구와 국사교육. 역사교육, 85, 41-72.

김백철(2011). 영조의 윤음과 왕정전통 만들기. 장서각, 2, 10-67.

김복수(1993). 조선시대 커뮤니케이션 형태 연구. 한국언론학회, 학술발표자료.

김성우(1995). 조선사회의 사회 · 경제적 변화와 시기 구분. 역사와 현실, 18, 45-83.

김영주(2009). 조선시대 구언제도의 절차와 내용 연구. 언론과학연구, 9(4), 135-169.

김영주(2010). 조선시대 공론 연구. 언론학 연구, 14(1), 41-73.

김현옥(2008). 정조의 책문에 나타난 애민사상 연구. 한문고전연구, 17, 127-154.

남궁근(2016). 정책학. 법문사.

노병성, 권오박(2011). 조선시대 왕조 PR에 관한 고찰: 정치이념 홍보를 중심으로. 한국홍보학회, 춘계학술발표자료.

박광용(2001). 17년 만에 다시 반성적으로 제기한 대원군집권기연구: 대원군집권기 부국강병정책 연구. 역사와 현실, 40, 294-309.

박기성(2004). 조선시대 언론 개념의 생태구성. 사회과학, 16, 67-89.

박정규(1993). 조선시대 교서 윤음에 관한 연구. 한국언론학회, 학술발표자료.

박종민(2004). PR론. 커뮤니케이션북스.

박종민, 배지양, 임종섭, 박경희, 최준혁, 정주용, 유영석, 황성욱, 정원준, 남태우, 전형준, 장지호, 조승호(2015). 정책PR론. 커뮤니케이션북스.

박종민, 남태우, 이세영, 조만혁(2021). 중앙행정기관 유형과 정책형태에 따른 정책 커뮤니케이션의 차이: 정부의 대국민 당근 자랑하기와 채찍 양해구하기. 광고연구, 131, 5-43.

박종천(1999). 척사윤음 연구. 종교학연구, 18, 125-150.

백두현(2009). 훈민정음을 활용한 조선시대의 인민 통치. 진단학보, 108, 263-297.

손석춘(2004). 한국 공론장의 갈등 구조. 한국언론정보학보, 27, 153-181.

신인섭, 이명천, 김찬석(2010). 한국PR의 역사: 1930-2010. 커뮤니케이션북스.

신병주(2006). 조선시대판 타임캡슐: 조선왕조실록. 선비문화, 9, 9-15.

염정섭(2002). 18세기 후반 정조대 권농책과 수리 진흥책. 한국문화, 29, 179-215.

오종록(2009). 조선시대 정치 · 사회의 성격과 의사소통. 역사비평, 89, 10-33.

우홍준(2006). 독자영역으로서의 향약의 권위와 국가권위와의 관계. 한국행정학보, 40(4), 25-49.

우홍준(2011). 조선후기 관변자치제도인 '수령향약'의 특성. 한국행정사학지, 29, 203-219.

이규완(2009). 조선왕조 언론윤리 체계에 관한 시론. 한국언론학보, 53(1), 391-411.

이규완(1991). 맹자의 교화언론과 왕도언론 사상. 언론 사회 문화, 창간호, 97-119.

이규완(2004). 상소에 인용된 고사의 설득 용도에 관한 연구. 한국언론학보, 48(4), 299-322.

이석규(1998). 조선초기 교화의 성격. 한국사상사학, 11, 153-185.

이우성(1976). 조선왕조의 훈민정책과 정음의 기능. 진단학보, 42, 182-186.

이태진(1989). 17 · 18세기 향도 조직의 분화와 두레 발생. 진단학보, 67, 1-30.

이태진(1990). 조선왕조의 유교정치와 왕권. 한국사론, 23, 215-232.

이태진(1999). 18세기 한국사에서의 민의 사회적 정치정 위상. 진단학보, 88, 249-263.

장희홍(2006). 동학농민혁명기 조선 정부의 농민군 진압과정과 지방관에 대한 대책. 동학연구, 20, 51-85.

최승희(1984). 조선 초기 언관 · 언론 연구. 지식산업사.

최승희(2004). 조선시대 언론사 연구. 지식산업사.

한우근(1988). 조선전기 사관과 실록편찬에 관한 연구. 진단학보, 66, 125-167.

홍연주(2006). 기해교난 관련 자료 연구. 교회사연구, 26, 75-116.

Baskin, O., Aronoff, C., & Lattimore, D. (1997). *Public relations? The profession and the practice* (4th ed.). Boston, MA: McGraw-Hill.

Cobb, R. W., Ross, J., & Ross, M. H. (1976). Agenda building as a comparative political process. *American Political Science Review*, *70*(1), 126-138.

Coombs, T. (2001), 위기관리 커뮤니케이션 (*Ongoing crisis communication: Planning, managing, and responding*). (이현우 역). 커뮤니케이션북스. (원저는 1999년에 출판)

Hood, C. (1986). *The tools of government*. Chatham, NJ: Chatham House.

Hutton, J. G. (1999), The definition, dimensions, and domail of public relations. *Public Relations Review*, *25*, 204-208.

Lowi, T. J. (1964). American business, public policy, case studies, and political theory. *World Politics, 16*(4), 677-715.

Schneider, A., & Ingram, H. (1990). Behavioral assumptions of policy tools. *The Journal of Politics, 52*(2), 510-529.

Vedung, E. (1998). Policy instruments: Typologies and theories. In M. Bemelmans-Videc, R. C. Rist, & E. Vedung (Eds.), *Carrot, stick and sermons: Policy instruments and their evaluation* (pp. 21-58). New Brunswick, NJ: Routledge.

Wilson, J. Q., & Dilulio, Jr., J. J. (2001). *American government*. Boston, MA: Houghton Mifflin Company.

제2장

정책PR의 관점에서 본 윤음

국사편찬위원회의 『조선왕조실록』 사이트(https://sillok.history.go.kr)에서 '윤음'을 키워드로 하여 검색되는 기사는 총 1,729건(국역본 1,018건, 원문 711건)으로서 이 중 국역본을 토대로 질적 코딩(코더 3인)에 의한 내용 분석을 하였다. 각 임금별로 윤음이 검색되는 건수는 다음과 같다.

표 2-1 임금별 윤음 검색 수

태종(1), 세종(32), 문종(7), 단종(8), 세조(34), 예종(9), 성종(22), 연산군(3), 중종(15), 명종(14), 선조(49), 선조수정실록(3), 광해군일기 중초본(17), 광해군일기 정초본(11), 인조(15), 효종(10), 현종(4), 현종개수(11), 숙종(47), 숙종보궐정오(1), 경종(9), 경종수정(7), 영조(196), 정조(262), 순조(80), 헌종(7), 철종(18), 고종(155), 순종(1), 순종부록(4)

『조선왕조실록』은 선대 임금에 대한 기록을 바탕으로 후대에 편찬된다. 따라서 고종과 순종 임금 대의 기록은 일제에 의해 상당히 왜곡되었을 가능성이 있어 사료적 가치가 철종 이전의 기록에 비해 상당히 떨어지는 것으로 인식된다. 그러나 고종과 순종 시기를 포함하여 윤음에 대해 분석을 실시한 후, 실제 이 시기에 정책PR의 관점에서 일제에 의해 영향을 받았는지 고찰해 보는 것도 의미가 있을 것이다. 따라서 이 연구에서는 고종과 순종 대의 실록기사를 포함하여 분석을 실시한다. 외교와 국방의 차원에서는 다소 의미가 의도적으로 왜곡되었다고 볼 수 있는 내용이 있을 수 있겠지만, 국가의 기본적인 정책과 국왕의 하향적 정책커뮤니케이션의 측면에서는 고종과 순종 대 윤음을 포함하

는 것도 의미가 있다. 또한 고종 대에 윤음이 포함된 실록기사가 155건에 달하기 때문에 이를 제외하는 것은 분석의 결과에 큰 영향을 미칠 수 있다.

『조선왕조실록』의 텍스트에서 윤음이라는 단어를 검색하여 찾을 수 있는 1,018건의 기사를 현대 정책학과 PR학의 관점에서 어떻게 재해석할지가 이 연구의 중요한 관건이다. 우선 윤음이라는 단어를 검색하여 나오는 1,018건의 기사가 모두 임금의 목소리인 윤음 자체에 대한 기술이 아닌 경우가 많다. 일자와 이슈에 따라 기사를 구분하여 사관이 기록하였기 때문에 윤음이라는 단어가 포함된 실록기사 안에 임금의 목소리가 비중의 측면에서 매우 높은 기사도 있고(기사의 내용에서 직접 인용한 윤음이 대부분인 경우), 상대적으로 그 비중이 매우 낮은 기사(윤음이 있었다, 윤음을 내리지 아니하였다, 윤음을 기다렸다는 식으로 윤음의 구체적 내용보다 윤음과 관련된 정책적 맥락이 길게 서술된 경우)도 있다. 사관이 기록하는 문체도 현대와 사뭇 다르고 기사마다(기사의 길이와 시기별 차이) 다른 방식으로 기술되기도 하였으며, 윤음을 명확히 직접 인용하여 기록하지 않은 경우도 있다. 임금님이 다음과 같이 말씀하셨다는 내용을 기록한 경우 직접 인용문 자체가 윤음이 되지만, 어떤 기사는 윤음을 듣지 못하였다거나 윤음을 내려 달라고 읍소하는 내용도 간혹 등장한다.

이 장에서는 윤음을 검색하여 나온 기사의 정책적 맥락을 이해하고자 노력하며 그 기사의 맥락 속에서 어떠한 정책에 대해 구체적인 논의가 이루어졌고, 그 정책과 관련하여 어떠한 커뮤니케이션이 행해졌는지를 현대적 의미에서 재해석하고자 한다. 따라서 윤음 자체의 인용문(quote)을 분석하는 것이 아니라 윤음을 구체적으로 주었든지 아니면 윤음 대신에 무반응으로 일관했든지(무의사결정도 의사결정의 한 방식으로 간주하듯이) 사관이 기록한 내용을 정책커뮤니케이션 관점에서 이해하려는 시도를 분석적으로 보여 주고자 한다.

1. 시대적 구분과 임금별 재위 기간에 따른 윤음

정치적인 변동과 임금의 재위 기간 등 시간에 따라 윤음이 어떠한 양상을 보이는지에 대해 알아보고자 조선시대를 세 시기로 구분한 고영진(1995)의 기준에 근거하여 조선의 역대 임금 27명의 실록기사를 구분하였다. 정치변동에 따른 기준은 임금의 재위와는 별도로 정치 · 사상적인 변동을 중심으로 구분된다. 태조가 조선을 건국한 후 체제정비가 완료된 14세기에서 15세기 사이의 시기를 전기(前期)로 구분하고, 사림이 정치적으로 급부상하여 붕당정치가 진행되는 15세기에서 18세기를 중기(中期)로 일컬으며, 붕당이 붕괴하고 척족에 의한 세도정치가 실시되는 18세기에서 20세기 사이를 후기(後期)로 칭한다. 이 연구에서 조선 중기는 예종부터 병자호란 이전까지의 인조, 조선 후기는 병자호란 이후의 인조부터를 포함하였다.

조선 전기, 중기, 후기의 시기 구분이 햇수를 비슷하게 3등분하지는 않았지만 그렇다 하더라도 후기의 윤음이 전기와 중기에 비해 압도적으로 높은 비율을 차지한다. 이는 재위 기간이 상대적으로 길고 실록에 윤음이 빈번하게 기록된 임금이 후기에 더 많기 때문이다. 〈표 2-3〉을 보면 임금이 재위한 연수와 윤음 개수를 비교하며 해마다 평균 몇 개의 윤음이 『조선왕조실록』에 기록되었는지를 확인할 수 있다. 물론 모든 윤음이 『조선왕조실록』에 기록된 것은 아

표 2-2 시기별 윤음 수

		기간	윤음 수	비율	연평균 윤음 수
시기	전기(태조~세조)	77년	82건	8.1%	1.06건/연
	중기(예종~인조)	170년	149건	14.6%	0.87건/연
	후기(인조~순조)	272년	787건	77.3%	3.07건/연
	합계	519년	1,018건	100.0%	2.01건/연

표 2-3 임금의 재위 연수와 윤음 수

임금	재위 연수	윤음 개수	윤음/연
태조	7년	0건	0.00건
정종	2년	0건	0.00건
태종	18년	1건	0.06건
세종	32년	32건	1.00건
문종	2년	7건	3.50건
단종	3년	8건	2.67건
세조	13년	34건	2.62건
예종	1년	9건	9.00건
성종	25년	22건	0.88건
연산군	11년	3건	0.27건
중종	39년	15건	0.38건
인종	0.7년	0건	0.00건
명종	22년	14건	0.64건
선조	41년	52건	1.27건

임금	재위 연수	윤음 개수	윤음/연
광해군	15년	28건	1.87건
인조	27년	15건	0.56건
효종	10년	10건	1.00건
현종	15년	15건	1.00건
숙종	46년	48건	1.04건
경종	4년	16건	4.00건
영조	52년	186건	3.58건
정조	24년	262건	10.92건
순조	35년	80건	2.29건
헌종	15년	7건	0.47건
철종	14년	18건	1.29건
고종	43년	155건	3.60건
순종	3년	5건	1.67건

닐 테지만, 사관이 임금의 윤음을 기록했다는 것은 그만큼 임금의 말씀이 특별히 중요하다고 판단하여 선별한 기록을 정사의 공식적 기록인『조선왕조실록』에 담았다고 보아야 할 것이다.

조선 초기(태조부터 세조)는 77년에 달하는 기간 동안 82건의 윤음이 기록되었고 해마다 1.06건의 윤음이 검색되었다. 조선 중기(예종부터 병자호란 이전의 인조)에는 170년에 달하는 기간 동안 149건의 윤음이 기록되었고 연평균 0.87건의 윤음이 검색되어 조선 중기 때 오히려 그 수가 줄어들었음을 알 수 있다. 조선 후기에는 270년에 달하는 기간 동안 802건의 윤음이 기록되어 연평균 3.07건의 윤음이 검색되었다.

『조선왕조실록』에서 검색되는 윤음의 개수만을 놓고 보면 정조 262건, 영조 186건, 고종 155건, 순조 80건, 선조 52건, 숙종 48건, 세조 34건, 세종 32건 순으로 나타났다. 연평균 윤음 수의 기준에서는 정조가 11건에 가까워(10.92건) 24년 재위 기간 동안 매월 한 번 가까이 윤음을 내었다. 경종(매년 4건), 고종(매년 3.6건), 영조(매년 3.58건) 대에는 계절마다 한 번 가까운 꼴로 윤음이 기록되었다. 재위 기간이 매우 짧아 연평균 윤음 수의 의미가 희석되는 때는 예종의 시기이다.

따라서 임금의 하향적 정책커뮤니케이션 수단으로서 윤음을 적극적으로 활용한 시기는 조선 후기에 이르러서라고 볼 수 있다. 특히 영정조 대에 윤음의 증가는 가히 폭발적이다. 윤음이라는 키워드가 포함된 1,018건 기사의 원본과 국역본은 한자 수나 단어 수가 달라 검색된 텍스트의 길이를 단순 비교할 수는 없지만, 대체로 영정조 대의 윤음 검색 기사는 조선 초기와 비교하면 엄청나게 길어진다. 윤음이 검색된 기사의 분량이 많을 뿐만 아니라 그 내용의 주제도 다양하며 거론되는 인물이 많아지는 추세를 보인다. 흥미롭게도 외교와 국방에서 큰 위기를 가져왔고 종국에는 국가의 멸망에 이르게 된 고종 대에도 수치상으로는 윤음의 개수가 매우 높은 편이었다.

2. 정책영역별 윤음의 분포

조선조에 임금과 중앙정부가 펼친 국가정책의 영역을 어떻게 구분할 것인가는 그 자체가 하나의 큰 연구대상이 될 수 있다. 『조선왕조실록』이라는 사료로부터 윤음이라는 키워드로 검색하여 찾을 수 있는 역사적 기록은 다음 〈표 2-4〉와 같은 몇 가지의 정책영역으로 구분해 볼 수 있다.

이러한 정책영역은 대체로 13개의 범주로 나누어 볼 수 있지만 무 자르듯 엄밀하게 구분하기는 쉽지 않다. 연구자가 윤음이 검색된 기사의 내용을 코딩할 때 이것을 어떤 영역으로 구분할 것인지를 명확히 판정하기가 쉽지 않기 때문이다. 이로 인해 질적 코딩의 난관이 존재한다. 한 가지 영역으로만 분류해야

표 2-4 정책영역별 윤음 검색 건수

		건수	비율
정책 영역	교육	9건	0.9%
	국방	9건	0.9%
	군사	8건	0.8%
	농업	90건	8.8%
	사법	194건	19.0%
	사상	8건	0.8%
	왕실	168건	16.5%
	외교	78건	7.7%
	인사	258건	25.3%
	재정	88건	8.6%
	정치	50건	4.9%
	천기	25건	2.5%
	풍속	33건	3.2%
	합계	1,018건	100.0%

한다는 코딩의 기준을 세웠기 때문에 두 가지 이상의 영역에 중복해서 속해 있는 기사라고 할지라도 가장 우선적으로 인식할 수 있는 영역을 선택하였다. 복수의 코더들 간에 불일치가 있을 수 있지만 코더들 간에 논의를 통해서 결국 하나의 영역으로 수렴하여 코딩하였다. 상대적으로 코딩이 명쾌했던 영역은 교육, 국방, 군사, 외교, 천기, 풍속 분야였던 반면, 나머지 영역은 중복과 중첩의 가능성이 높았다. 예를 들어, 조선조의 수많은 인사조치 중에서 상당부분은 귀양, 파면과 같은 사법적 조치가 포함되어 있는데, 이를 인사로 볼 것인지 사법으로 볼 것인지에 대한 심층적인 논의가 필요하다. 인사행정의 전반적인 틀에 관련된 내용은 인사 분야(25.3%), 개인의 신상필벌과 같은 사법적 처분이 주가 되는 내용은 사법 분야(19%)로 구분하였다. 왕실의 경우도 왕족의 잘못에 대한 사법적 처리 또는 사면 등에 대한 내용은 왕실과 사법 중에서 선택하

여 코딩할 필요가 있었다. 세자 책봉, 왕실 교육 등에 대한 내용은 왕실의 영역에 포함하였으며 왕실의 일원이라도 사대부 개인의 잘잘못에 대한 사법적 처리에 대한 내용이 주가 될 경우 사법의 영역에 포함하였다. 정치의 영역(4.9%)도 인사, 사법의 영역과 교집합을 갖는다. 정치 행위의 귀결이 인사행정에 대한 영향과 사법적 조치로 이어지는 경우가 많았기 때문이다. 그러나 세력 간의 정치적 논쟁에 기반한 활동은 대부분 정치의 영역으로 구분하였다. 예를 들면, 간언을 수용하고 내각에 변화를 주는 등의 윤음 기사가 정치의 영역에 포함되었다.

『조선왕조실록』에 기재된 정책의 한 영역으로서 외교(7.7%)는 구분이 상대적으로 명확히 차별화될 수 있다고 본다. 조선 초기와 중기의 대명외교에서 후기의 대청외교로 이어지는 정책은 큰 나라를 섬긴다는 사대주의 기반 국가 행위로 『조선왕조실록』에 기재되어 있다. 특히 조공, 사신 접대 등에 대한 내용과 의전에 관련된 내용이 많다. 윤음으로 검색된 기사에는 조선 초기부터 명나라 사신을 맞이하고 명나라로부터 조서와 칙서를 받은 내용이 주가 된다. 윤음이 검색된 기사 중에서 외교의 영역에 포함된 것은 인조 11년 실록기사에 명나라 영칙례(迎勅禮: 조선 시대 중국 황제가 보낸 칙서와 그것을 가지고 오는 사신을 맞이하던 의례)가 마지막으로 기술되었고, 인조 24년에는 청나라의 왕세자 책봉에 대한 내용이 나타나 사대 외교의 대상이 명에서 청으로 전환되었다. 임진왜란 전인 성종 24년에 왜(倭)의 무역청원을 기각하는 내용, 임진왜란 후인 영조 31년에 대왜(對倭) 정책을 논의하는 내용이 나오는데, 외교 78건의 윤음 검색 기사 중 대왜 관련 기사는 단 2건에 그친다. 임진왜란 이후에도 일본에 대한 국가적 관심과 분석이 매우 미흡했던 것이 아닌지, 그리고 성리학적 사대를 제외한 외교는 적대시 등한시하였던 풍조가 망국의 귀결을 낳게 한 것이 아닌지 생각해 볼 수 있는 수치이다.

〈표 2-4〉에 제시된 정책영역은 더 세분화할 수도 있고 더 통합될 수도 있다. 재정의 영역(8.8%)은 현대 행정처럼 재무, 예산, 복지가 명확히 구획되어

중앙부처화하지 못하고 통합적으로 표현되어 있기 때문에 휴먼 코딩할 때는 더 구체적인 영역으로 세분화가 가능할 수도 있다. 그러나 실록이 조선왕조의 공식적인 기록인 만큼 백성을 위한 보편적 복지의 의도가 담기기보다는 국가의 재정자원을 어떻게 배분할지에 대한 측면이 더 강하기 때문에 재무, 예산, 복지로 세분하는 실익보다 재정으로 통합하여 영역을 파악하는 것이 연구를 위해 바람직하다고 본다. 통합이 가능한 또 다른 영역들은 조선조의 행정을 고려하면 국방과 군사, 교육과 사상 등이다.

교육의 영역은 과거시험 과목에 관련된 기사, 서적 유포에 관련된 기사 등을 포함하였다(0.9%). 유교 국가의 체제에서 교육과 사상이 매우 유사한 면을 지니고 있지만, 사상의 영역은 배향을 지시하고 성리학적 질서인 위정척사에 관련된 내용을 포함하는 윤음이 많았다(0.8%). 국방 영역(0.9%)의 윤음은 군함을 제조하는 목재를 어떻게 보호해야 하는지와 이에 대한 규제 및 수어청 폐지 등의 내용을 예시로 들 수 있다. 유사한 영역이지만 군사 영역(0.8%)은 군대의 직접적인 이동과 훈련 등에 대한 내용을 포함한다. 크게 보면 국방과 군사는 하나의 영역으로 통합될 수 있다.

'농자천하지대본'이라는 말처럼 산업의 측면에서 본다면 조선은 농업이 가장 중요한 국가의 근간 산업이었다. 권농과 경작에 대한 실록기사가 8.8%를 차지하고 있다. 천기는 현재의 기후와 날씨에 해당하는데, 윤음 관련 기사가 2.5%를 차지한다. 홍수와 가뭄, 재해민에 대한 내용이 대표적인 예이다. 풍속(3.2%)의 예는 좀 더 다양하다. 수륙재[온 천지와 수륙에 존재하는 모든 고혼(孤魂)의 천도를 위하여 지내는 의례로 개인 천도의 성격을 띤 영산재에 비해 공익성이 두드러지는 불교 의례]를 반대하는 청원을 기각하는 내용도 있고 척사위정(斥邪衛正)의 정령(政令)을 내리자는 주청을 드리고 사학(邪學)을 배척하자는 상소가 조선 말에 빗발치게 되는데, 윤음은 이러한 상소에 대한 반응으로 기록되었다. 다만 풍속의 영역도 후대에 이르러서는 유학의 정통을 지키는 사상의 영역과 중복되는 면이 있다. 이에 풍속과 관련된 실록기사는 국가와 백성 전체에 대한 거시적인 영향의 측면에 초점을 맞추었고, 사상과 관련된 실록기사는 유학의 사상적인 측면에 초점을 맞추어 분류하였다.

전반적으로 가장 큰 비중을 차지하는 영역은 인사(25.3%), 사법(19%), 왕실(16.5%)이다. 사법 영역의 실록기사는 대체로 관료에 대한 인사조치의 언급이 많아 이 두 영역을 합치게 되면 절반에 가까우며, 왕실까지 포함하게 될 경우 60%의 윤음기사가 사대부와 왕족 개인에 대한 법적 처분과 관련된 언급이 주가 됨을 알 수 있다. 조선이 중앙집권적 관료국가였고 주요한 결정사항이 임금의 재가를 통해 이루어졌음을 알 수 있는데, 그렇다고 해서 윤음이 전체 조선 백성을 상대로 하는 하향적 정책커뮤니케이션의 수단으로 효과적이지 않았다고 단정할 수는 없다. 인사와 사법이 단순히 정파적인 싸움의 결과로서 이루어진 결정만이 아니라 교육, 사상, 농업, 풍속, 재정 등 다양한 정책영역의 결정자와 집행자에 대한 책임성(responsibility)과 책무성(accountability)을 묻는 결정이기 때문이다.

3. 윤음의 메시지 대상

조선 임금의 목소리인 윤음은 누구를 대상으로 하는 메시지인가? 윤음을 국가정책의 하향적 정책커뮤니케이션 수단으로 보았을 때, 정책커뮤니케이션의 목표 공중은 크게 관료, 왕실, 유생, 일반 백성으로 구분된다. 아주 엄밀하게 이 메시지는 관료에게 배타적으로 전달되는 내용이라고 『조선왕조실록』에 기록되지는 않는다. 다만 윤음이 포함된 실록기사의 내용을 구체적으로 살펴보면 크게 정책집행자인 행정관료(공무원), 국왕과 가까운 왕족(대군, 군, 부마 등), 성리학을 공부하는 유생, 그리고 불특정 다수의 전체 백성(사대부와 평민을 아우르는 범위)으로 그 대상이 구분된다고 볼 수 있다. 물론 관료와 유생의 구분이 엄격히 이루어지기는 어려울 수 있으나, 현재 정부 관료로서의 직위를 가진 이들에게 주는 메시지와 유생들에게 주는 메시지로 구분해 볼 수 있다.

관료를 향한 윤음이 70%에 가까운 높은 비율을 차지하고 있으며 일반 백성이 약 25%, 왕실과 유생은 적은 비율을 보이고 있다. 왕실의 경우 애책문[왕이나 왕비 · 대비 · 세자 · 세자빈의 상례에 고인의 성덕(盛德)을 기리고, 그 죽음을 슬퍼하는 내용으로 지은 책문], 묘지문, 시책문(왕이나 왕비의 시호를 올릴 때, 그가 살았을 때의 덕행을 칭송하여 지은 글) 등에 대한 내용, 묘호와 휘호를 정하는 내용, 종묘에 제를 올리는 내용, 임금의 행장(죽은 사람의 문생이나 친구, 옛날 동료, 아니면 그 아들이 죽은 사람의 정보를 서술하여 사관들이 역사를 편찬하는 사료 또는 죽은 사람의 명문 · 만장 · 비지 · 전기 등을 제작하는 데에 자료로 제공하려는 것)에 대한 내용을 포함한다. 유생을 대상으로 한 윤음 기사에는 유생이라는 단어도 직접적으로 언급된다. 가령 광해군 3년 "사헌부에서 전의 비답에 미안한 말씀이 있었다는 것과 유생을 타이르는 일을 아뢰다", 영조 32년 "진시에 문묘에 나가 작헌례를 행하고 명륜당에서 내린 윤음", 영조 35년 "경향의 과거 보러 온 유생들에게 유시한 윤음", 영조 46년 "사헌부가 태학의 유생들에게 소학을 윤강하게 할 것 등을 청하다", 정조 7년 "학교 교육에 대한 대사성 민종현의 상소와 그것에 대한 논의" 등이 그 예이다. 15건에 불과한 유생 대상 윤음은 세종 2건, 광해군 2건, 영조 7건, 정조 2건, 철종 2건이 검색되는데, 소수이지만 특정 임금 대에 나타난 것이 특징이다.

표 2-5 윤음의 목표 공중

		건수	비율
목표 공중	관료	700건	68.8%
	왕실	54건	5.3%
	유생	15건	1.5%
	일반 백성	249건	24.5%
	합계	1,018건	100.0%

일반 백성을 대상으로 하는 윤음은 매우 다양한 주제에 걸쳐 있다. 특별 사면과 그에 따른 사유문을 보내는 내용(사면을 받는 죄인을 용서하는 내용과 더불어 백성들에게 처벌의 엄중함과 임금의 은혜를 알리는 목적), 흉년으로 인한 기근 구제, 사치 풍습 금지, 특정 장소와 특정 시기에 술 제조 금지, 구휼, 진휼, 권농, 감세, 면세, 부역 등을 포함한다. 일반 백성을 대상으로 하는 윤음은 조선 중기까지는 매우 드물게 나타났지만, 영조 때부터 그 숫자가 엄청나게 늘어났다. 『영조실록』에서 검색되는 일반 백성 대상 윤음이 46건, 『정조실록』에서는 76건, 『순조실록』에서는 20건, 『고종실록』에서는 80건에 이른다. 고종 대의 백성을 대상으로 하는 윤음은 그 이전과 비슷하게 휼전, 재해, 권농, 특별사면 등이 다수이지만 당시의 역사적 특성이 상당히 반영되는 내용을 보여 준다. 예를 들어, 고종 13년 서양 물건 거래 금지, 고종 18년 척사 윤음, 고종 30년 사학 엄금, 고종 30년 동학, 고종 31년 민란, 고종 31년 자주독립 고취, 고종 34년 연호를 세운 것에 대하여 대사령 반포 등 당대의 혼란한 상황에 대한 임금의 하향적 정책커뮤니케이션을 확인할 수 있다.

윤음이 타깃으로 하는 공중과 더불어 어떤 대상 공간을 향해 메시지를 전달하였는가도 살펴볼 필요가 있다. 대상공간을 전국, 중앙(중앙정부), 지방(특정 지역 혹은 지방정부)으로 구분하였을 때 어떤 특정 지역에게 전달되는 메시지는 11%에 그쳤다. 또한 전국에 전달하는 메시지보다는 중앙정부의 조정 대신들에게 전달되는 메시지가 70%에 가까웠다. 다만 전국을 중앙집권적으로 통

표 2-6 윤음의 대상 공간에 따른 분포

		건수	비율
대상 공간	전국	213건	20.9%
	중앙	695건	68.3%
	지방	110건	10.8%
	합계	1,018건	100.0%

치하는 국가에서 중앙정부의 관리들에게 주는 메시지가 전국을 대상공간으로 한 것일 수도 있다. 이에 코더(연구자)들끼리 전국과 중앙, 전국과 지방의 범위를 구분하여 범주화하고자 심층적으로 논의하였다. 예를 들면, 대표적으로 권농은 전국적인 메시지로 전파되었으나 이재민 구휼 사례는 상당수가 특정 지역의 재난에 국한되는 경우가 많아 지방정부를 향한 메시지로 고려되었다.

4. 윤음에 나타난 정책의 유형

정책의 유형론은 학자에 따라서 다양한 접근이 존재한다. 가장 많이 활용된 것은 로위(Lowi, 1964)의 분류로서 정책을 크게 분배정책, 재분배정책, 규제정책, 구성정책으로 구분하였다. 분배정책은 자원, 서비스, 기회, 지위, 명예 등을 집단이나 개인에게 분배하는 정책을 말하며, 재분배정책은 부와 권력을 많이 소유한 집단으로부터 그렇지 못한 집단으로 이전하는 정책을 말한다. 규제정책은 개인이나 집단의 행위에 대하여 제약과 통제를 가하는 정책이고, 구성정책은 체제의 구조와 운영에 관련된 정책이다. 로위(Lowi, 1964)의 기준에 따라 윤음에 나타난 정책의 유형을 구분하면 다음 〈표 2-7〉과 같이 규제정책의 비율이 압도적으로 높게 나타난다.

표 2-7 윤음에 나타난 정책의 유형

		건수	비율
정책 유형	분배정책	134건	13.2%
	재분배정책	50건	4.9%
	규제정책	478건	47.0%
	구성정책	33건	3.2%
	기타	323건	31.8%
	합계	1,018건	100.0%

중세 왕권국가의 특성을 고려하면 규제정책의 비율이 높을 수밖에 없는 것은 당연하다. 구휼, 위유사(지방에 천재지변이 있을 때, 백성을 위로하기 위하여 어명으로 보내던 임시 벼슬) 파견 등의 기사는 재분배정책으로 간주할 수 있다. 영조 대 8건, 정조 대 13건, 고종 대 12건이 재분배정책과 관련된 윤음으로 기록되어 있다. 재분배정책이 차지하는 비율이 5%에 그치고 있어, 중세 왕권국가라고 할지라도 너무 적은 비율이 아닌지 의심할 수도 있지만 구휼과 위유사 등의 내용은 대체로 흉년, 가뭄, 홍수와 같은 국가적 혹은 지역적 위기상황과 연계된다. 따라서 위기상황이 아닌 평시에 재분배를 위한 임금의 하향적 정책커뮤니케이션이 발동하지는 않았을 것으로 본다. 조선 후대의 민란이 있기 전까지는 엄격한 신분제 사회를 기반으로 지역사회의 틀 내에서 관아 혹은 사대부 일가의 재량적인 재분배가 이루어졌을 것이고 이러한 재분배가 『조선왕조실록』에 기록될 만한 사항은 아니었을 것이다. 윤음은 국가 전체적인 차원에서 정책의 비중을 어디에 두었는지를 파악하는 데 도움을 줄 수 있지만, 중앙집권적 특성을 가진 국가라 하더라도 지역성, 대응성, 회복성이 강한 재분배정책을 국가 차원에서 파악하기는 어렵다는 한계가 있다.

『영조실록』 30권에 실린 기사(영조 7년 12월 21일)의 내용은 다음과 같다.

영의정 홍치중(洪致中)이 주달하기를,

"관서(關西)의 쌀 5만 섬을 마땅히 삼남(三南)에 수송해야 하는데, 해로(海路)가 대단히 멀어서 선척(船隻)이 가기가 어렵습니다. 만일 삼남으로 하여금 대동미(大同米)를 봉류(捧留)하기를 관서의 5만의 수량과 같이 하게 하고, 선혜청(宣惠廳)으로 하여금 관서의 쌀을 가져다 사용하도록 한다면, 도리(道理)는 약간의 차이가 있을 것이나 일은 양편이 매우 편리할 것입니다." 하니, 임금이 허락하였다. 선혜청 당상 송인명(宋寅明)이 매우 어렵게 여기면서 말하기를,

"도하(都下)는 사방의 근본이니, 선혜청이 여유가 있어야만 도민(都民)을 구제할 수 있습니다. 그리고 또 관서(關西)의 소미(小米)는 매우 질이 낮아 대동미만 같지 못합니다." 하니, 이종성이 배척하여 말하기를,

"성상께서 바야흐로 지성(至誠)으로 백성을 구제할 뜻으로서 절손의 정사를 시행하고자 하시어 윤음(綸音)을 내리심이 애연(藹然)히 마치 불길이 타오르고 샘물이 흐르는 것과 같으니, 여러 신하들은 진실로 마땅히 받들어 순종해야 할 것인데, 어찌 이런 말을 할 수가 있겠습니까?" 하였다. 임금이 말하기를,

"도민이 만일 보존하기 어려운 지경에 이른다면, 비록 소미(小米)로 나의 옥식(玉食)을 대신한다 하더라도 또한 어찌 불가할 것이 있겠는가? 이 일은 단연코 실행해야만 할 것이다." 하였다. 홍치중이 말하기를,

"성상의 하교가 이에 이르니, 백성의 무리들이 비록 내일 구렁에 빠져 죽더라도 반드시 다시 여한이 없을 것입니다." 하였다. 임금이 또 관서(關西)의 전목(錢木)을 영남에 양급(量給)하고 해서의 상정미(詳定米) 1만 석을 기내(畿內)에 공급할 것을 명하였다.

앞의 실록기사에는 구휼과 관련하여 관서지방의 쌀을 다른 지방으로 재분배하는 조치에 대해 영조와 영의정이 논의한 내용이 담겨 있고, 여기서 임금은 본인의 식사를 줄인다고 하더라도 구휼에 힘써야 함을 윤음으로 하교하였다.

구성정책은 정부기관의 신설, 조직화에 관련된 내용을 포함한다. 예를 들어, 첨사원(세종의 신병으로 인해 설치한 세자의 정무 처결 기관) 설치 반대청원 기각, 비변사(조선후기 국방과 군사에 관한 기밀뿐 아니라 국정 전반을 총괄한 최고의 기구)의 추쇄관(부역 또는 병역을 기피한 자나 상전에게 의무를 다하지 아니하고 다른 지방으로 도망한 노비를 찾아내어 본고장으로 돌려보내는 일을 맡아 보게 하기 위하여 임시로 파견하는 관리) 혁파, 수어경청 혁파와 광주부 승격, 북도의 능 관제 개정 등 체제의 구조와 운영에 관련된 윤음이 다수 있었다.

『정조실록』 7권에 실린 통어영 강화부 합병에 관한 기사는 구성정책의 한 예를 보여 준다(정조 3년 3월 8일).

통어영(統禦營)을 강화부(江華府)에 합쳤다. 이보다 앞서 무술년에 번고 어사(反庫御史) 심염조(沈念祖)가 별단(別單)을 올리기를,

"신이 12진(鎭)을 두루 돌아다니면서 관방(關防)의 요해지(要害地)를 살펴보았는데 전후 설치하여 경영(經營)한 것이 너무도 주밀(周密)하였습니다. 차라리 진보(鎭堡)가 너무 많은 것이 걱정이 될지언정 방액(防阨)이 혹시 빠진 것은 거의 없었습니다. 다만 설치한 규모가 들어가서 지키는 산성(山城)의 경우에 있어서는 지극하지 않은 것이 아니었습니다만 수국(水國)에 물자를 공급하는 방도에 있어서는 또한 너무 허술했습니다. ……

만약 통어사(統禦使)를 옮겨 본부에 예속시키고 아울러 진무사(鎭撫使)도 겸하게 함으로써 교동, 영종도와 관할하고 있는 통진(通津) 등 여러 고을이 모두 절제를 받아 수륙(水陸)이 서로 호응하여 함께 방수(防守)에 힘을 다 할 수 있게 된다면 소루한 잘못을 없게 할 수 있습니다.' 했는데, 그 내용이 참으로 상세히 헤아린 점이 있었습니다. ……

이 강화도 한 구역(區域)을 둘러보면 하늘이 만들어 낸 참호(塹壕)로 자못 사람의 힘으로는 만들 수 없는 것이었습니다. 기내(畿內)의 성지(城池) 가운데 위급한 시기에 힘이 될 수 있는 곳에 이곳보다 나은 데가 어디 있습니까? 대저 이 부(府)는 적군이 경유하는 길의 인후(咽喉)에 해당되는 요충지인데도 부(府) 아래의 13개 진(鎭)의 주사(舟師)와 전함(戰艦)을 통행(通行)하지 못하게 하였으며 본부의 주위가 수백 리나 되는데 그 가운데 있는 축로(舳艫) 몇 척과 대갑(帶甲) 몇 초(哨)도 일찍이 영섭(領攝)하지 못하게 되어 있어 마치 별세계의 물건인 것처럼 여기게 되었으니, 이 부(府)에다 보장(保障)을 설치하지 않았다면 그만이겠지만 이미 설치해 놓고 나서 어찌 이처럼 제치(制置)를 허술하게 할 수가 있겠습니까? ……

통어영(統禦營)을 옮겨서 설치하는 것은 결단코 그만둘 수 없습니다. 교동(喬桐)과 영종도(永宗島)에 이르러서는 강도의 좌・우익(左右翼)이 되는 것에 불과합니다. ……

로위(Lowi, 1964)의 기준에 적절하게 부합하지 않은 32%에 달하는 윤음 기사는 기타의 정책영역으로 분류하였다. 특히 애책문, 묘지문, 사신 의전 등이 기타로 구분되었으며, 권농의 경우도 권농의 윤음만 내렸을 때 이를 정책의 수단적인 측면에서는 어떤 수단으로 분류할 수가 있으나 목적의 차원에서는 매우 모호하다. 권농의 윤음이 매년 새해에 지방관에게 전달하는 의례적인 메시지이고 임금의 정례적인 훈유에 가까워서 분배, 재분배, 규제 등의 유형에 속하지 않는다.

정책의 수단에 대한 분류도 여러 학자들의 시각이 존재한다. 비둥(Vedung, 1998)은 규제(몽둥이: 원하는 행동에 따르도록 정부가 법적인 의무를 부여), 인센티브(당근: 시민들에게 재화, 서비스를 제공하거나 혹은 박탈하여 특정 행동을 더 활성화하거나 더 위축), 설득(설교: 물질적 자원이나 강제적인 의무를 개입시키지 않고 정보전달과 논증만을 통해 시민의 행동을 변화)이라는 세 가지 수단에 주목했다. 슈나이더와 인그램(Schneider & Ingram, 1990)은 좀 더 세분화하여 다섯 가지 수단을 제시했는데, 권위(법령이나 관료제의 계층제를 이용), 인센티브(효용극대자를 가정하여 보상을 제공), 역량형성(정보, 교육훈련, 자원을 개인, 집단, 기관에 제공하여 행동・결정을 지원), 상징과 권고(정의, 공정, 형평과 같은 무형적 가치와 신념에 호소), 학습(공청회, 평가, 시민 패널, 자문위원회 등을 통해 인식과 지식의 수준을 제고)로 구분하였다. 후드(Hood, 1986)는 정보매개(정보를 직・간접적으로 제공, 조언과 권고), 권위(강제적으로 사회행위자들의 활동에 관여하거나 특권을 부여), 재원(정책효과를 달성하기 위해 물질적 인센티브를 부여), 조직(기관이나 기구를 활용하여 정책을 조정하거나 지원)의 네 가지 수단으로 정책수단을 유형화했다. 각자의 기준이 장단점이 있으나, 크게 보면 '규제-권위, 인센티브-재원, 역량형성-조직, 설득-학습-정보매개'의 유형으로 구분된다고 볼 수 있다.

비둥(Vedung, 1998)의 기준에 따라 윤음이 검색된 실록기사의 정책수단을 세 가지 유형으로 분류한 결과, 규제수단은 약 45%, 설득 약 35%, 인센티브 약 20%의 순으로 나타났다. 중앙집권적인 왕권국가에서 규제수단의 많이 활용되었을 것임을 쉽게 짐작할 수 있지만 설득과 인센티브 중에서 설득을 더 높은 비율로 활용했다는 것은 흥미롭다. 윤음이 기재된 많은 실록기사에는 특정 상소에 대해 어떤 입장을 취할지에 대한 논의가 많이 담겨 있다. 이 과정에서 임금이 택하는 지시 중 상당수는 설득의 전략이었다. 임금을 설득하기 위한 상소문에 임금이 동의하는 경우도 있고 반대로 상소문이 주장하는 바를 기각하는 경우도 있었다. 양자 모두 임금은 설득의 전략을 펼치는데, 특히 윤음 관련 검색기사 수가 많은 영조와 정조 대에는 기사의 텍스트도 매우 길며 화자로서 임금의 목소리도 다른 임금에 비해 상당히 길게 기록되어 있다. 임금이 대신들을 설득하는 내용이 상당히 많은 편이다. 인센티브는 인사정책 차원에서는 대체로 표창을 주는 경우가 많고 때에 따라서는 특별사면과 특별승진도 상당수 존재한다. 또 다른 인센티브의 수단이 많이 사용된 예는 재해민을 위로하거나 구휼 정책을 펼치는 데 재정적 자원을 활용하는 경우이다.

표 2-8 비둥(1998)의 정책수단에 따른 윤음의 유형

		건수	비율
정책 수단	규제	459건	45.1%
	설득	351건	34.5%
	인센티브	208건	20.4%
	합계	**1,018건**	**100.0%**

다음은 『성종실록』 82권에 실린 기사로서(성종 8년 7월 24일), 국문청원과 관련된 논변에서 이를 기각하기 위해 설득의 전략이 사용된 예이다.

경연(經筵)에 나아갔다. 강(講)하기를 마치니, 사간(司諫) 박효원(朴孝元), 지평(持平) 김제신(金悌臣)이 아뢰기를,

"현석규(玄碩圭) · 임사홍(任士洪)은 서로 정원(政院)의 연곡(輦轂) 아래에서 힐난하였습니다. 이와 같은 것은 옳지 못하니, 청컨대 국문(鞫問)하소서." 하니, 임금이 말하기를,

"힐난한 것은 무슨 일 때문이었는가?" 하자, 우부승지(右副承旨) 손순효(孫舜孝)가 대답하기를,

"신은 몸소 보지 못하였습니다마는, 그러나 임사홍(任士洪)이 일찍이 신으로 더불어 말하기를, '도승지(都承旨)는 나에게 과갈(瓜葛)의 정의가 있으며, 또 가군(家君)에게 수업(受業)한지라, 의리는 형제(兄弟)와 같아 실정이 있을 리 만무(萬無)하거늘, 노공필(盧公弼)에게 말함으로써 음해(陰害)되었으니, 유감스럽기만 하다.' 하였습니다." 하니, 임금이 말하기를,

"내 뜻으로 생각하기에는 도승지(都承旨)와 우승지(右承旨)는 서로 발명(發明)한 것뿐이다." 하였다. 박효원(朴孝元)이 말하기를,

"정원(政院)은 다만 왕명을 출납할 따름입니다. …… 현석규는 스스로 반성하지 아니하고 먼저 사람을 의심함이 옳겠습니까?" 하니, 임금이 말하기를,

"그 소매를 걷어 올렸다는 일은 현석규(玄碩圭)가 한 것이 아니니, 그대들이 무실(無實)한 말을 가지고 말함이 옳겠는가?" 하였다. 박효원이 대답하기를,

"현석규는 …… 힐난하였으니, 그 죄가 더욱 큽니다." 하니, 임금이 좌우(左右)에게 물었다. 영사(領事) 심회(沈澮)가 대답하기를,

"비록 소관(小官)이라도 반드시 화합(和合)한 뒤에야 모든 일을 이룰 수가 있거늘 정원(政院)은 후설(喉舌)의 지위인데 이와 같으니, 신등도 이를 듣고 또한 섭섭함이 있습니다." 하니, 임금이 말하기를,

"인심(人心)은 고금(古今)으로 다름이 없다. 그러나 지금의 승지(承旨)는 예전과 같지 못하여, 그 아래에 있는 자가 위를 공경하지 않고 있는 것이다." ……

심회(沈澮) · 이극배(李克培)가 말하기를,

"박효원(朴孝元)의 말이 지나쳤습니다." 하니, 임금이 묵연(默然)히 있다가 파(罷)하였다.

조정은 다양한 방식과 규모로 인센티브의 수단을 사용했는데 특히 지방과 변경의 관료들의 공을 치하하기 위한 윤음이 다소 있었다. 『세조실록』 21권에 실린 기사의 내용은 다음과 같다(세조 6년 8월 13일).

함길도 도절제사(咸吉道都節制使) 양정(楊汀)이 전문(箋文)을 올려서 잔치를 내려 준 것에 대하여 사례하였다. 그 전문(箋文)에 이르기를,

"지극한 인(仁)으로 하늘처럼 덮어 주시어 곡진히 긍휼(矜恤)하고 연애(憐愛)함을 내려 주시고 특별한 은혜가 날로 새로우니, 감격(感激)함을 이기지 못하여 마음에 새겨 보답하기를 꾀하고, 뼈에 새긴들 어찌 잊겠습니까? 엎드려 생각하건대 신의 모책(謀策)은 운주(運籌)하기에 졸렬(拙劣)하고 재주는 적(敵)을 위압(威壓)하지도 못하는데, 두 번이나 북방지역에 부월(鈇鉞)을 맡기시니, 돌아보건대 전쟁에 이긴 공로[汗馬之功]도 없었습니다. 부주(府州)의 판목사(判牧使)의 일을 겸임하게 하시니, 물건을 제도(濟度)할 지혜가 부족함을 부끄러워하는데, 어찌 못내 잊지 않으시는[繾綣] 윤음(綸音)이 이르리라고 뜻하였겠습니까? 또 외람되게 차고 넘치는 선호(仙壺)가 자주 이르니, 우러러 큰 은혜를 입어서 취(醉)하여 쓰러져 자리가 낭자(狼藉)합니다. 변장(邊將)들도 또한 은혜에 감격하여 목이 메이고 사졸(士卒)들도 모두 다 감동하여 탄복합니다. 이와 같은 영광(榮光)은 전고(前古)에 드물었던 바이니, 이것은 대개 성상의 큰 도량으로 함육(涵育)하여 주시고 성(盛)한 덕(德)으로 바다같이 포용(包容)하여 주심을 엎드려 만나, 신(臣)의 수자리사는 역사(役事)의 작은 공로(功勞)를 불쌍히 여기시어 신에게 훈맹(勳盟)의 삽혈(歃血)에 참여하도록 생각하여 주시고, 드디어 이 용렬(庸劣)한 자질(資質)로 하여금 은총(恩寵)과 영광(榮光)을 입을 수 있게 하시니, 신은 감히 마

음을 다하여 충성을 바치지 않겠습니까? 항상 강릉(岡陵)과 같이 수(壽)하시기를 축원(祝願)하며, 둔마(鈍馬)를 채찍질하여 천리마(千里馬)가 되기를 바라면서 적개(敵愾)의 정성(精誠)을 갑절이나 다 하겠습니다." 하였다.

슈나이더와 인그램(Schneider & Ingram, 1990)의 기준에 따라 윤음이 검색된 실록기사의 정책수단을 분류한 결과, 절반 가까이가 권위의 수단(46.6%, 규제와 거의 동일), 상징과 권고(22.1%), 인센티브(19.6%), 역량형성(11.1%), 학습(0.6%) 순으로 나타났다. 상징과 권고의 수단이 활용된 윤음은 동지 윤음, 임금의 존호, 행장, 책봉 조서, 제문 등이 포함된다. 주로 유교 의식이나 왕실 의식과 관련하여 임금의 윤음이 내려지는데 이는 상징의 수단을 활용하는 예이다. 권농 윤음은 특정 시기에 농사를 장려하기 위한 일반적인 메시지 외에도 농사의 방법론을 좀 더 구체적으로 당부하는 메시지를 지방관에게 하달하여 역량을 형성하는 수단으로 활용하였다. 특히 영정조, 순조, 고종 대에 역량형성의 수단으로 활용하는 권농의 윤음이 50건 가까이 검색되었다.

표 2-9 슈나이더와 인그램(1990)의 정책수단에 따른 윤음의 유형

		건수	비율
정책수단	권위	474건	46.6%
	상징권고	225건	22.1%
	역량형성	113건	11.1%
	인센티브	200건	19.6%
	학습	6건	0.6%
	합계	1,018건	100.0%

다음『광해군일기』중초본 19권 실록기사는 상징의 수단을 사용한 예로서 존호를 올릴 것을 청하는 신하들의 청원이다(광해 4년 6월 5일).

정원이 아뢰기를,

"근일 존호를 올리는 일로 대신 · 종척 · 삼사 · 백관이 모두 조정에 나아가 진심으로 호소한 것이 지금 25일이 되었는데도 성상의 들으심은 더욱 막연해지고 성상의 비답은 더욱 준엄해지십니다. 뭇 아랫 사람들은 요청이 받아들여지기 전에는 물러가지 않을 것으로 기약하고, 성상은 겸양하여 자처하지 않을 것으로 고집하여 상하가 서로 맞서 생각과 뜻이 통하지 않으므로 사람들이 날이 갈수록 더욱 더 걱정하며 답답해하고 있습니다. 신들은 오직 출납만을 맡은 처지라 비록 잇단 상소로 성상을 번거롭게 해 드릴 수는 없지만 임금을 드러내고 싶은 바람과 절박한 심정은 실로 외정(外庭)의 신하들보다도 깊습니다. 대신은 전하의 고굉이고 심복이며, 종척은 전하께서 함께 즐거움과 슬픔을 같이할 자이고, 삼사는 전하의 이목이 되어 공론을 주장하는 자이며, 조정에 가득찬 신료들 또한 그 누구인들 전하의 수족이 아니겠습니까. 그런데 어찌 모두 전하를 그르치는 자이겠습니까. 전하께서 대신 · 종척 · 삼사 · 백료의 말을 따를 수 없는 것이라고 여기신다면 대신 · 종척 · 삼사 · 백료밖에 또 따를 만한 자가 있단 말인지 알 수 없습니다. 성상의 신성하고 훌륭한 공덕은 이미 정계(庭啓)의 말에서 다 하였으니 신들이 다시 무엇을 더 자세히 말하겠습니까." …… 하니 답하기를,

"계사를 살펴보고 간절한 뜻을 잘 알았다. 내 마땅히 요량하여 조처하겠다." 하였다.

학습의 정책수단은 매우 드물게 나타났는데, 다음『정조실록』46권의 실록기사는 그중 한 예이다(정조 21년 6월 2일).

『향례합편(鄕禮合編)』이 완성되었다. 이보다 앞서 을묘년 혜경궁(惠慶宮)의 환갑 경사 때에 윤음을 내려 서울과 지방으로 하여금 향음(鄕飮)하는 예(禮)를 바로 세우게 하고, 또 각신(閣臣)들에게 명하여 역대의 향음하는 의식을 책으로 만들어 장차 서울과 지방에 반포하려고 하였다. 마침 우의정 윤시동(尹蓍東)이 향약(鄕約)은 한 쪽도 폐지할 수 없다고 말하자, 상이 향약은 단지 한 고을에 시행할 만한데 만약 조정에서 법을 만들어 반행(頒行)하게 한다면 효과는 없고 폐단만 있다는 이유로 어렵게 여겼다. 시동이 시행하기를 극력 청하자 마침내 각신인 서유구(徐有榘)와 예조 당상 민종현(閔鍾顯) 등에게 편집하도록 명하였다. 예조가 아뢰기를,

"향음의주(鄕飮儀注) 및 향약(鄕約)을 신의 부서에서 중앙과 지방에 반포하여 각각 준행하도록 할 일에 대하여 이미 성명(成命)을 받들었습니다. 신들이 삼가 향음하는 예를 상고하니『의례(儀禮)』의 경문(經文)에 빠짐없이 기재되어 있어 그대로 행하면 의식은 빛날 것입니다. 그러나 역대의 사지(史志)를 고찰하면 덜고 뺀 것이 일정하지 않으니, 진실로 시대에 맞게 변통하는 뜻으로 그렇게 하지 않을 수 없어서였습니다.『국조오례의(國朝五禮儀)』에 기재된 의주(儀注)는 고금의 전장(典章)에 비교해 보건대 참으로 잘 다스려진 세대에서 이룩된 법이니, 진실로 별도의 찬정(撰定)을 기다릴 것이 없습니다. 이번에 반행하는 책은 이미 역대의 의절(儀節)을 갖추어 기재하였으니, 진실로 학식이 넓고 성품이 우아하며 옛것을 좋아하는 선비가 있으면 스스로 여기에 나아가 절충하고 변통할 것입니다. 오직 중앙이나 지방의 유사(有司)인 신하가 받들어 시행하기를 어떻게 하느냐에 달려 있습니다.

향약의 법은 송(宋)나라의 유학자인 여대균(呂大勻)에서 시작되었는데, 주자(朱子)가 그 글을 가져다 보태기도 하고 줄이기도 하였으니, 참으로 만세에 통행하는 훌륭한 법입니다. 여씨의 전문은 오늘날에 전해지지 않지만 주자가 보태거나 줄인 본(本)은 문집『주자대전』에 실려 있으니, 중묘(中廟) 14년과 선묘(宣廟) 6년에 반행한 향약은 이 본으로 만들었음을 미루어 알 수 있습니다. ……

그리하여 효제(孝悌)가 일어나고 예양(禮讓)이 일어나 크게 풍속이 바뀔 날을 손꼽아 기다릴 수 있을 것이니, 주자소(鑄字所)로 하여금 즉시 인쇄하도록 하소서." 하니, 윤허하였다.

후드(1986)의 기준에 따른 분류는 권위의 수단을 사용하는 윤음이 약 57%, 정보를 활용하는 윤음이 약 30%, 재정적 자원을 활용하는 윤음이 약 13%로 나타났다. 선조 때 성균관 재건, 영조 때 수성(守城)절목 반포와 같이 조직을 구성하여 정책을 펼치는 윤음은 2건에 그쳤다. 정보매개 수단은 조언과 권고를 통해 정보를 제공하여 정책목적을 달성하기 위함인데 매우 다양한 주제의 윤음과 관련된다. 예를 들어, 권농의 경우도 농업에 대한 조언과 권고이며, 임금의 하향적 메시지에 의하여 지금이 어떤 농사를 어떻게 시작해야 하는 시기인지에 대한 정보를 제공한다.

표 2-10 후드(1986)의 정책수단에 따른 윤음의 유형

		건수	비율
정책 수단	권위	580건	57.0%
	재원	128건	12.7%
	정보매개	308건	30.3%
	조직	2건	0.2%
	합계	**1,018건**	**100.0%**

권위, 재원, 조직화의 수단보다는 정보를 제공하는 조언과 권고의 수단을 사용한 예가 많지만, 그중에서 다음 『인조실록』 9권의 기사는 대각의 간언을 수용하는 조언과 관련된 내용이다(인조 3년 4월 3일).

연평 부원군(延平府院君) 이귀(李貴)가 차자를 올려 언로를 널리 열고 대각을 너그러이 용서하라고 청하였다. 그 차자의 대략에,

"신이 삼가 살피건대, 전하께서는 총명하고 영민하여 정사를 밝게 익히고 인자하고 공검(恭儉)하여 대신을 경건하게 예우하시며, 모든 성색(聲色) · 화리(貨利) · 사치 · 유희 등 정사를 해치고 나라를 병들게 할 수 있는 것은 일찍이 한 가지도 하신 일이 없으니, 이것이 바로 신민이 전하께 크게 기대하는 이유인 것입니다. 그러나 큰 뜻이 확립되지 못하여 매양 전철을 그대로 따르려 하고 성의가 부족하여 형식만 꾸미는 것을 면하지 못하고, 도량이 넓지 못하여 능히 충언(忠言)을 허심탄회하게 받아들이지 못하십니다. 이와 같은 세 가지 병통을 제거하지 않는다면 성덕(聖德)이 날로 광대한 영역으로 나아가지 못하고 치도(治道)가 옛날의 융성한 시대로 만회되지 못하고 중흥의 대업이 후퇴만하고 전진은 없게 되어, 장차 사방 백성들의 기대를 크게 위로하지 못할까 두렵습니다. 언로에 대한 한 조항을 전하를 위해 다 진달하겠습니다.

언로라는 것은 국가의 혈맥입니다. 혈맥이 막히면 사람이 반드시 죽고 언로가 막히면 나라가 반드시 망합니다. 자고로 영특한 군주는 허심탄회하게 남의 말 듣기를 좋아하였는데 유도해서 말을 하도록 한 것은 어찌 신하가 진달하는 것이 모두 격언이어서 그러했겠습니까. 더러는 알직(訐直)에서 나오고 또 참람추솔한 데에 관련되기고 하고 오활하여 행하기 어렵고 착오가 나서 사실과 다르더라도 모두들 너그럽게 수용하되, 아름다운 말이 혹시라도 묻혀 있을까 염려하였습니다. 때문에 뭇사람의 마음이 서로 기뻐하고 모든 책략이 다 거론되어 위에는 잘못된 처사가 없고 아래에는 숨겨진 실정이 없었습니다. ……

무함이라는 것은 마음 속에 질투하는 바가 있어 몰래 중상을 가하는 것을 말합니다. 지금의 법관이 능원군에게 무슨 사감이 있어 기필코 위험한 방법으로 중상하려 하겠습니까. 왕의 말씀이 한번 내려지면 사방에 전해지니 중외에 있는 유식한 선비들이 전하의 마음을 엿볼까 두렵습니다. 지금 공경(公卿)의 지위에 있는 자들은 모두가 중신숙망(重臣宿望)입니다만, 순근(醇謹)한 사람은 여유가 있으나 강직한 사람은 부족하여 면전에서 과감하게 간하는 기풍이 있는 것을 보지 못

하겠습니다. 신진명류(新進名流)들이 대각에 있더라도 임금에게 중시되지 못하는 탓으로 강자는 말해도 믿지 않고 약자는 말하기를 경계하고 있습니다. 이해를 돌보지 않고 광언망동(狂言妄動)을 하는 자는 겨우 신뿐입니다." 하니 답하기를,

"차자에 진달된 내용 모두가 격언이니 경이 임금을 사랑하는 충성이 더욱 가상스럽다. 내가 마땅히 명심하여 스스로 살피겠다." 하였다.

조직의 수단을 사용한 정책은 윤음 관련 실록기사에서는 2건만 검색되는데 그중 하나는 수성절목(守城節目) 혹은 수성윤음(守城綸音)과 관련된다. 수성절목이란 영조의 명으로 만들어진 조선의 수도방위책을 일컫는다. 다음은 『영조실록』 4권에 실린 수성절목 반포 관련 기사로서(영조 27년 9월 11일), 한양 도성을 수비할 계책을 조직화한 내용을 담은 수성윤음이 반포됨을 기록한 것이다.

이날 임금이 수성 윤음(守城綸音)을 지어서 내렸는데, 윤음에 이르기를,

"수성절목(守城節目)을 아직까지 반포(頒布)하지 않았으니, 도성(都城)의 사서(士庶)들이 어떤 부(部)가 어느 영(營)에 속하고 어떤 방(坊)이 모자(某字)의 안에 속한다는 것을 어떻게 알겠는가? 설령 징소(徵召)함이 있게 되면 혼륜(混淪)·착잡(錯雜)하여 사율(師律)을 위반해 범(犯)할 것이니, 이것은 백성을 위한다는 뜻이 가르치지 않고 사율을 범하게 하는 결과를 낳게 되는 것이다. 그러므로 비국(備局)으로 하여금 그 절목(節目)을 첨가 윤색(潤色)하여 오부(五部)에 간포(刊布)하게 하여 사서로 하여금 사변이 없을 때는 소속된 영(營)과 지켜야 할 곳을 상세히 알게 하고, 혹시 사변이 있어서 징소(徵召)할 때는 부관(部官)을 따라 첩(堞)에 오르게 하라. 비록 그러나 첩에 올라갈 때는 성(城)을 지키는 도구가 시·석(矢石)에 지나지 않으니 궁시(弓矢)와 조총(鳥銃)이 있는 자는 이것을 가지고 올라가겠지만, 이 두 가지가 없는 자들은 마땅히 돌[石]을 가지고 올라가야 할 것이다. 이것은 사서들이 그 임시의 편의(便宜)에 따라 해야 할 것이니 어찌 미

리 지휘(指揮)할 수가 있겠는가? 그러나 아! 사서들이 능히 나의 뜻을 알 수가 있겠는가? 옛적에 촉한(蜀漢)의 소열황제(昭烈皇帝)는 한 조그마한 성(城)의 백성도 오히려 차마 버리지 못하였는데, 더구나 도성(都城)의 누십만(累十萬)의 사서들은 바로 옛날에 애휼(愛恤)하던 백성이니, 어찌 차마 버리고 홀로 갈 수가 있겠는가? 이것으로써 생각을 한다면 모든 백성과 더불어 마음을 같이한다고 할 수가 있다. 이번이 하교(下敎)의 의도(意圖)는 실상 백성을 위한 것이다. 지금 비록 원기(元氣)와 정신이 피곤하지만 도성(都城)을 지키려는 뜻은 저 푸른 하늘에 질정할 수 있으니, 설혹 이런 일이 있다면 내가 먼저 기운을 내서 성 위의 담에 올라가 백성을 위로할 것이다. 만일 근거 없는 의논으로 인하여 그 지키는 바가 흔들린다면 이는 다만 우리 백성들을 속이는 행위일 뿐만 아니라, 이것은 내 마음을 속이는 것이니, 어찌 차마 이런 짓을 할 수가 있겠는가? 그 인간 반포한 것은 늘 신실함이 부신(符信)과 같으니 아! 우리 사서들은 과인(寡人)의 뜻을 헤아려 달라." 하였다. 이에 앞서 병인일(丙寅日)에 절목(節目)을 지을 것을 명하였는데, 이에 이르러 비로소 반포(頒布)하였다.

5. 윤음과 관련된 정책의 이익과 비용

정책의 이익과 비용이 어떻게 분산되는지에 따라 다수주의정책, 기업가정책, 고객지향정책, 이익집단의 네 가지 유형으로 구분된다. 다수주의정책은 정책비용과 정책이익이 전체 국민에게 고루 분산된다. 기업가정책은 정책비용이 특정 집단에 집중되는 반면, 정책이익이 전체 국민에게 분산된다. 고객지향정책은 정책비용이 일반 국민에게 광범위하게 분산되는 반면, 정책이익은 특정 집단에 집중된다. 이익집단정책은 정책비용과 정책이익이 별개의 특정 집단에게 집중된다.

윤음과 관련된 정책들을 네 가지 유형으로 구분하면 이익집단정책이 거의 절반 가까운 비중을 차지하고 다수주의정책이 25%에 이른다. 정책의 비용을 누가 부담하고 그 혜택을 누가 향유하는지는 현대의 정책도 그렇지만 엄밀하게 구분하여 말하기는 어렵다. 비용과 이익의 시간적 지평에 따라 단기적인 비용이 장기적으로는 혜택으로 돌아올 수도 있고 물질적 가치로 쉽게 환산하기 어려운 비용(행정비용, 사회비용 등)을 고려하지 않을 때 비용이 과소 추정될 수도 있다. 또한 조선조의 개별 정책이 누구의 비용으로 누구를 위해 추진되었는지를 실록기사의 내용만으로 명확히 정리하기는 어렵다.

그럼에도 불구하고 조선조 500여 년에 걸쳐 전반적으로 특정 집단에게 정책비용과 정책이익이 집중되는 정책이 많이 펼쳐졌다고 볼 수 있다. 473개에 이르는 다양한 기사가 검색되는데 이를 관통하는 특정 패턴을 찾아내기는 어렵다고 해도, 몇 건의 예시는 윤음이 기재된 실록기사의 정책이 상당 부분 사대부나 왕실의 행위에 초점을 맞추고 있음을 보여 준다. 가령 영조 33년의 기사는 "비국 당상을 인견하고, 부녀의 다리를 금하고 당하 조관은 녹포를 입도록 하다"라는 제목으로 기록되어 있는데 의생활에 대한 규제로서 중앙관료, 사대부의 비용과 이익에 국한된 내용이다. 사직, 사면, 파면 등에 대한 상소를 올리고 이에 대한 윤음을 기록한 기사의 경우 인사조치나 사법조치를 주장 혹은 거부하는 자와 그에 반대하는 자 간의 갈등이 담겨 있다. 이는 일방의 비용이 타방에게는 이익으로, 일방의 이익이 타방에게는 비용으로 작용하는 배타적 정치 관계를 드러낸다. 임금의 시책문, 행장 등에 어떤 내용을 어떻게 쓸 것인가

표 2-11 정책의 이익과 비용 분산에 따른 윤음의 유형

		건수	비율
정책유형	고객지향정책	110건	10.8%
	기업가정책	183건	18.0%
	다수주의정책	252건	24.8%
	이익집단정책	473건	46.5%
	합계	1,018건	100.0%

에 관련하여서도 핵심 당상관들과 왕실의 이익집단정책으로 간주하였다.

중앙집권적인 왕권국가임에도 다수주의적 성격의 정책이 약 25%를 차지하는 것에 면밀히 주목할 필요가 있다. 권농, 조세감면, 구휼, 척사 등은 정책의 비용과 이익이 모든 국민에게 고루 분산되는 정책영역으로 볼 수 있다. 조선 초기부터 다수주의정책은 권농 윤음에서 두드러지게 나타났다. 조선 말기에 이르러서는 서양물건 거래금지, 위정척사, 민란방지, 자주독립 고취, 사학(邪學) 엄금 등의 윤음이 나타나는데, 다수주의적 정책은 권농과 같은 민생에서 척사와 같은 이념의 차원으로 확장되고 있음을 알 수 있다.

다수주의적 성격을 갖는 윤음 중에서 다음은 『순조실록』 12권에 실린 기사이다(순조 9년 3월 2일). 순조는 팔도(八道)와 사도(四都)에 윤음을 내려 민생을 구제할 방안을 제시하였다.

팔도(八道)와 사도(四都)에 윤음(綸音)을 내리기를, "『서전(書傳)』에 이르기를, '백성은 나라의 근본이니 근본이 공고해야 나라가 평안해진다.' 하였으니, 나라에 있어 백성은 그 중한 근본이 된다는 것을 알 수 있다. 그리고 중한 근본이 되기 때문에 나라가 이를 힘입어 편안할 수 있다는 것을 또한 알 수 있다. 이런 때문에 예로부터 성제(聖帝)·명왕(明王)이 백성의 일로 주야로 부지런히 애쓰고 백성을 사랑하고 백성을 보존시키는 것으로 하늘에게 국명(國命)이 영구해지기를 비는 근본으로 삼지 않는 이가 없었고 또한 정치의 득실(得失)이 어떠했는가를 살필 수 있었던 것이다. 백성은 왕자(王者)의 하늘이고 곡식은 백성의 하늘인 것이기 때문에, 나라에 백성이 없으면 나라가 나라답지 못하게 되고 사람에게 식량이 없으면 사람이 사람답게 될 수가 없는 것이다. 만일 춥고 배고픈 것이 몸에서 떠나지 않고 노고(勞苦)가 항시 쉴 틈이 없어서 여리(閭里)에서는 수심에 젖어서 탄식하는 소리가 많이 들려오며, 부옥(蔀屋)에 징렴(徵斂)이 날로 가중되어 뼛골을 깎는 폐단이 있어도 통하여 아뢸 수가 없고 견디기 어려운 고통이 있어도 통하여 알릴 길이 없으면, 임금이 비록 백성을 사랑하고 백성을 보존하고 싶어도 또한 어떻게 할 수 있겠는가? 널리 은혜를 베풀어서 뭇 사람들을 구제하는 것은 요(堯)・순(舜)도 근심하던 것이다. ……

나 소자(小子)는 불초(不肖)하고 과덕(寡德)한 사람으로 깊은 궁중(宮中)에서 생장(生長)하여 또 어린 나이에 외람되이 지극히 어려운 서업(緖業)을 이어받은 탓으로 한 줄기 덕택도 백성들에게 내린 것이 없으며, 정치가 전대(前代)의 임금들에 견주어 부끄러워서 팔방(八方)에는 혜화(惠化)를 편 것이 하나도 없었다. 주야로 두려운 마음이 마치 썩은 새끼줄로 육마(六馬)를 모는 것처럼 조마조마하고 깊은 연못가에 얇은 얼음을 밟는 듯이 아슬아슬하게 위태로워 감히 잠시도 해이하지 않았다. 민생(民生)의 곤고(困苦)가 날마다 가중되고 있는데도 내가 상세히 알지 못한 것은 물론 또한 은혜를 베풀지도 못했으며, 수령들의 탐묵(貪墨)이 이제 해마다 가중되고 있는데도 내가 통찰하지 못한 것은 물론 또한 심히 징계하지도 못하였다. 그리하여 저 불쌍한 소민(小民)들로 하여금 헤아릴 수 없는 해를 받아 원망에 젖은 채 스스로 보존할 수 없게 만들었다. ……

이에 그대 경기・공충・함경・평안・황해・전라・강원・경상도의 도신(道臣)과 사도(四都)의 유수(留守) 및 3백 62주(州)의 수령들은 민생(民生)의 곤고(困苦)와 여리(閭里)의 간난(艱難)에 대해 그 이유를 갖춰 진달하라. 또한 구제(救濟)할 방도도 갖추어 도신(道臣)에게 올리면, 도신은 거두어 모아 두루 살펴본 다음 그 가운데 가장 훌륭한 것을 뽑아서 논리(論理)를 구별하여 아뢰라. 사도의 유수(留守)에 있어서는 직접 재정(裁定)하여 소민(小民)들의 고락(苦樂)을 내가 직접 열람하는 데에서 하나도 빠지는 것이 없게 하라. 아! 지금의 이 거조는 남에게 보이기 위한 것이 아니고 또한 한 때의 형식적인 일도 아니다. 아! 그대 팔도의 도신(道臣)들을 특별히 신칙(申飭)하노니, 혹시라도 책임을 면하려고 하는 것 비슷하게 하지 말고 혹시라도 으레 해 오던 방법 비슷하게 하지도 말 것이며, 반드시 성심껏 대양(對揚)하여 마음을 다해 갖춰 진달토록 하라. 이제부터는 나도 또한 수령들의 치・불치(治不治)와 성・불성(誠不誠)을 알 수 있고 장부(臧否)의 출척(黜陟)을 이를 통하여 분명히 할 수 있게 될 것이다. 말은 중도(中道)에 맞지 않아도 또한 잘못될 것이 없겠으나 만일 성의를 극진히 하지 않는다면 이는 실로 나를 저버리는 것이 되니, 아울러 이 점을 알고 있으라." 하였다.

앞서 〈표 2-11〉에서는 기업가정책과 고객지향정책이 상대적으로 적은 비율을 보인다. 현대 정책에서는 쉽게 볼 수 있는 유형이나, 조선조에서도 이러한 유형이 나타남은 흥미로운 발견이다. 정책비용이 특정 집단에 집중되나 정책이익이 전체 국민에게 분산되는 기업가정책은 상소, 청원, 탄원, 건의 등에서 두드러지게 나타난다. 선조 대에는 왜적 토벌, 의병, 명나라 수군 잔류 등에 대한 논의가 윤음으로 이어졌으며, 국란기의 국방정책은 소수가 감내하는 고통이지만 나라 전체에게 그 혜택이 돌아감을 인식하고 있다. 재해, 전염병 등 예기치 못한 변을 당한 이들을 위해 세금을 감면하는 조치를 자주 취하였는데 이 또한 기업가정책의 한 예이다.

위유사를 보내 지방의 천재지변을 위로하는 윤음을 보낸 것은 정책비용이 특정 집단에 집중되나 정책이익이 널리 분산되는 유형에 속한다. 다음은 『헌종실록』 12권에 실린 기사이다(헌종 11년 7월 16일).

하교하기를,

"위유사의 행차에 회유하고 어루만져 돌보는 교서(敎書)가 없어서는 안 되니, 외방에 있는 예문제학(藝文提學)은 벼슬을 갈아 주고 전망단자(前望單子)를 들여오라. 하비(下批)를 기다려 패초(牌招)하여 윤음(綸音)을 지어 바치게 하여 곧 파발마(擺撥馬)로 위유사에게 내려보내라." 하였다.

고객지향정책은 일반 국민에게 광범위하게 분산되는 비용과 특정 집단에게 집중되는 이익을 특징으로 한다. 구휼과 휼전 등이 다수주의적 성격을 지니기도 하지만 때에 따라서는 특정 지역의 구휼을 위해 다른 지역의 백성들에게 비용이 분산되는 경우가 많기 때문에 맥락에 따라서 구휼이 고객지향정책의 특징을 갖기도 한다. 특정 인물에게 표창을 주는 경우도 고객지향정책으로 볼 수 있는데, 녹읍을 제공하는 등 재정자원을 인센티브로 제공하면서 표창을 받는 자들에게 정책이익이 집중되고 이는 세수를 통해 지급되기 때문이다. 탄핵이나 사직과 같은 청원이 기각되는 경우도 맥락에 따라서는 고객지향정책으로 간주될 수 있다. 탄핵이 되어야 마땅한 이가 탄핵되지 않음으로 인해 만들어지는 사회적 비용과 탄핵되지 않고 자리를 보전하는 이들이 갖는 이익이 대비되는 고객지향정책 상황으로 해석된다.

다음은 고객지향정책의 유형을 보이는 『인조실록』 16권의 기사이다(인조 5년 5월 25일). 명나라 사신이 가지고 온 성지(칙명이라고도 하며 황제가 발급하는 명령서)를 보고 무함을 입을 것을 씻어 주었다고 기뻐하며 사신을 담당했던 신하에게 특별 승진을 명하는 내용이다.

상이 하교하기를,

"사신이 가지고 온 해부(該部)의 제본(題本) 및 성지(聖旨)를 보건대, 우리나라가 무함을 입은 일을 시원하게 씻어 주었을 뿐만이 아니라 열 줄의 온화하신 윤음(綸音)이 글자마다 간곡하시니, 이것이 비록 성천자(聖天子)께서 만 리 밖의 일을 환히 보시는 소치이기는 하지만 어찌 일을 봉행한 신하의 지성이 천자를 감동시켜 그런 것이 아니겠는가. 매우 가상스러운 일이니 서장관(書狀官)은 각각 한 자급(資級)을 올려주고 일행 중에 공로가 있는 원역(員役)에게도 상전(賞典)을 실시하여 가상히 여기고 기뻐하는 나의 뜻을 보이라." 하였다.

김지수는 자급이 아직 준직(準職)이 되지 못했기 때문에 다시 준직에 제수하라고 명하였다.

6. 윤음과 관련된 정책의 의제설정

정책 의제설정은 대중이 의제설정을 주도하는지, 얼마나 관여하는지에 따라 동원모형, 공고화모형, 외부주도모형, 내부접근모형으로 구분된다. 동원모형은 정부가 주도하고 대중의 관여가 낮은데 정책결정자가 제기하여 자동적으로 정부의제가 되고 그 성공적인 집행을 위하여 공공의제로 전환된다. 공고화모형도 정부가 주도하지만 대중의 관여가 높으며, 이미 대중의 지지가 높은 정책문제에 대하여 정부가 그 과정을 주도하여 해결을 시도한다. 외부주도모형은 민간이 주도하고 대중의 관여가 높으며, 민간집단이 이슈를 제기하면서 먼저 성공적으로 공공의제에 도달한 후 최종적으로 정부의제화된다. 내부접근모형은 민간이 주도하지만 대중의 관여가 낮으며, 정책은 정부기관 내부의 집단이나 정책결정자와 빈번하게 접촉하는 집단이 제안한다. 이러한 정책 의제설정의 유형론에 따르면, 엄격한 신분제에 기반한 왕권국가에는 민간이 주도하여 정책 의제를 설정하는 상황이 나타나기는 어렵다. 그러나 내부접근모형과 같이, 조선조에서도 특정 정파(붕당)나 이 정파에 영향을 주고자 하는 세력(세도가문)에 의해서 의제가 설정되었을지도 모른다. 그럼에도 불구하고 실록기사에 나온 내용을 민간주도로 해석하기는 어렵고 다른 역사적 사실을 연계하여 해석한다고 하더라도 내부접근모형을 적용하여 실록기사를 해석하기는 쉽지 않다. 따라서 이 연구에서는 조선조의 정책 의제설정을 공고화모형과 동원모형, 이 두 가지 관점에서 파악한다.

표 2-12 정책 의제설정 모형에 따른 윤음의 유형

		건수	비율
의제설정	공고화모형	43건	4.2%
	동원모형	975건	95.8%
	합계	1,018건	100.0%

정부가 주도한다는 면에서는 동일하지만 공고화와 동원은 백성의 전반적인 관여가 높은지 아닌지에 따라 구분된다. 백성의 관여를 직접적으로 측정할 수 있는 지표는 없지만 대체로 대동법과 사창법은 정부 주도 또는 국왕 주도의 정책으로 펼쳐졌고 백성에게 혜택이 돌아간다고 할지라도, 의제설정과정에서 백성이 직접적 관여가 이루어진 것은 아니기 때문에 동원모형으로 의제가 설정되었다고 볼 수 있다. 반면 조세감면과 휼전의 경우 수혜를 받는 입장에 있는 백성의 견해가 직간접적으로 많이 반영되었으며 백성의 관여도 상당히 높은 수준에서 이루어졌다고 볼 수 있다.

대부분의 윤음이 동원모형 정책과 관련되기 때문에 공고화모형에 주목할 필요가 있다. 다음은『인조실록』2권에 실린 기사로서, 의거 때 양주에서 일어난 자원병을 혁파하도록 하교하는 내용이 담겨 있다(인조 1년 7월 15일).

일식이 있었다. 상이 하교하기를,

"서울 백성들이 의거할 초기에 양주(楊州)에서 군대가 일어났다는 소식을 듣고는 충의의 뜻을 분발하여 앞을 다투어 모집에 응하였으니 나라를 위한 그 정성이 참으로 훌륭하다. 그 뒤에 상을 준 일은 별로 없고 갑자기 군대에 편입시켰으니 나라에서 실신(失信)한 것이 크다. 실신하여 군사가 많은 것보다는 군사는 적어도 믿음을 보존하는 것이 낫다. 본청(本廳)으로 하여금 자원병들을 혁파하도록 하라."

사신은 논한다. 윗사람이 믿음을 좋아하면 백성들은 감히 마음을 바치지 않는 사람이 없다. 변이 생기던 처음에 서울 백성들이 앞을 다투어 모집에 응한 것이 어찌 단지 나라를 위한 것뿐이었겠는가. 역시 상 주기를 바라서이다. 상은 주지 않은 채 갑자기 군대에 편입시켰으니 실신함이 매우 크다. 윤음(綸音)을 한 번 내려 알맞게 처치하였는데, 실신했으나 군사가 많은 것보다는 군사는 적으나 믿음을 보존하는 것이 낫다고까지 하교하였다. 훌륭하다. 왕의 말이여. 군대를 버리더라도 믿음을 보존해야 된다는 성인의 뜻을 깊이 터득했다고 하겠다.

또 다른 예는『고종실록』11권에 실린 기사로서 휼전에 관련된 내용이다(고종 11년 6월 29일).

충청 감사(忠淸監司) 성이호(成彛鎬)가, '공주(公州) 등 고을의 사람들이 물에 빠져 죽고 집이 떠내려가고 무너졌습니다.'라고 아뢰니, 전교하기를,

"요즘 호남(湖南)에서 수재(水災)가 일어난 일 때문에 근심이 가득 차서 밤잠을 제대로 못 자고 있는데, 지금 금백(錦伯)의 장계(狀啓)를 보건대 거기서도 물에 빠져 죽은 사람과 표호(漂戶)가 이렇게 많으니, 그 정상을 생각하면 얼마나 놀랍고 참혹한 일인가? 이미 죽은 사람에 대해서는 어찌할 수 없지만 지금 한창 농사철이 되었는데 불쌍한 그들이 집도 먹을 것도 없이 울고불고 떠돌고 있으니 어떻게 그들의 생명을 보전할 수 있겠는가?

원래의 휼전(恤典) 외에 도신(道臣)이 도와주는 것이 있다고 하더라도 마치 내 마음이 아픈 것과 같으니 고락을 함께하는 조치가 없어서는 안 될 것이다. 내탕전(內帑錢) 5,000냥(兩)을 특별히 획하(劃下)하니 도신은 알맞게 헤아려 재해를 입은 집에 나누어 줄 것이며 이 뜻을 효유(曉諭)하도록 하라. 또 반드시 더 도와주어서 며칠 안으로 거처를 마련하도록 함으로써 한 명의 백성도 거처를 잃는 한탄이 없게 할 것이며, 물에 빠져 죽은 사람들의 환곡(還穀)과 군포(軍布)는 모두 탕감(蕩減)해 주도록 하라.

7. 정책PR의 관점에서 본 윤음

윤음을 조선 임금의 하향적 정책커뮤니케이션이라고 볼 때 윤음은 어떤 특성을 가진 PR이었을까? 첫째, 이 연구는 다섯 가지 관점[PR의 목적(정보제공, 태도변화, 행동유도), 전략적 기능(사전 추구–사후 반응, 개념 중심–실체 중심), 메시

지 전략(감성활용), 위기대응 전략의 관점]에서 윤음을 고찰해 보고자 한다. 메시지 전략과 관련해서는 허튼(1999)의 이익성(interest), 주도성(initiative), 실체성(substance 또는 image) 개념 중 주도성 및 실체성과 함께 전통적 소구 전략에서 사용되는 정서성(emotionality)의 존재를 살펴보았다. 주도성은 PR의 기능이 '사전추구적'인가, '사후반응적'인가를 구분하는 기준이다. 사전추구적 기능이라는 것은 이해관계자 대상 조사, 위기계획, 이슈 관리 및 전략적 정책커뮤니케이션 등 주도성을 가지고 기획 · 집행되는 경우를 말하며 사후반응적 기능은 공중 반응 관리, 위기 관리 등 특정 이슈에 대한 반응 차원의 PR을 말한다. 실체성은 PR이 '개념중심적'인가, '실체중심적'인가를 구분하는 기준이다. 개념중심에는 설득, 이미지 · 명성 관리 등이 해당하며, 실체중심에는 공공정보, 관계 관리 등이 해당한다.

둘째, 정책PR 메시지에서 Frazer(1983)의 일곱 가지 크리에이티브 전략[감성적 소구부터 이성적 소구의 순으로 나열하면, '정서전략(affective strategy) > 동조전략(resonance strategy) > 브랜드이미지전략(brand image strategy) > 총괄전략(generic strategy) > 선점전략(preemptive strategy) > 포지셔닝전략(positioning strategy) > U.S.P전략(unique selling proposition strategy)이다.] 중 정서전략이 사용되었는지 알아본다. 정서전략은 다양한 인간 감정에 소구하는 전략으로서, 제품의 기능적이고 객관적인 특징보다는 긍정적이고 호감을 주는 외부 특성들을 강조하여 소비자들이 그러한 특성들과 제품을 연관해 생각하도록 유도하는 간접화법을 활용한다. 정서전략이 윤음에 활용되었는지는 윤음 내용이 감성적 메시지인지 이성적 메시지인지에 따라 직관적으로 구분하였다.

셋째, 윤음을 사회적 문제해결과 위기에 대응하는 전략이 나타난 하향적 메시지라고 보았을 때 방어적 전략(저책임)인지, 수용적 전략(고책임)인지 분류하였다.

PR의 목적 차원에서 본 윤음은 행동을 유도하는 목적과 태도를 변화시키려는 목적이 대부분을 차지한다. 백성에게 정보를 제공하는 목적은 소수에 불과

표 2-13 PR의 목적에 따른 윤음의 유형

		건수	비율
PR 목적	정보제공	15건	1.5%
	태도변화	490건	48.1%
	행동유도	513건	50.4%
	합계	1,018건	100.0%

하다. 목표 공중이 기존에 갖고 있던 태도를 변화시키는 윤음의 예는 청원 상소에 대한 임금의 반응에서 나타난다. 또한 사법처리(특히 사면)와 인사조치(특히 사직)에 대한 청원이 있을 경우 임금은 이에 대한 입장 표명을 통해(마치 무의사결정처럼, 때로는 입장을 명확히 표명하지 않음을 통해) 청원자 혹은 대상자의 태도를 변화시키려는 메시지를 밝혔다. 행동유도형 윤음은 목표 공중의 특정한 행동을 유도하는 것으로, 태도변화보다 더 명확한 방향의 메시지를 전달하는 효과가 나타난다. 가령 선조 33년에 윤음이 검색된 실록기사는 사간원에서 폐정 개혁, 노쇠한 수령의 교체를 건의한 내용이 담겨 있다. 지방관의 노쇠가 폐정으로 이를 수 있음을 인식하고 노쇠한 지방관의 사직을 유도하는 윤음이다. 사법처리와 관련한 행동변화형 윤음은 특정인의 처벌에 청원이 많았고 인사조치와 관련해서는 사직청원을 기각하는 청원이 많았다. 흉년에 기근을 구제하기 위해 방책을 강구하는 윤음도 있는데, 이 또한 동원령을 통해 온 국가의 힘을 기근 구제에 힘쓰자는 강력한 메시지를 보내기도 하였다. 왕실에 주는 윤음으로서는 강연, 의례 등의 크고 작은 변화(혹은 혁신)를 유도하는 메시지가 많이 나타났다.

『고종실록』 32권에 실린 기사는 자주독립을 고취하는 고종의 윤음을 기록하였는데(고종 31년 12월 13일), 신하와 백성의 행동을 유도하는 취지가 담겨 있다.

중앙과 지방의 신하와 백성들에게 윤음(綸音)을 내렸다. 윤음에,

"아, 모든 관리들과 모든 백성들은 짐(朕)의 명령을 들을 것이다. 하늘이 우리 조종(祖宗)에게 큰 왕업을 맡겨 준 덕으로 조종들이 하늘의 밝은 명령을 받아 자손을 보호하고 백성들을 화목하게 해 온 지가 오래되며, 역시 그 덕으로 짐도 무궁한 왕업을 이어받아 옛 법을 따르고 또한 큰 계책을 이어 밤낮으로 감히 혹시라도 잘못하지 않을까 조심하면서 중년이 되도록 하늘의 마음을 받들어 왔다. 그러나 짐이 어찌 감히 덕이 있어서 그렇다고 하겠는가? 덕이 때와 맞아야 빛나게 되니 짐은 모든 것을 때에 맞게 해야 할 것이다.

지금 각국과 외교 관계를 맺고 조약을 지켜 나가면서 오직 실질적인 독립을 위하여 힘쓰고 있는데 실질적인 독립은 내정을 바로잡은 데서 시작된다. 우리나라의 독립을 공고히 하려면 그것은 사실 오랜 폐단을 바로잡고 실속 있는 정사를 잘하여 나라를 부강하게 하는 데 있다. 이에 나는 마음속으로 크게 경계하고 조정에 문의하니 오직 개혁(改革)뿐이라고 한다. 그래서 허심하게 생각을 터놓고 선대 임금들이 정한 법을 상고하고 각국의 형편을 교훈으로 삼아 관제를 고치고 기년(紀年)을 반포하며 군사제도를 개혁하고 재정을 정리하며 교육에 힘쓰고 조세(租稅)와 부역(賦役)을 공정하게 하며 상업(商業)과 공업(工業)을 세우고 농업(農業)을 장려한다. 또한 일체 백성에게 고통을 주는 일은 크고 작은 것을 물론하고 전부 없애 버려서 백성들을 세우고 위아래가 협력하여 그 말을 실천에 옮기고 그 실천이 실지 효과를 이룩하게 한다. 나라의 복은 곧 좋은 날을 받아 종묘(宗廟)와 사직(社稷)에 나가서 짐의 마음을 고하는 데 있다. 모든 관리들과 백성들이 힘쓰면 짐의 나라는 비록 오래되지만 국운은 새로워질 것이다.

아! 너희들 일반 백성은 실로 나라의 근본이다. 자주(自主)도 백성에게 달렸고 독립도 백성에게 달렸다. 임금이 아무리 자주를 하려고 해도 백성이 없으면 무엇에 의거하며, 나라가 아무리 독립을 하려 하여도 백성이 없으면 누구나 더불어 하겠는가? 너희들 일반 백성은 한결같은 마음으로 나라를 사랑하고 한결같은 정신으로 임금에게 충성하라. 진실로 이렇게 한다면 짐은 적개심이 있다고 할 것이고 나는 외적을 막을 수 있다고 할 것이로다. 재간과 덕망이 있으면 보잘것없는 사

람이라도 드러내고 미천한 사람이라도 귀한 사람에게 가려지지 않을 것이다. 넓고 넓은 어머니 나라에 의지할 곳이 없겠는가? 등용하여 쓸 것이니 너희들 서민(庶民)들은 자신을 수양하라. 너희 백성들의 생명과 재산을 짐은 보호하고 안전하게 할 것이니 법이 아니고서는 너희들을 형벌에 처하거나 죽이지 않을 것이고, 법이 아니고서는 너희들에게 세금을 부과하며 너희들에게서 거두지 않을 것이다. 너희들의 생명과 너희들의 재산은 오직 법으로 보호할 것이니 너희들은 힘써라. 나라가 부유하지 않고 군사가 강하지 않고서는 아무리 자주요, 독립이요 하여도 실속이 없을 것이다. 이제 우리의 자주, 독립의 큰 위업을 확고히 세우고 온 나라 백성들에게 널리 알린다. 짐의 나라가 비록 오래되었지만 국운은 새로워졌으니 너희 관리와 백성들은 서로 권하고 서로 알려서 임금에게 충성을 다하고 나라를 사랑하는 마음을 장려하여 태산처럼 끄떡하지 않게 하고 여러 나라들에서 학문을 널리 탐구하며 좋은 기술을 섭취함으로써 우리 자주 독립의 기초를 튼튼히 하라. 이에 짐이 종묘에 다짐한 글도 함께 너희들에게 널리 알리는 바이다. 아! 짐의 말은 이에 그치니 너희들은 힘써라." 하였다.

표 2-14 PR의 주도성에 따른 윤음의 유형

		건수	비율
PR 주도성	사전추구	411건	40.4%
	사후반응	607건	59.6%
	합계	1,018건	100.0%

윤음이 커뮤니케이션 메시지로서 사전적인지 사후적인지를 구분하면 대체로 60%에 이르는 윤음이 사후반응적인 성향을 갖는다. 사전적으로 주도성을 갖고 기획되는 메시지는 중앙부처의 주도면밀한 정책기획에 의해서 전략적으로 커뮤니케이션의 메시지를 보냈다고 간주할 수 있는 경우이며, 조세 개혁과 사법조치 강화 등에서 그러한 예가 나타났다. 또한 외교와 관련된 대다수의

(70여 건) 윤음은 예정된 사신의 방문과 사대의 예를 다하는 의식을 치르는 것에 관련되어 사전추구적인 성격을 가질 수밖에 없다. 세자 책봉, 임금의 존호 등도 상당한 정책기획의 기간을 거쳐 심도 있는 논의 후에 윤음이 나오게 되며, 권농 윤음의 경우에는 권농을 강조하는 시기(연초 등)에 정례적으로 사전적인 준비를 거쳐 나오는 메시지였다.

반면 사후반응적인 윤음은 특정 이벤트에 대응적으로 나오게 되는 메시지였다. 처벌 청원이 상당수를 차지하는데 특정인의 잘못된 행위에 관해 이에 대한 필벌을 주장하는 상소가 이루어지고 이 상소에 대해 임금의 반응이 윤음으로 나오게 되는 메커니즘을 갖는다. 작용–반작용의 물리학 법칙처럼 특정 세력의 행위에 대한 리액션으로서 이루어지는 상소와 청원이 많았고 이에 대한 윤음이 사후반응적인 임금의 하향적 정책커뮤니케이션으로 나타난 경우가 많다. 처벌 청원, 탄핵 청원, 역적 처벌 상소, 사직 청원 기각 등이 빈번하여, 대체로 사전추구적인 윤음에 비해 사후반응적인 윤음은 좀 더 규제 중심의 행위가 자주 기록되었다. 그러나 때에 따라 예기치 못한 경사의 영향으로 특별사면, 특별승진과 같은 사후반응도 나타났다.

어떤 개념에 대한 인식을 개선하기 위해 이미지 개선, 명성 관리 등에 힘을 쓰는 윤음(인식중심)과 참여를 시키는 등 행동을 직접적으로 유발하는 윤음(실체중심)으로 구분한다면 실체중심이 약 72%를 차지한다. 물론 실록기사의 내용을 어떻게 휴먼 코딩하느냐에 따라 달라질 수 있는 비율이지만, 복수의 코더들이 논의를 거쳐 합의한 결과로 본다면 윤음이 정책PR 메시지로서 단순히 이

표 2-15 PR의 이미지에 따른 윤음의 유형

		건수	비율
PR 이미지	실체중심	735건	72.2%
	인식중심	283건	27.8%
	합계	1,018건	100.0%

미지나 상징을 활용하는 것이 아니라 상당히 구체적으로 특정 행동을 유발하도록 이끌어 낸 효과를 가졌다고 생각해 볼 수 있다.

인식중심 윤음의 가장 대표적인 메시지는 조선 말기에 나타나는 서양 문물을 배척하는 척사 윤음과 사학 엄금 윤음이다. 성리학을 제외한 다른 모든 학문과 사상을 사악한 것으로 봐야 한다는 메시지에는 특히 동학과 서학이 조선이라는 국가의 근간을 흔들 수 있다고 보는 우려의 내용이 담겨 있다. 고종 대에 이르러서는 자주독립을 고취하는 내용이 윤음에 새겨 있다. 그렇지만 이러한 윤음들에 있어서 어떤 행동에 동참하라는 구체적인 실체가 존재하지 않는다. 또한 임금의 행장, 애책문, 비문 등의 작성에 관한 심도 있는 논의와 이에 따른 윤음도 실체보다는 조선왕실의 이미지 제고를 위한 목적을 띤다. 가뭄, 재해민 등과 관련된 상당수의 윤음이 실체중심이지만 인식중심의 성격을 띤 윤음도 존재한다. 재해지역과 피해를 받은 백성에게 어떤 조치를 취하라는 구체적인 정책수단을 서술하는 내용의 윤음이 아니라, 단순한 위로를 담은 감성적 메시지를 통해 임금의 덕을 숭상하는 인식중심적인 윤음으로 볼 수 있다.

『헌종실록』 6권에 실린 사학 배척 관련 기사는 매우 간단한 내용으로 작성되어 있다(헌종 5년 10월 5일). "대왕 대비(大王大妃)가 사학(邪學)을 배척하는 윤음(綸音)을 내각(內閣)으로 하여금 지어서 바치도록 명하였다." 이에 비해 『고종실록』 3권에 실린 기사에는 다음과 같이 좀 더 구체적이고 강력한 메시지가 담겨 있다(고종 3년 8월 2일).

"사학(邪學)을 하는 무리들을 제거해 버릴 것에 대하여 이미 지난번에 신칙하였으나, 어리석은 백성들을 효유(曉諭)하는 것 역시 급한 일이다. 척사 윤음(斥邪綸音)을 빨리 지어서 바치도록 하라. 이것을 만약 인쇄한다면 헛되어 시일만 끌게 될 것이니, 중앙에서는 한성부(漢城府)에서, 지방에서는 팔도(八道)와 사도(四都)에 정월 초하룻날 내리는 윤음(綸音)의 규례에 따라 일일이 반포하도록 하

라. 한문(漢文)과 언문(諺文)으로 베껴 써서 방방곡곡에 붙이게 하여 다 같이 새로운 마음을 가지도록 할 것이며, 그릇된 풍습을 고치는 성과가 반드시 있게 하라." 하였다.

조선 초기 실체중심의 윤음 중 상당 부분은 명나라 사은에 관련된 내용이다. 물론 명나라 사신을 맞이하는 의식은 대명관계 인식의 제고를 위함일 수도 있지만 윤음이 검색된 실록기사의 내용은 인식이라고 보기에는 상당히 구체적인 내용을 담아 외교행위의 역사적 사실 기록이 육하원칙에 입각하여 매우 실체적이다. 인사조치와 사법처리를 담은 내용의 윤음들도 전반적으로는 상당히 실체중심적이다. 이러한 내용이 단순히 조선조 사상에서 말하는 정의에 입각하여 잘못된 것에 대한 법적 처리와 인사조치를 단행하라는 입장뿐만 아니라, 임금과 사헌부, 사간원 등과 같은 권력기관에 행동유발을 촉구하는 강력한 메시지가 분명히 담겨 있다. 권농의 윤음도 그 구체성에 따라 인식·개념중심적인 윤음과 참여유도의 실체중심적인 윤음으로 나뉜다.

메시지를 보내는 전략의 차원에서 윤음에 감성이 활용되었는지 그렇지 않았는지로 구분할 경우, 감성을 활용한 윤음은 46%에 이른다. 21세기에 이르러 대한민국 대통령의 메시지에 감성적인 측면이 얼마나 포함되어 있을지 또는 메시지의 전반적인 느낌이 감성적이라고 볼 수 있을지를 떠올려 본다면, 국가지도자의 공식적인 하향적 메시지 중 절반 가까이가 감성적 표현을 활용했다는 사실에 상당히 놀랄 수 있다. 감성적 메시지의 극명한 예는 구휼, 진휼, 기

표 2-16 PR 메시지 전략에 따른 윤음의 유형

		건수	비율
PR 메시지 전략	감성 부재	551건	54.1%
	감성 활용	467건	45.9%
	합계	1,018건	100.0%

근과 같은 내용을 담은 정서전략에 기반한 윤음이며, 임금이 사법처리에 대한 청원을 기각하는 내용을 담은 윤음에서는(사법처리에 대한 청원을 담은 대신과 유생의 상소는 감성도 상당히 활용되었지만) 단호하게 이성적이고 건조한 표현을 보이는 경우가 많았다.

당대의 문장 표현과 필체가 현대와 어떻게 다른지 비교하기 어려우나, 윤음이 검색된 실록기사에는 감성적인 표현이 상당히 많이 포함되어 있다. 대명, 대청 외교와 관련된 기사에서는 사대의 표현으로 인해 건조한 사실과 논리 기반의 기술 외에 감성에 소구하는 내용이 있다. 누군가에 대한 칭찬과 찬사가 주관적으로 들어갈 수밖에 없는 표창, 왕실의 존호, 칙서, 애책문, 묘지문 등과 관련된 윤음에서도 감성적 표현이 더 두드러진다.

영정조 대 윤음의 수가 다른 임금에 비해 많은데도 불구하고 당시 감성을 활용한 윤음의 수는 오히려 상대적으로 적은 편이다. 특히 이때에는 윤음이 검색된 기사 내용 자체가 매우 길면서도 논리적이고 체계적이며 특정 상황에 대해 구체적이다. 다음은『정조실록』12권에 실린 영남 재해민을 위로하는 윤음 내용이다(정조 5년 9월 3일). 윤음을 통해 임금은 본인의 부덕함을 말하며 백성을 자식같이 대함을 피력하였다. 위유문이라는 문장이기 때문에 정책을 체계적으로 논리정연하게 설명하는 내용이라기보다는 정서적인 위안의 말을 전해주는 것이 목적이다.

윤음(綸音)을 내려 영남(嶺南) 민인(民人)들을 위유(慰諭)하기를,

"아! 영(嶺) 이남 70주(州)는 실로 우리나라의 근본이 되는 땅이다. 그곳의 민속(民俗)이 매우 후하고 편안히 살면서 생업에 힘써 속미(粟米)・마사(麻絲)를 생산하여 삼가 공상(供上)하고 있기 때문에 국가에서 항상 믿고 공고하게 여겨왔다. 따라서 혹 재상(災傷)이 있게 되면 한 사람이라도 제곳을 얻지 못하는 이가 있을까 우려하여 무마하고 주휼(賙恤)하는 것을 제도(諸道)에 견주어 가장 우선

으로 하여 왔다. 그러므로 열성조(列聖朝)의 깊고도 후한 인택(仁澤)이 그대 백성들에게 흡족하였었으니, 백성이 비록 어리석지만 또한 어찌 감대(感戴)하지 않을 수 있겠는가? 내가 사복(嗣服)한 이래 주야로 걱정하면서 애쓴 것은 백성들에게 덕을 베푼 것이 없으면 어쩌나 하는 그것이었다.

그런데 영남에 또 자주 재해가 들어서 무술년의 흉황(凶荒)에는 가까스로 죽어서 구렁에 나뒹구는 것을 면하였었다. 근래에는 다행히 1, 2년 동안 조금 풍년이 들어서 내가 주야로 하는 걱정을 조금은 풀어 주었었는데, 금년의 재해가 지난날의 그것보다 더 극심할 줄은 생각지도 못하였다. 처음에는 가뭄 때문에 시들었고 중간에는 황충(蝗虫)에게 손상되었고 끝에는 또 큰비와 바람 때문에 화곡(禾穀)이 물에 잠겨 손상되고 승회(塍澮)가 무너지고 파괴되었을 뿐만이 아니라, 이에 물에 빠져 죽은 백성이 4백여 인이나 되고 물에 떠내려가거나 무너진 가옥(家屋)이 또 만으로 헤아릴 정도이니, 아! 참혹하구나. 나는 이런 소식을 듣고 측연(惻然)히 마음이 아파 그 부모와 처자들이 슬피 울부짖는 소리가 귀에 들려오는 것만 같고 노인과 어린아이를 이끌고 어쩔 줄 모르면서 노숙(露宿)하는 정상이 눈에 보이는 것 같다. 그리하여 옥식(玉食)이 달갑고 하전(廈氈)이 편안한 줄을 모르겠다.

아! 내가 오직 부덕(否德)하여 하늘의 마음을 누려 천재(天災)를 없애지 못한 탓으로 나의 백성들로 하여금 죽거나 위태로운 지경에 빠지게 한 것이 이처럼 극도에 이르게 되었으니, 오히려 누구를 탓하겠는가? 죽은 사람은 어쩔 수 없으니, 오직 건져서 장사지냄으로써 외로운 사람들의 마음을 위로하도록 하라. 생존한 사람은 집과 곡식이 없으면 어떻게 살아갈 수 있겠는가? 아직 친척들이 서로 도와주는 것에 의지하여 입에 풀칠을 하고 있는 것인가? 인보(隣保)가 서로 구제하여 그 몸이 비호를 받고 있는 것인가? 내가 이미 수토신(守土臣)에게 죽은 사람에게는 휼전(恤典)을 시행하고 산 사람은 무마하여 조가(朝家)의 상전(常典) 이외에 또한 경기(經紀)하고 조치(措置)하게 함으로써 흩어져 떠돌거나 탄식하는 걱정이 없게 하도록 하였다. 그런데 수토신이 과연 덕의(德意)를 선포하고 실제의 혜택이 닿도록 강구하였는가? 아니면 혹 태만히 방기(放棄)한 채 행하는 것을 완만하게 하지는 않았는가?

내가 이 점을 우려하여 이에 정신(廷臣)을 가려서 전 감사 신(臣) 조시준(趙時俊)에게 명하여 가서 재해를 입은 각 고을을 순심(巡審)하면서 그대들의 집을 찾아가 위로하고 그대들의 고통을 살핀 다음, 이어 나의 회보(懷保)하려는 마음을 효유(曉諭)하게 하였다. 아! 그대들은 바야흐로 음식에 곤란을 겪고 있고 거처가 편안하지 못한데, 비록 다른 경내(境內)로 흩어져 가서 하루라도 목숨을 연장시키는 요행을 바라려고 하지만 그 누가 집과 음식을 준비하여 놓고 기다리겠는가? 단지 더욱 기한(飢寒)에 시달리다가 결국은 도로에서 죽게 될 뿐이다. 그러니 떠나는 것이 어찌 그대들의 향리(鄕里)를 지키면서 그대들의 족인(族姻)들을 의지하여 가옥을 짓고 곡식 이삭을 거두어 모아서 다시 편안히 거처하며 생업(生業)을 회복하기를 도모하는 것만 하겠는가?

진제(賑濟)하고 견휼(蠲恤)하는 방도에 대해서는 조가(朝家)에서 마땅히 특별히 구획(區劃)하고 있으니, 도신(道臣)과 수재(守宰)도 또한 거의 있는 힘을 다하기 바란다. 대저 어찌 멀뚱멀뚱 서서 보기만 하고 구제하지 않을 수 있겠는가? 아! 백성은 오직 나의 적자(赤子)들이고 나는 백성의 부모이다. 내가 바야흐로 어린아이 보호하듯 하는 생각이 간절한데, 백성이 어찌 매우 가깝게 느끼는 마음이 없을 수 있겠는가? 그대들은 경솔히 스스로 소요스럽게 흩어지지 말고서 그곳 향토(鄕土)를 보전하고 편안히 있기 바란다." 하였다.

표 2-17 위기대응 전략에 따른 윤음의 유형

		건수	비율
위기대응 전략	방어전략	343건	33.6%
	수용전략	676건	66.4%
	합계	1,018건	100.0%

위기대응에 대한 전략의 측면에서 윤음을 분석해 본다면 임금의 입장에서 저책임 방어전략인지, 고책임 수용전략인지 구분해 볼 수 있다. 66%에 달하는 윤음이 임금의 고책임 수용전략에 가깝다. 표창이나 임명과 같은 사안은 저책임 전략일 수 있지만, 내노비 및 시노비제 폐지와 잡세 폐지와 같은 경우는 고책임 전략이라고 봐야 한다. 대명-대청 외교와 관련된 윤음은 모두 방어전략으로 간주될 수 있다. 권농의 메시지 하달, 존호 등도 높은 책임을 필요로 하지 않는 메시지였을 것이다. 반면 특별사면, 특별승진, 청원기각, 사학배척 등은 임금과 조정의 높은 책임을 동반한 윤음으로 고려될 수 있다.

참고문헌

고영진(1995). 조선사회의 정치 · 사상적 변화와 시기구분. **역사와 현실**. 18, 84-110.

Frazer, C. F. (1983). Creative strategy: A management perspective. *Journal of Advertising, 12*(4), 36-41.

Hood, C. (1986). *The Tools of Government*. Chatham: Chatham House Publishers.

Hutton, J. G. (1999). The definition, dimensions, and domain of public relations. *Public Relations Review, 25*(2), 199-214.

Lowi, T. J. (1964). American business, public policy, case studies, and political theory. *World Politics, 16*(4), 677-715.

Schneider, A., & Ingram, H. (1990). Behavioral assumptions of policy tools. *Journal of Politics, 52*(2), 510-529.

Vedung, E. (1998). Policy instruments: Typologies and theories. In M. Bemelmans-Videc, R. C. Rist, & E. Vedung (Eds.), *Carrot, stick and sermons: Policy instruments and their evaluation* (pp. 21-58). New Brunswick, NJ: Routledge.

제3장

머신이 바라본 조선시대 대민 커뮤니케이션

이 장에서는 조선시대의 윤음을 머신러닝 기법으로 탐사하고 그 결과에 대해 논의한다. 우선 1,018개의 윤음 전체를 대상으로 토픽 모델링(Topic Modeling)을 실시하여 데이터에서 반복적으로 나타나는 테마(theme)들을 발굴하고 역사적 맥락에서 이를 (재)해석한다. 또한 각 테마의 분포를 시기별로 살펴봄으로써 당시 어떤 사회 이슈들이 주목을 받았으며, 왕은 주로 어떤 사안들에 대해 신하나 백성들과 소통하려 하였는지 살펴본다. 특히, 선조, 세종, 영조, 정조, 그리고 고종 시대는 각각 임진왜란과 붕당의 시작, 학문과 과학의 급속한 발전, 금주령과 탕평책(蕩平策), 권농(勸農)을 통한 중흥, 그리고 외세의 간섭과 국가적 위기로 대변되는 특수성을 고려하여 더 세밀히 분석하였다. 특히, 각 시대별로 윤음에 가장 자주 거론되는 단어를 탐색 후, Word2Vec 기법을 활용하여 연관어를 찾아 해당 시대의 중요한 역사적 맥락을 포착하려 노력하였다. 이를 위해 당시 인물과 사건, 이슈의 흐름, 파벌 진영 간 대립 구도의 전개 방향 등에 대한 이해가 필요하므로, '한국민족문화대백과사전(한국학중앙연구원)'과 한자/고어사전 등 관련 자료를 활용하였다.

1. 데이터 수집 및 전처리

이 연구에서는 『조선왕조실록』에서 '윤음'이 포함된 문건 1,018건을 추출한 뒤, 해당 문건들의 제목과 본문을 합쳐 텍스트 분석을 진행하였다. 분석을 위해 파이썬 패키지 KoNLPy를 활용하였다. KoNLPy에는 총 다섯 개의 형태소 분석기(Hannanum, KKma, Komoran, Mecab, Twitter)가 포함되어 있는데, 이 중 KAIST Semantic Web Research Center에서 개발한 '한나눔(Hannanum) 한국어 형태소 분석기'를 활용하였다. 토큰화는 명사를 기준으로 진행하였으나, 대부분의 형태소 분석기가 현대어를 기준으로 개발되었기 때문에 형태소 분석 기반으로 옛한글이 포함되어 있는 텍스트 속에서 정확히 명사만 분리해 내지는 못하였다. 하지만 다른 형태소 분석기 모듈과 비교해 보았을 때, '한나눔'이 상대적으로 정확도와 처리 속도 면에서 본 분석에 가장 적합한 결과를 보여 주었기에 채택되었다.

자연어 처리 과정에서 하나의 단어가 여러 품사를 갖는 모호성이 발생할 수 있는데, 이러한 모호성을 해소하는 과정을 품사 태깅(Part-Of-Speech Tagging)이라고 한다(신중호, 한영석, 박영찬, 최기선, 1994). 한국어 형태소 분석기는 한국어 텍스트를 입력하면 문장에 사용된 형태소들의 품사를 파악하는 역할을 하는 소프트웨어이다(시맨틱웹첨단연구센터, 2011). '한나눔 형태소 분석기'는 JAVA 기반으로 작성된 오픈소스 형태소 분석기로, 다양한 분야에서 유연하게 사용될 수 있다는 장점 덕분에 자연어 처리 연구에서 널리 사용되는 도구 중 하나이다. '한나눔'의 워크플로우는 분석 수준에 따라 전처리, 형태소 분석, 품사 태깅 단계의 총 3단계로 구성된다. 전처리 단계에서는 문장 경계 인식, 필터링, 자동 띄어쓰기 등 형태소 분석 이전에 필요한 전처리 작업을 수행한다. 형태소 분석 단계에서는 입력 문장에 대해 어절 단위로 발생 가능한 모든 형태소 분석 결과를 생성하고, 끝으로 품사 태깅 단계에서 가장 유망한 형태소 분석 결과들을 선택하여 입력 문장에 대한 최종 품사 태깅 결과를 반환한다.

형태소 분석기는 '형태소 사전'을 통해 미리 학습된 정보를 기반으로 분석을 수행한다. '한나눔 형태소 분석기'는 시스템 사전(카이스트 코퍼스를 기반으로 구축된 사전으로 한나눔 형태소 분석기에서 디폴트로 활용), 사용자 사전(연구 목적에 따라 간단히 항목을 추가 혹은 수정), 그리고 숫자 사전(오토마타를 이용한 프로그램으로 숫자 인식 모듈을 사전의 형태로 구현; 시맨틱웹첨단연구센터, 2011)을 포함하고 있다.

2. 불용어 및 대체어 등록

한나눔 형태소 분석기가 옛한글에 사용된 어미, 품사들을 정확히 구분해 내지 못했기 때문에 해당 단어들을 정리하는 과정이 필요하였다. 비슷한 의미를 가지고 있는 단어들을 하나로 통일하고 텍스트 분석에서 의미가 적은 단어들을 제거하였다. 분석의 정확도와 효율성을 높이기 위해 불용어 처리 과정을 진행하였다. 〈표 3-1〉은 불용어 처리에 사용된 단어 목록 일부를 보여 준다. 이러한 불용어들은 분석의 목적과 관련이 없거나 텍스트 분석에서 정보의 양이 적은 단어들로 간주하여 제외하였다.

또한 의미가 같은 단어들을 하나로 합치고, 이 과정에서 고어(古語)들을 현재의 한국어로 바꾸어 의미군을 형성함으로써 통계분석 결과에서의 함의 도

표 3-1 불용어 처리

불용어 처리 과정	예시
한자 제거	成均生員, 崔沆 등
특수 문자, 숫자 포함된 단어 제거	( ), " ", 17년, 3천 등
복수형을 단수형으로 통일	백성들 → 백성, 사람들 → 사람
단순 위치 지시어, 시간 지시어 제거	앞, 뒤, 밖, 안, 전, 후, 곳, 때, 이후, 이전, 위, 아래 등
단위 명사 제거	판, 호, 필, 마리, 개, 가지 등
인칭대명사 제거	소인, 그대, 임금, 나, 내, 경 등
등장 빈도가 높은 관용어구	임금, 왕, 대왕, 윤음, 생각, 생각하건대, 생각건대, 바라건대, 보건대, 하소, 그것, 짓, 말하기, 말씀 등
그 밖의 분석 목적과 관련 없는 단어들 제거	몇, 거의, 이젠, 어찌하여 등

표 3-2 고어의 현대어 변환

대체 전	대체 후
수효(數爻)	가짓수
휼계(譎計)	간사함
간망, 간절, 곡진, 박절, 절박	간절
감복, 감동, 황감(惶感)	감격
강건, 강녕	간녕
영솔(領率	거느리다
축조	건축
책려	격려
겸공, 휘겸(撝謙)	겸손
경서	경전
송도(頌禱), 송축(頌祝	경축
계모(計謀), 모유(謨猷)	계책
공효(功效), 공업(功業), 군공(軍功), 성효(成效), 치적	공로
습속(習俗)	관습
교지, 교시, 유시(諭示), 이르다	교시
중외	국내외
강산, 강토, 땅,	국토
갑사(甲士), 병, 군, 군려, 군졸, 기병, 대군, 병력, 정병, 육병	군사
국가, 기업, 사업, 종묘, 종사	나라
전토(田土), 경작, 농경, 농사철, 농지, 농한기, 밭	농사
덕, 덕량, 덕음, 미덕, 성덕	덕망
인륜, 조리	도리
노략질, 도당, 도둑, 도둑질, 도절, 약탈, 적도, 좀도적	도적
도타이하다	돈독

대체 전	대체 후
방략, 방법, 방책	방도
방비, 방어책, 방지, 수어(守禦)	방어
거주민, 국민, 만민, 만백성, 만인, 생민, 신민, 인민, 주민	백성
창성(昌盛)	번성
구위(具位), 벼슬자리, 아관(衙官), 위호(位號), 육량(六梁), 부사(府使), 작록(爵祿), 재상, 종사관, 좌사간, 참판, 토관(土官)	벼슬
변, 변경(邊境), 변방(邊方), 변성(邊城), 변지(邊地), 연변(緣邊)	변방
창검, 갑옷, 군마, 병선	병기
보익(保翼), 보필	보좌
보우, 수호	보호
채백, 채색, 채폐	비단
인애, 애육심(愛育心), 친애	사랑
설비, 설시	설치
오륭(汚隆), 흥체(興替)	성쇠
예경(禮敬), 예법, 예의, 예전, 예절, 의식	예법
봉정(奉呈), 진달(進達)	올리다
왜놈, 왜적	왜구
용렬(勇烈)	용맹
시혜(施惠), 우악(優渥), 은덕, 은사, 은영(恩榮), 은전(恩典), 은총, 은택(恩澤)	은혜
인후, 자비, 자상, 자애	인자
송자(松子)	잣

〈계속〉

만년, 백대, 만대	만대
재목(材木)	목재
잔약한, 잔열한	미약한
기국(器局), 기량, 재예, 재주, 재질, 조예, 지우(知遇)	재능

고굉(股肱), 번신(藩臣)	중신
천근(淺近), 천루(淺陋), 천박, 천한	천박
축복, 축사, 축수(祝壽), 축원	축원
진하(進賀)	축하
침노, 침범, 침입	침략

출 절차를 용이하게 하였다. 〈표 3-2〉에 몇 개의 예를 제시하며, 전체 목록을 필자에게 요청하여 얻을 수 있다.

전처리 과정에서 한자어가 떨어져나가 한글만으로는 중의적 표현이 되는 토큰들은 의미의 손실을 막기 위해 대체어 등록을 실행하지 않았다. 사변(변방, 사고), 병(질병, 병사), 명(목숨, 명나라), 공선(공선왕, 나라의 배), 사어(활쏘기와 말타기, 말씀), 사전(보답하는 기록, 제사를 지내는 예전), 상거(영구차, 서로 간의 거리), 상고(윗사람에게 알림, 숙고/상기), 성전(정해진 의례, 신성한 전당), 수양(수양대군, 단련하다), 양장(기술자, 장인, 훌륭한 장수), 연대(담뱃대, 시기, 경연에서 임금을 뵘), 용지(용기와 지혜, 무용지물), 윤번(차례, 인물), 의표(태도, 의외), 이개(인물, 개정), 자리(꽃자리[예물], 지위나 위치), 재침(다시 침략함, 재난의 징조), 정서(정신을 들여 글을 씀, 또박또박 씀), 제어(방어, 제어), 조고(증조부, 인물), 조화(대자연의 이치, 잘 어울림), 치사(처리하다, 나이가 많아 관직을 사직함), 하수(황하강, 관직), 하번(순번이 아래인 사람, 관직명), 현양(지위를 드러냄, 속이 깊은 무덤), 헌장(약속을 이행하기 위해 정한 법적 규범, 대사헌), 해청(새의 일종, 관청), 해우(인물, 바다의 한 구역), 해역(바다위의 구역, 해당되는 역), 한정(국역에 나가지 않는 장정, 제한), 황명(왕의 명령, 인물), 황당(글을 배우는 집, 황당무계), 환성(기뻐 외치는 소리, 깨닫다), 화(재앙, 신발), 효성(효심, 인물) 등이 이에 포함된다.

3. 기술분석(데이터 전체)

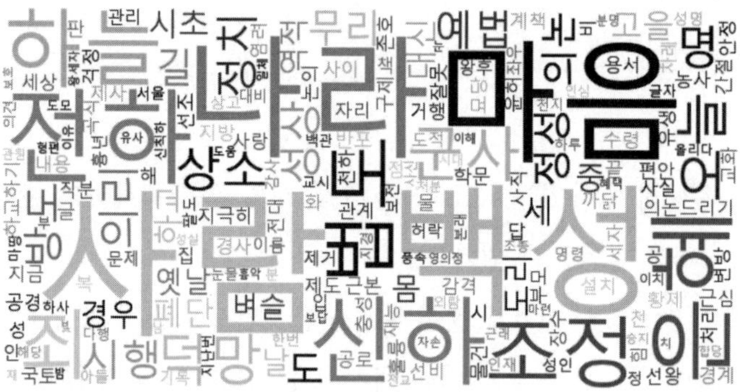

[그림 3-1] 워드클라우드(전체)

1,018개 전체의 윤음 데이터에 대해 전처리와 토큰화(tokenizing) 과정, 그리고 불용어와 대체어 등록을 거쳐 총 17만 9,949개의 고유 키워드(전처리 전 총 18만 3,427개)를 추출하였다. [그림 3-1]의 워드클라우드와 [그림 3-2]의 막대그래프에 나타난 바와 같이 '사람' '백성' '나라' '마음' 네 개의 단어는 시대나 이슈에 관계없이 사용되는 정형화된 표현으로 판단되어 추후 분석에서는 이들을 제외하였다. '전하' '신하' '은혜' '법도' '죄' '군사' '덕망' '상소' '정치' 등의 단어들이 가장 자주 나타난 것으로 보아, 군신간의 상소 등을 통한 커뮤니케이션, 조상의 은혜와 예법에 대한 존중이나 평가, 인사와 사법, 군사, 사람의 인성 관련 이슈들이 윤음에서 주로 다루어졌음을 짐작할 수 있다. 물론 이러한 판단은 각 시대가 안고 있던 주요 사건 사고나 왕의 치세 성향, 득세했던 정치세력 등에 대한 이해를 수반하지 않으므로 해석상 주의가 필요하며, 이에 대한 심층 분석과 시대적 맥락에 대해서는 추후 세부 분석에서 논의하겠다.

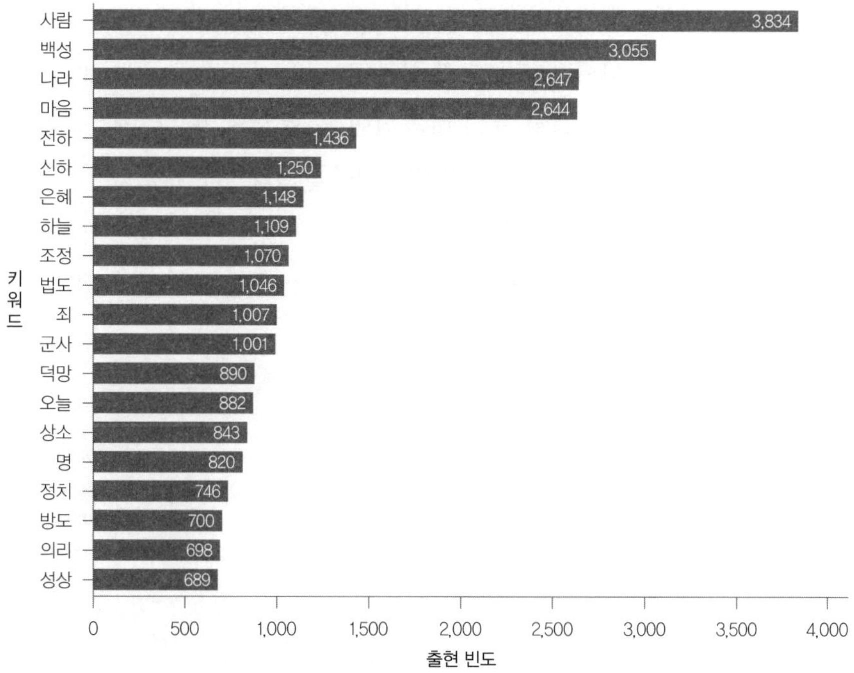

[그림 3-2] 키워드 출현 빈도

4. LDA 토픽 모델링(LDA Topic Modeling)

앞에서 키워드의 단순 출현 빈도에 기반해 짐작했던 토픽들이 실제로 데이터에 존재하는지 실증적으로 탐색해 보기 위해 1,018건 윤음 데이터 전체에 대해 LDA(Latent Dirichlet Allocation) 토픽 모델링(Topic Modeling)을 실시하였다. 토픽 모델링 분석은 비정형화된 텍스트 데이터로부터 의미 있는 정보를 추출하는 텍스트 마이닝과 자동화된 방식을 통해 잠재적 확률모델에 의해 공통된 주제를 추출하는 방법으로 알려져 있다. 현재 다양한 알고리즘이 존재하지만, 블레이와 동료들(Blei, Ng, & Jordan, 2003)이 제시한 '잠재 디리클레 할당(Latent Dirichlet Allocation: LDA)'이 일반적으로 가장 널리 활용되고 있다. LDA는 문서와 단어 간 상관관계를 기반으로 다수의 문서들에 잠재하는 토픽을 추출해 내는 확률분포 모형이다. 디리클레 분포(Dirichlet distribution)를 활용하는 LDA는 문서의 말뭉치(corpus), 문서 내의 단어 수, 문서의 양으로 계산되는 잠재된 파라미터 값을 통해 각 주제별 핵심 단어들을 골라낸다. LDA의 전제조건으로는 모든 문서들이 토픽들의 혼합으로 구성되어 있고, 토픽들은 확률분포를 기반으로 하여 단어들을 생성하여 구성한다는 것이다. LDA 알고리즘의 메커니즘은 [그림 3-3]과 같이 도식화할 수 있다.

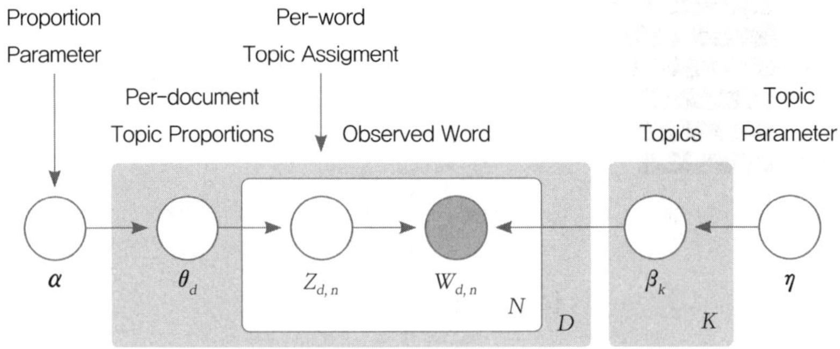

K: 전체 토픽의 개수
D: 말뭉치 전체 문서의 개수
N: 문서에 속한 단어의 개수
α: 문서별 토픽 분포의 하이퍼파라미터
η: 토픽별 단어 분포의 하이퍼파라미터
β_k: k번째 토픽에 해당하는 벡터
θ_d: d번째 문서에 포함된 토픽의 비중
$Z_{d,n}$: d번째 문서내 n번째 단어가 속하는 토픽
$W_{d,n}$: 실제 관측 가능한 d번째 문서의 n번째 단어

[그림 3-3] LDA 작동 원리

LDA를 활용하여 토픽 모델링을 수행할 때 중요하게 고려해야 할 요소 중 하나가 토픽 개수를 설정하는 일이다. 토픽의 개수가 지나치게 많으면 데이터가 '과군집화(over-clustering)'되어 사소하고 지엽적인 이슈들이 각각 하나의 토픽

을 구성해 일반화가 어렵고(Greene, O'Callaghan, & Cunningham, 2014), 반면 지나치게 그 수를 적게 설정하면 의미상 구분되어야 할 내용들이 같은 토픽으로 묶여 그 특징적 뉘앙스를 잃게 된다. 따라서 최적의 토픽 개수를 결정하기 위한 통계적 기준이 제시되고 있는데, 이 연구에서는 가장 일반적으로 활용되는 'perplexity'와 'coherence'를 고려하였다.

'Perplexity'는 LDA 모델이 얼마나 미지의 데이터에 대해 예측력을 가지고 있는지를 나타내는 지표로, 수치가 낮을수록 모델의 예측력과 토픽의 구성상 안정성이 높다고 판단할 수 있다(Blei et al., 2003). Perplexity 계산방식의 특성상 토픽의 개수가 데이터(토큰)의 수와 일치할 때 결괏값이 최저가 되기 때문에(Chang et al., 2009), 무작정 토픽의 수를 늘려 'perplexity'를 줄이기보다 다른 수치들이나 해석의 용이성 등을 고려해 최적의 토픽 수를 정하는 것이 일반적이다.

'Coherence'는 토픽 내 단어들의 응집력을 측정하여 토픽의 의미상 일관성을 평가하는 지표이다(Newman, 2010; Roder, 2015). 이 연구에서 활용한 CV (Coherence Value) 방식은 같은 문서를 구성하는 단어들이 얼마나 자주 함께 나타나는지, 즉 동시 발생(term co-occurence) 빈도를 우선 계산한다. 이후 각 단어에 대해 해당 단어와 함께 자주 등장하는 상위 단어들을 선택하고 이를 하나의 집합으로 분할해 나간다. 마지막으로, 분할된 단어들에 대해 다른 단어와의 연관성을 NPMI(Normalized Pointwise Mutual Information) 방식으로 계산하여 벡터셋을 생성하고, 생성된 벡터셋 간 코사인 유사도(cosine similarity)를 산출하여 최종적으로 이들의 평균값을 해당 토픽의 일관성 점수(coherence score)로 제공한다. 일관성 점수는 0에서 1 사이의 값으로 한정되며, 수치가 높을수록 해당 토픽이 의미 있는 주제를 나타낼 개연성이 높다고 판단할 수 있다(Roder, Both, & Hinneburg, 2015). 문제는 토픽을 구성하는 소재의 성격이나 적용되는 계산방식에 따라 coherence가 달리 나타날 수 있다는 것인데(Newman et al., 2010), 이를 감안하여 perplexity 판독의 경우와 마찬가지로, 텍스트의 내용과 맥락 등 수리 모델 외적인 요소들도 함께 고려하여야 한다.

이 연구에서는 파이썬의 gensim 패키지를 활용하여 윤음과 관련된 토픽들을 식별하고, 문서들의 토픽 분포를 분석하여 윤음에 대한 통찰을 도출하였다. 토픽 모델링 분석에는 두 개의 하이퍼파라미터(hyperparameter), 알파(α; topic distribution-per-document prior)와 에타(η; term distribution-per-topic prior)를 활용한다. 이때, 잠재 토픽의 수(k)를 임의로 조정해 가며 토픽 모델링 분석을 반복 수행하고, 각각의 토픽에 포함되는 단어들의 구성을 나타내는 결괏값들을 바탕으로 실제 단어들 간의 관계와 콘텍스트를 파악한다. 본 연구에서는 토픽의 수, k를 설정하기 위한 방법으로 퍼플렉서티 점수(perplexity score; 김지원, 장석훈, 2022)와 일관성 점수(coherence score; 심준식, 김형중 2017)를 고려하여 연구자의 주관적 판단과 임의성을 최소화하였다.

토픽의 수를 2개에서 20개로 하나씩 늘려가며 각각에 대해 '일관성 점수(coherence)'와 '퍼플렉서티 점수(perpelxity score)'를 계산하여 다음과 같은 차트를 얻었다. '일관성 점수(coherence score)'의 경우 토픽이 8개일 때와 17개일 때 가장 높았으며, 이에 따라 토픽의 수를 17개에서 8개로 하나씩 줄여 가며 모델링 실행을 반복하였다. '퍼플렉서티 점수(perplexity score)'는 토픽의 수의 증가에 따라 꾸준히 감소하지만 그 진폭이 매우 좁아 해당 정보는 평가절하하였다. 수치상 알파(α)와 에타(η)를 각각 .05로, 그리고 토픽의 수를 8개로 세팅했을 때 이해 가능하면서도 본 데이터의 속성과 규모, 그리고 다양성을 가장 잘 대표하는 모델을 얻을 수 있었다.[1]

각 토픽에 가장 강하게 로드(load)된 20개의 키워드와 문서들을 면밀히 살펴보고 그들의 공통점을 추적하는 방식으로 레이블링을 진행하였다. 토픽 모델

1) 두 개의 수치(coherence score와 perplexity score) 모두 특정 수의 토픽에서 리턴 감소(diminishing return) 현상이 나타나는 것이 일반적이다. 다시 말해, 토픽의 수를 증가하여도 더 이상 'coherence'가 큰 폭 상승하거나 'perplexity'가 추가 감소하지 않는 지점이 발생하고, 이를 기점으로 토픽의 수를 정하는 것이 보통이다. 이 데이터는 이러한 추세를 따르지 않으므로 해석상 주의가 필요하다.

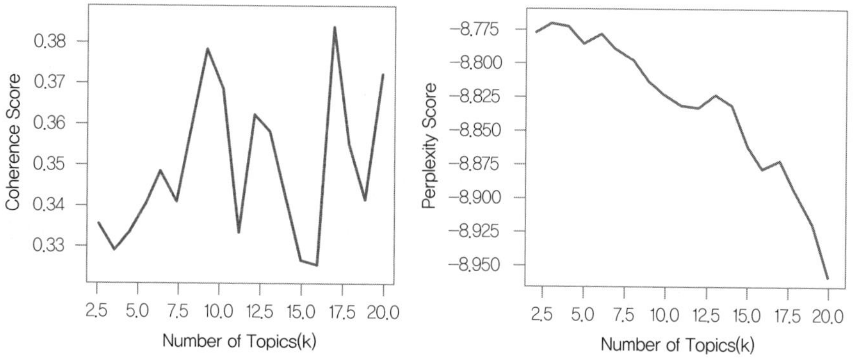

[그림 3-4] 엘보우(elbow) 차트

링의 방법론적 특성상 필자의 주관적 해석이 개입되기는 하나, 최초 6개의 토픽은 각각 '예법' '군사' '위민(爲民)' '예물' '상소' '적대적 인사(人事)' 정도로 풀이할 수 있었다. 나머지 두 개의 토픽을 구성하는 단어와 문서들은 주제나 소재, 관련 인물의 속성, 시대 등에서 공통점을 특정하기 어려워 이후 데이터 분석 및 해석에서 제외하였다.

5. 토픽 모델링 결과와 해석

1) 예법(禮法)

분석 결과, '존호' '예법' '덕망' '법도' '경사' '왕후' '거행' '은혜' '시행' '날' '조정' 등으로 대표되는 '예법' 토픽은 전체 데이터의 약 13%가량을 차지하는 것으로 나타났다. '헌종 대왕 행장(行狀), 『헌종실록』 부록 1권' '고종 황제의 행장(行狀), 『순종실록부록』 10권 순종 12년 3월 4일 양력 4번째 기사' '조조의 예를 오례의(五禮儀)대로 하도록 명하다, 『정조실록』 1권 정조 즉위년 7월 21일 경인 1번째 기사' '황태자가 황제의 50세 탄신 축하 연회를 열 것을 아뢰다, 『고종실록』 40권 고종 37년 6월 19일 양력 2번째 기사' '대신들이 임금과 대비전의 존호를 올려 업적을 드러낼 것을 청하다,『고종실록』9권 고종 9년 12월 16일 병인 3번째 기사' '다리 없는 것에 대신할 만한 것에 관해 논의하고, 전교하다,『정조실록』26권 정조 12년 10월 3일 신묘 6번째 기사' 등이 본 토픽에 포함되었다. 대체로 선대왕의 언행을 서술(行狀)하는 데 자주 사용되는 관례어들과 축하 연회나 상(喪)을 치를 때 당시 어떤 예법을 따를지 등 주자학(朱子學)적 기반의 논의가 주를 이루고 있음을 알 수 있다. 효종 승하 후, 그 장례 절차를 정함에 있어 인조의 계비 장렬왕후가 기년복(朞年服, 1년상)을 입어야 할지 참최복(斬衰服, 3년상)을 입어야 할지에 대한 결정이 서인과 남인 간의 정쟁으로 번졌던 웃지 못할 사건(예송논쟁, 禮訟論爭)을 돌이켜 보면 조선시대에 예법이 지금의 '의전'과는 그 무게가 현격히 다름을 짐작할 수 있다. '조조의 예를 오례의(五禮儀)대로 하도록 명하다,『정조실록』1권 정조 즉위년 7월 21일 경인 1번째 기사'에서 발췌한 다음의 내용을 보면, 특히 상례(喪禮)를 밝혀 예법대로 의식을 행하는 것의 중요성을 엿볼 수 있다.

> "발인(發靷)하기 하루 전에 혼백 상자(魂帛箱子)로 태묘(太廟)에 조조의 예를 거행하고 곧 도로 빈전(殯殿)에 다시 봉안(奉安)했다가 그 이튿날 새벽에 비로소 재궁(梓宮)을 받들고 산릉(山陵)으로 나아가는 일이, 정축년(290)에 찬집(纂輯)한『상례보편(喪禮補編)』에 실려 있다. …… 하물며 발인하기 하루 전에 혼백 상자를 태묘에 내다가 하직하고서 도로 상자 속에 봉안(奉安)함은 물러서지 않는 예법에 비추어 볼 때 엄청난 차이를 이룰 뿐만 아니라, 또한 하물며 혼백 상자를 받들고 가서 하직을 함은 크게 구애되는 절차가 있는 일이기 때문에 ……."
>
> –『정조실록』1권 정조 즉위년 7월 21일 경인 1번째 기사–

2) 군사(軍事)

'군사' '고을' '설치' '쓸모' '시행' '폐단' '방도' '수령' '지방' '민생'과 같은 단어들이 이 토픽을 주로 구성하였으며, 해당 토픽은 전체 데이터의 약 8%를 차지했다. '수어청(守禦廳: 정묘호란 이후 북방의 경계 강화를 위해 남한산성에 설치한 군영)과 총융청(摠戎廳: 조선후기에 설치된 중앙 군영) 양영(兩營)을 합치는 것에 대한 대신들의 헌의,『정조실록』5권 정조 2년 윤6월 24일 임오 1번째 기사' '광주부 유수(留守, 수도 이외의 도읍지나 군사요지에 두었던 관직)로 남한산성 수어사(守禦使, 수어청의 장)를 겸임시켜 진에 내보내는 절목,『정조실록』43권 정조 19년 8월 19일 정유 4번째 기사' '훈련원에서 올린 절목,『정조실록』47권 정조 21년 12월 13일 무신 2번째 기사' '비변사(備邊司, 당시 군사관련 업무를 의논해 결정하던 회의 기구)에서 추쇄관(推刷官, 도망한 노비를 수색해 잡아 주인에게 돌려주는 일을 하던 벼슬아치)을 혁파하는 절목을 올리다,『정조실록』5권 정조 2년 2월 6일 정유 3번째 기사' '군사들의 안정을 위해 힘쓴 진무사 김선필에게 특별히 가자하도록 명하다,『고종실록』9권 고종 9년 9월 20일 신축 3번째 기사' 등이 이 토픽을 가장 잘 대표하는 것으로 분석되었다. 주로 군사조직의 개편이나 혁파, 군 관련 인물들의 인사와 공적에 대한 치하(致賀) 등이 논의된 문서들이 주를 이루고 있음을 알 수 있다. 특히 다음의 '수어청(守禦廳)과 총융청(摠戎廳) 양영(兩營)을 합치는 것에 대한 대신들의 헌의,『정조실록』5권 정조 2년 윤 6월 24일 임오 1번째 기사'에서 발췌한 내용을 보면, 문무에 능하고 총명했던 정조 역시 많은 고민을 해야 했을 만큼 당시에도 군은 매우 민감한 사안이었음을 확인할 수 있다.

> 영의정 김상철(金尙喆)이 의논하기를 …… "이번에 총융영(摠戎營)을 수어영에 합치어 …… 평상시에는 보리(保釐)하는 행정을 다해 가고 위급할 적에는 수어(守禦)하는 계책을 맡도록 한다면 당초에 창설한 본의(本意)를 잃어버리지 않게 될듯 싶고, 진(鎭)으로 나갔을 적의 폐단에 있어서도 서울에 머무를 적의 폐단과 비교해

본다면, 비용(費用)에 있어서의 득실(得失)과 수거(修擧)에 있어서의 근만(勤慢)도 또한 알기 어렵지 않은 수가 있습니다…….” 하니 하교하기를 …… “여러 사람의 의논을 보게 되어서는, 혹자는 마땅히 하나의 군영(軍營)만 두어야 한다고 하며, 혹자는 양영을 아울러 혁파해야 한다고 하고, 혹자는 군영을 합치고 나가서 진수(鎭守)해야 한다고 하고, 혹자는 양영은 그대로 두고 나가서 진수해야 한다며 하고, 혹자는 마땅히 경국(京局)에 소속시켜야 한다고 하며, 혹자는 마땅히 기백(畿伯)에게 소속시켜야 한다고 하고, 혹자는 둘 다 그대로 두고 쓸모없는 것만 도태해야 한다고 하고, 혹자는 하나만 혁파하여 증치(增置)해야 한다고 하여, 의견이 각각 한결같지 않고 말이 분명한 목적이 없었으니, 참으로 이른바 ‘길가의 집[道傍之舍]이라 이루기 어렵다.’고 한 말과 같다.”

–『정조실록』 5권 정조 2년 윤6월 24일 임오 1번째 기사–

3) 위민(爲民)

이 토픽은 데이터 전체의 16%를 차지하며 ‘농사’ ‘하늘’ ‘물’ ‘팔도’ ‘권농’ ‘방도’ ‘곡식’ ‘국토’ ‘근본’ ‘풍년’ ‘흉년’ ‘제도’ ‘폐단’ ‘걱정’ 등으로 대표되었다. 토픽을 구성하는 문서에는 ‘농사를 권장하고 농서를 구하는 구언 전지에 대한 배의 등 27명의 상소문,『정조실록』 50권 정조 22년 11월 30일 기축 1번째 기사’ ‘북로 어사 이종성이 북도의 진휼(賑恤, 곤궁한 백성을 구제함)책을 진달하다,『영조실록』 25권 영조 6년 3월 26일 갑오 2번째 기사’ ‘가뭄이 계속되니 자신을 성찰하고 감선하는 내용의 윤음을 내리다,『정조실록』 3권 정조 1년 5월 3일 정묘 2번째 기사’ ‘팔도와 양도(兩都)에 농사를 권장하는 윤음을 내리다,『정조실록』 11권 정조 5년 1월 1일 갑술 1번째 기사’ ‘권농(勸農)의 윤음을 내리다,『영조실록』 71권 영조 26년 1월 1일 을사 2번째 기사’ ‘영남의 재해민을 위로하는 윤음,『정조실록』 12권 정조 5년 9월 3일 임인 5번째 기사’ ‘여차에 나가 총호사 등을 인견하고 농사의 형편, 산릉의 보토(補土, 보수) 등을 하문하다,『영조실록』

89권 영조 33년 6월 20일 경진 3번째 기사' '평안도 관찰사 이병모가 강계 지방의 부역 폐단에 대해 장계하다,『정조실록』 38권 정조 17년 12월 15일 갑술 4번째 기사' '영부사 이경석이 상차(傷嗟, 탄식)하여 군역의 폐단 등을 아뢰고 검소 · 근면 등을 권하다,『현종실록』 11권 현종 6년 12월 26일 정축 2번째 기사' '당시의 족징 · 토목의 역사 · 옥사 등의 폐단에 대한 영중추부사 이경석의 상차,『현종개수실록』 14권 현종 6년 12월 26일 정축 2번째 기사' 등이 연관성 최상위에 올라왔다.

이 토픽은 백성들에게 농사에 매진하도록 촉구하는 윤음이나 상소가 대부분이나, 이 외에도 가뭄이나 재해로 위기에 처한 이들을 구제하거나 위법한 노역에 시달리는 이들을 위한 정책적 폐단을 꽤하는 글들이 포함되어 있어, 범위를 확장해 위민(爲民)으로 명명하는 것이 타당하다고 판단하였다. 토픽 모델링에서 이들을 추가적으로 세분화하지 못한 이유는 구휼, 군역, 노역, 혹은 농사와 같은 이슈들이 백성의 삶과 직접 연관된 것들이라 토픽을 구성하는 문서들에 의미상 유사한 단어들이 공히 등장했기 때문인 것으로 추정된다.

권농(勸農)의 윤음을 내리면서 특히 정조는 다음 발췌문(농사를 권장하고 농서를 구하는 구언 전지에 대한 배의 등 27명의 상소문,『정조실록』 50권 정조 22년 11월 30일 기축 1번째 기사)에서처럼 시기에 따른 농사활동을 매우 구체적으로 제시하였다. 의례적으로 '권농의 윤음을 내림' 정도로만 간단히 마쳤던 고종과는 큰 차이를 보인다.

> "……그 가운데에서도 농사철에 대해 상세히 진달한 것은 모두 일리가 있는 것들이다. 거기에서 말한 '우수(雨水)에는 삼밭을 갈고, 경칩(驚蟄)에는 농기구를 정비하며, 춘분(春分)에는 올벼를 심고 청명(淸明)에는 올기장을 심으며, 곡우(穀雨)에는 호미질하러 나가고 입하(立夏)에는 들깨를 심으며, 망종(芒種)에는 모시와 삼을 거두고 하지(夏至)에는 가을보리를 거두며, 입추(立秋)에는 메밀을 심고 처서(處暑)에는 올벼를 수확한다. 반드시 절기에 앞서 갈고 심으며 절기에 앞서 물을

가두며, 또한 제때에 모를 내고 제때에 김을 매 준다. 모를 낸 지 20일 뒤에 초벌김을 매며, 초벌김을 맨 지 13일이 지난 뒤에 두벌김을 매며, 두벌김을 맨 지 15일이 지난 뒤에 세벌김을 매면 곧바로 추수할 때가 된다. 만약 제때를 어긴다면 곡식이 잘 자라나게 하려 해도 될 수 있겠는가.'라고 한 것은, 말한 바가 형식적인 것을 벗어 던지고 실제적인 것이었으니 기쁘다. 또 김을 매는 과정도 일일이 조목조목 진술하였다. 그러니 해당 고을의 수령으로 하여금 그를 특별히 권농관의 직임에 차임하고 가을 추수 뒤에 부지런함과 태만함을 고과한 뒤 감영에 보고하게 하고, 그런 뒤에 감사가 장계를 올리라고 해당 도의 감사에게 분부하라 ……."

–『정조실록』 50권 정조 22년 11월 30일 기축 1번째 기사–

재해로 궁핍해진 백성들의 삶을 구제하려 구체적인 지시를 내리는 어진 왕, 정조의 모습이 다음 발췌문, '영남의 재해민을 위로하는 윤음,『정조실록』 12권 정조 5년 9월 3일 임인 5번째 기사'에 잘 나타난다.

"…… 영남에 또 자주 재해가 들어서 무술년의 흉황(凶荒)에는 가까스로 죽어서 구렁에 나뒹구는 것을 면하였었다. …… 처음에는 가뭄 때문에 시들었고 중간에는 황충(蝗虫)에게 손상되었고 끝에는 또 큰비와 바람 때문에 화곡(禾穀)이 물에 잠겨 손상되고 승회(塍澮)가 무너지고 파괴되었을 뿐만이 아니라, 이에 물에 빠져 죽은 백성이 4백여 인이나 되고 물에 떠내려가거나 무너진 가옥(家屋)이 또 만으로 헤아릴 정도이니, 아! 참혹하구나. 나는 이런 소식을 듣고 측연(惻然)히 마음이 아파 그 부모와 처자들이 슬피 울부짖는 소리가 귀에 들려오는 것만 같고 노인과 어린아이를 이끌고 어쩔 줄 모르면서 노숙(露宿)하는 정상이 눈에 보이는 것 같다. …… 죽은 사람은 어쩔 수 없으니, 오직 건져서 장사지냄으로써 외로운 사람들의 마음을 위로하도록 하라. 생존한 사람은 집과 곡식이 없으면 어떻게 살아갈 수 있겠는가? 아직 친척들이 서로 도와주는 것에 의지하여 입에 풀칠을 하고 있는 것인가? 인보(隣保)가 서로 구제하여 그 몸이 비호를 받고 있는 것인가? 내가 이미

수토신(守土臣)에게 죽은 사람에게는 휼전(恤典)을 시행하고 산 사람은 무마하여 조가(朝家)의 상전(常典) 이외에 또한 경기(經紀)하고 조치(措置)하게 함으로써 흩어져 떠돌거나 탄식하는 걱정이 없게 하도록 하였다. 그런데 수토신이 과연 덕의(德意)를 선포하고 실제의 혜택이 닿도록 강구하였는가? 아니면 혹 태만히 방기(放棄)한 채 행하는 것을 완만하게 하지는 않았는가?"

–『정조실록』 12권 정조 5년 9월 3일 임인 5번째 기사–

앞의 발췌문 마지막 두 문장에서 한 가지 흥미로운 것은 정조가 자신이 내리는 구휼책의 실효성에 대해 의문을 품고 있는 듯한 인상을 준다는 사실이다. 직을 맡고 있는 관리들이 신속하고 완벽하게 왕명을 이행할 것에 대한 다짐을 받아 두려는 듯한 이러한 담론은 역으로 영조 후반기부터 시작된 세도정치와 이에 따른 관리의 부패와 제도의 폐단을 시사한다. '폐단'이라는 단어가 이 토픽에 포함된 이유 역시 여기에 있을 것으로 보인다. 당시 조세제도는 전정(田政, 농사짓는 땅에 매기는 세금), 군정[軍政, 군역을 지지 않는 16~60세의 남성이 내는 군포(軍布)], 그리고 환정(還政, 춘궁기에 빌려간 곡식을 가을에 되갚음)을 기본으로 하고 있었는데, 이 세 가지 조세법이 시행됨에 있어, 토지 장부의 허위 조작(백지징세, 白地徵稅), 죽은 이의 사망 사실 고의 누락(백골징포, 白骨徵布), 환곡 시 고리의 이자부과(장리, 長利) 등을 통한 관리들의 착취가 만연하였다[이를 '삼정(三政)의 문란'이라 하며 조선 후기 '홍경래의 난'과 '임술농민봉기'의 원인이 됨]. 이러한 이유로 조정에서는 농사, 진휼, 군역, 혹은 징역 등 백성의 삶과 직결된 사안들을 둘러싼 여러 폐단을 경계하여 역시 윤음을 내린 것으로 보인다. 다음발췌문(평안도 관찰사 이병모가 강계 지방의 부역 폐단에 대해 장계하다,『정조실록』 38권 정조 17년 12월 15일 갑술 4번째 기사)에는 관리의 비리는 아니나 농사지역을 제한한 정책적 오류를 바로잡아 백성의 삶을 개선하고자 하는 상소와 이를 허락하는 정조의 대화가 담겨 있다.

평안도 관찰사 이병모가 장계하기를 …… "대체로 이 마전령(麻田嶺, 지금 평안북도 강계군과 자성군 사이의 고개) 바깥의 백성들을 모조리 마전령 안쪽으로 들어오게 한 것은 바로 우리 조종에서 일시적인 방편으로 행한 정사였고, 그곳에 사람이 살 수가 없거나 그 땅을 개간할 수 없어서가 아니었습니다. 그러니 시대가 달라지고 일이 바뀐 오늘에 이르러서는 다시 밭을 일구고 고을을 설치하더라도 진실로 불가할 것이 없을 것입니다. …… 또 생각하건대, 강계가 지탱하기 어려운 폐단은 집집마다 삼을 캐기 위하여 산으로 들어가는 것보다 더 큰 것이 없고, 산으로 들어가는 폐단은 또 비용과 식량을 대는 일보다 더 큰 것이 없습니다. 그런데 만일 이곳에 백성이 있고 창고가 있어서 삼을 캐는 데에 드는 식량을 여기에서 조달하고 집집마다 배당된 부역도 힘을 나누어 하게 되면 강계 백성들의 노고를 거의 돌려 가면서 지울 가망이 있을 것이니 …… 지금 백성들이 들어가 사는 것을 허락하고 우선 해부에서 주관하여 그들을 편안히 정착하도록 하고……." 하니, 상이 장계의 요청에 따라 시행하라고 명하였다.

–『정조실록』 38권 정조 17년 12월 15일 갑술 4번째 기사–

4) 예물(禮物)

'은혜' '황제' '정성' '표문(예물 항목 리스트)' '예물' '만화방석(滿花方席, 여러 가지 꽃무늬를 놓아서 짠 방석)' '하사' '저포마포(紵布麻布, 모시풀 껍질의 섬유로 짠 피륙으로 베보다 곱고 빛깔이 흰 여름 옷감)' '꽃자리(꽃 모양을 놓아 짠 돗자리)' '사은' '흑세마포(黑細麻布, 검고 가는 모시 섬유으로 짠 마포)' '방물(조선시대 명나라에 보내던 지역 특산물)' 등이 이 토픽(전체 데이터의 약 7%를 차지)을 대표하였다. '호조 참판 심도원을 보내어 대행 황제의 시호를 높여 올린 데 대한 하례의 표문을 올리다, 『세종실록』 67권 세종 17년 3월 25일 정유 1번째 기사' '공조 판서 성봉조 · 중추원 사 기건이 명의 채단을 사례하는 표문을 올리다, 『세조실록』 8권 세조 3년 6월 11일 계묘 1번째 기사' '사은사 신호에게 물건을 하사하고 태상왕이 황제에게 전할 표문을 이르다,『세종실록』13권 세종 3년 9월 27일 정해 1번째 기사' '중추원 사 김세민 등이 가져간 왕세자를 봉해 준 것을 사례하는 표문과 방물표,『세조실록』11권 세조 4년 윤2월 18일 병자 2번째 기사' '채백의 하사를 사례하는 표문과 해청 진상에 관한 주본,『세종실록』62권 세종 15년 10월 22일 신미 1번째 기사' '명나라 황제와 황태자에게 은혜에 감사하는 글을 올리고 여러 물건을 바치다,『성종실록』65권 성종 7년 3월 2일 을사 1번째 기사' 등의 글이 이 '예물' 토픽을 주로 구성하였다. 대체로 명의 은혜에 보답하는 상례적 표현을 담은 전문(箋文, 중국 한나라 때 이후 신년이나 기념일에 맞춰 보내는 왕의 축하문)과 예물로 보내는 물품들을 나열하는 것이 보통이다. 마지막『성종실록』의 예에 기록된 글의 발췌문은 다음과 같다.

> …… 황태자(皇太子)에게 사은(謝恩)하는 전문(箋文)에 이르기를, "높이 저위(儲位)에 계시면서 황제의 유모(猷謀)를 가까이에서 도우시고 황제의 은혜를 인도하여 펴시어 이에 바닷가 변방(邊邦)에까지 미치게 하시니, 몸을 어루만지면서 감격할 줄 알고, 뼈에 깊이 새긴들 어찌 잊겠습니까? …… 신은 삼가 마땅히 즐겁고 기뻐하는 마음으로 중윤(重潤)의 노래를 읊기를 원하며, 강릉(岡陵)과 같이 천령(千齡)의 수(壽)를 누리시도록 갑절이나 간절히 축원합니다. …… 황제의 어전(御前)에는 황세저포(黃細苧布) 20필(匹), 백세저포(白細苧布) 20필, 흑세마포(黑細麻布) 50필, 황화석(黃花席) 20장(張), 만화석(滿花席) 20장, 만화방석(滿花方席) 20장, 잡채화석(雜彩花席) 20장, 인삼(人蔘) 1백 근(斤), 잡색마(雜色馬) 12필을 진헌(進獻)하고, 황태후(皇太后)와 중궁(中宮)에게는 각각 홍세저포(紅細紵布) 10필, 백세저포(白細苧布) 10필, 흑세마포(黑細麻布) 30필, 만화석(滿花席) 10장, 잡채화석(雜彩花席) 10장씩을 진헌하고, 황태자(皇太子)에게는 백세저포(白細苧布) 10필, 흑세마포(黑細麻布) 30필, 만화석(滿花席) 10장, 잡채화석(雜彩花席) 10장, 인삼(人蔘) 50근, 잡색마(雜色馬) 4필을 진헌하였다."
>
> –『성종실록』65권 성종 7년 3월 2일 을사 1번째 기사–

5) 상소(上疏)

이 토픽(전체 데이터의 약 11%)은 '전하' '신하' '군사' '법도' '상소' '조정' '죄' '정치' '도적' '시행' '옛날' '벼슬' '폐단' 등 매우 다양한 단어로 구성되어 낱개의 단어들만 보아서는 토픽의 주제를 확정하기 어렵다. 그러나 여기에 포함된 대표 문서들을 살펴보면 대부분이 다양한 시대 현안에 대한 신하들의 상소와 이에 대한 왕의 짧은 답으로 이루어진 글들임을 알 수 있다. 전술한 바와 같이 상소의 주제가 다양했으나, 인사(人事)와 이를 위시한 제도에 관한 글이 가장 흔했으며(예: '전 영의정 이경석이 전지에 응해 올린 인사 · 형벌 · 붕당 등에 대한 상소, 『효종실록』 10권 효종 4년 1월 6일 계유 2번째 기사' '대사성 유당이 인재 등용 민생 안정 등의 방도에 대해 상소를 올리다, 『정조실록』 5권 정조 2년 윤6월 23일 신사 2번째 기사' '초야에서 높은 학문을 닦은 선비를 등용하는 것은 중요한 정사임을 전교하다, 『정조실록』 52권 정조 23년 8월 29일 을묘 1번째 기사' '관리 등용의 폐단 등에 관하여 이응하가 상소하다, 『고종실록』 19권 고종 19년 9월 1일 갑신 4번째 기사' '재해로 인해 좌의정과 우의정이 풍화의 진작, 적임자의 임용, 대각을 예우하도록 청하다, 『인조실록』 13권 인조 4년 윤6월 1일 신축 1번째 기사'), 특정 인물에 대한 공격이나(예: '정언 이종영이 심익운 · 이명오 · 이장오의 불법 행위 등에 대해 상소하다, 『영조실록』 108권 영조 43년 5월 2일 을축 2번째 기사' '김제신 등이 성종의 유교를 따르고 윤민 등을 처벌할 것을 상소하다, 『연산군일기』 18권 연산 2년 9월 16일 기미 3번째 기사') 사면을 청하는 예도 적지 않았다(예: '조석윤과 박장원의 석방을 청하는 영안위 홍주원의 상소문, 『효종실록』 12권 효종 5년 2월 18일 기묘 3번째 기사').

이 외에도 백성의 구휼(예: '관원들의 나태 · 흉년으로 인한 백성들의 굶주림 등을 아뢰는 호조 판서 민진원의 상소, 『경종실록』 3권 경종 1년 4월 20일 경술 2번째 기사'), 치안과 외교(예: '도적을 잡는 일과 사신에게 공급하는 쌀 등에 관해 공조 참판 이응진이 상소하다, 『고종실록』 22권 고종 22년 8월 26일 임진 6번째 기사'), 처벌과 군사(예: '역적들의 처단문제와 군사 편제 등의 일에 관하여 송백옥이 상소하다, 『고종실록』 21권 고종 21년 11월 26일 병인 4번째 기사' '부호군 이건창이 상소를 올려 호남과 호서에 퍼져 있는 동학에 대해 성토하다,『고종실록』 30권 고종 30년 8월 21일 경오 1번째 기사') 등에 관한 관리들의 상소도 윤음에 등장하는 것으로 나타났으며, 정종 때에는 일반 백성의 하소연에 답하는 윤음도 있었다(예: '봉산 사람 곽시복의 처 허씨가 징을 치고 억울한 일을 호소하다,『정조실록』 31권 정조 14년 12월 10일 병진 2번째 기사'). 특히 마지막 예(다음 발췌문 참조)는 현재의 '청와대 신문고'와 견줄 수 있는 직접 대국민 커뮤니케이션의 형태와 유사하다 하겠다.

봉산(鳳山) 사람 곽시복(郭始復)의 처 허씨(許氏)가 징을 치고 호소하였는데, 그 내용에 의하면, 그의 남편 곽시복이 서울에 사는 차이원(車履遠)과 형조(刑曹)에서 송사를 하게 되어 관청에서 시복을 잡아가니 허씨의 시어미가 허씨의 남편을 붙들고 놓지 않자, 형조의 하인이 허씨 남편의 의관을 찢고 허씨 시어미를 구타하여 방금 죽게 되었다는 것이다. 그러나 본 사건은 홍수영(洪守榮)과 관련된 것으로서 당상관은 홍최영(洪最榮)의 처남이고 당하관 역시 홍수영과 절친한 사이이므로 허씨를 말려서 호소하지 못하게 하였다 …… 하니, 전교하기를 "어버이를 위하여 호소하는 것도 또한 호소가 허용된 네 가지 일 이외의 일이라고 말할 수 있겠는가. 송사는 이렇거나 저렇거나 우선 그만두고라도 본 사건은 외척집안의 토지이고 당상관은 외척 관리의 처남이었다. 더구나 하인을 지방에 풀어놓아 이처럼 제멋대로 행패를 부리게 내버려 두었지 않은가. 동료 당상관을 두둔하는 경의 마음으로도 오히려 사실을 완전히 숨기지 못하여 쓰고 있던 갓이 부서졌다고 하였으니, 그들이 행패를 부렸다는 것을 증명할 수 있다. 노파가 그 아들을 위해 붙잡고 말리는 통에 상처를 입게 된 것도 사세로 보아 그럴 법하다. 죽지 않은 것만도 다행이다……."

—『정조실록』 31권 정조 14년 12월 10일 병진 2번째 기사—

6) 적대적 인사(人事)

'신하' '의리' '죄' '의논' '역적' '무리' '처리' '도리' '법도' '용서' '사실' 등으로 대표되는 이 토픽은 전체 데이터의 약 20% 정도를 차지했다. 낱개의 단어들로 보아서는 주로 죄지은 자나 무리들에 대한 도의적 처벌로 해석 가능하나, 해당 토픽을 구성하는 글들은 옥사(獄事), 귀양, 탄핵, 퇴위 등을 포함, 특히 적대적 인사에 관한 다양한 논의들을 망라하고 있으며, '폐비 문제에 대한 상소를 의정부에서 논의하다, 『광해군일기 중초본』 121권 광해 9년 11월 25일 병술 10번째 기사' '영종 을사년에 임인년의 옥안(獄案, 당시 재판에 쓰던 조서)에 대해 다시 논의한 내용, 『경종수정실록』 3권 경종 2년 9월 21일 계묘 2번째 기사' '홍낙임 탄핵 · 고 판서 김한기의 유소 등에 관해 전 장령 이안묵이 상소하다. 김한기의 유소를 들이게 하다, 『순조실록』 2권 순조 1년 1월 16일 계사 2번째 기사' '사도세자의 죽음과 관련된 의문점 등에 관한 영남 유생 이응원의 상소문, 『정조실록』 2권 정조 즉위년 8월 6일 을사 2번째 기사' '제적들의 반역한 정절을 반시하는 윤음을 중외에 내리다, 『정조실록』 1권 정조 즉위년 7월 3일 임신 2번째 기사' '김하재의 여죄에 대한 논의, 『정조실록』 18권 정조 8년 12월 8일 기축 2번째 기사' '유언호 · 김치인 · 송재경에게 죄를 주고, 이에 관해 대신 · 경재 · 삼사의 신하들과 논의하다, 『정조실록』 26권 정조 12년 12월 5일 임진 4번째 기사' '차대하다. 대왕 대비가 신료들과 사학(邪學, 양명학이나 천주교 등 조선시대 주자학의 가르침에 위배되는 학문) 죄인 처리에 관해 논의하다, 『순조실록』 2권 순조 1년 3월 10일 병술 1번째 기사' '영의정 서명선이 성상의 즉위를 반대하여 자폐설 등을 주장한 노성중 · 구상 등 역적의 논죄를 청하다, 『정조실록』 11권 정조 5년 2월 10일 계축 2번째 기사' '한성 좌윤 김귀주를 흑산도에 귀양 보내다, 『정조실록』 2권 정조 즉위년 9월 9일 정축 3번째 기사' 등이 이에 포함되었다. 다음 정조 때의 한 윤음에서 발췌한 글(제적들의 반역한 정절을 반시하는 윤음을 중외에 내리다, 『정조실록』 1권 정조 즉위년 7월 3일 임신 2번째 기사)을 보면 당시 처벌에 관한 윤음의 내용과 형식을 알 수 있다.

> "…… 내가 오늘날에 있어서 만일에 전후의 간사한 짓을 한 실상을 환히 유시(諭示)하고, 주토(誅討)하는 본뜻을 분명하게 제시하여, 팔역(八域)의 신서(臣庶)들로 하여금 모두가 제적(諸賊)들이 흉악한 역적이 되는 까닭을 알게 하지 않는다면, 어찌 오늘날에도 신축년과 임인년의 무리와 같은 자들이 여당(餘黨)을 불러 모으고 무리배와 단결하여, 무신년과 을해년 같은 변을 다시 도모하게 될는지 알 수 있겠는가? …… 윤음(綸音)을 중외(中外)에 포시(布示)하는 것은 중외의 신서(臣庶)들로 하여금 흉악한 역적들의 근저(根柢)를 분명히 알아차리어, 속이고 현혹하는 죄과에 빠지지 않게 하려는 것이니, 의정부로 하여금 백료(百僚)들에게 두루 포시하게 하고, 또한 승정원으로 하여금 제도(諸道)의 감사(監司) 및 거류(居留)하고 있는 신하에게 유시를 내리어, 각기 즉시 각 고을에 등포(謄布)하게 하라."
>
> -『정조실록』 1권 정조 즉위년 7월 3일 임신 2번째 기사-

6. 치세 기간별 토픽 분포

각 토픽을 가장 잘 대표하는 20개의 윤음(6개 토픽이므로 총 120개)을 찾고, 이들이 누구의 치세 때 발간된 것인지 찾아 그 분포를 〈표 3-3〉으로 나타내었다. 각 치세 간 윤음 수에 대한 비교는 윤음 전체의 분포가 현재의 그것과 같다는 전제가 성립되어야 하나, 토픽 모델링의 기술적 특성상 이를 확인하기 어렵기 때문에 관련 논의의 해석에 주의가 필요하다.

예법에 대한 신하들과의 논의나 윤음은 고종과 정조 때 가장 빈번했던 것을 확인할 수 있다. 그러나 비율로 보면 고종이 약 56%(9/16)로 정조(약 13%, 6/47)에 비해 예법에 대해 조금 더 민감했음을 알 수 있다. 실제로도 '예법'이라는 단어가 포함된 총 43건의 윤음 중 약 25% 이상이 각각 고종(11건)과 정조(10건) 때

표 3-3 치세 기간별 토픽 분포표

	예법	군사	위민	예물	상소	인사	전체
태조							
정종							
태종							
세종				8	1		9
문종				2			2
단종							
세조				5			5
예종				2			2
성종				2			2
연산군					1		1
중종	1				2		3
인종							
명종					1		1
선조			1			3	4
광해군						2	2
인조					1		1
효종					2		2
현종			2				2
숙종							
경종		1			2	1	4
영조	1	2	3		1		7
정조	6	14	12		5	10	47
순조	1		1	1		4	7
헌종	1						1
철종		1					1
고종	9	2	1		4		16
순종	1						1

발간되었으며, 이는 두 시기에 예법에 대한 논의가 다른 때에 비해 더 활발했음을 짐작하게 한다. 고종의 치세 기간 중 왕세자나 대왕대비의 존호를 격상하거나(예: '왕세자가 상소문을 올려 존호를 올릴 것을 아뢰다,『고종실록』25권 고종 25년 1월 1일 계축 3번째 기사' '대왕대비의 회갑을 맞아 존호를 올리고 교서를 반포하다,『고종실록』5권 고종 5년 12월 6일 기유 2번째 기사') 옛 예법에 대한 개혁을 원하는 상소(예: '옛 규례를 개혁하는 것에 대한 윤음을 내리다,『고종실록』32권 고종 31년 7월 4일 무인 1번째 기사')가 특히 눈에 띈다.

군사(14건, 약 30%)와 권농(勸農)을 위시로 한 위민(爲民, 12건, 약 26%) 관련 윤음 역시 정조 때 압도적으로 많다. 비율로 보면 성군이었던 영조[각 2건(약 29%)과 3건(약 43%)] 역시 적다 할 수 없으나, 토픽에 포함된 윤음의 절대 빈도가 적어 단언하기는 어렵다. 윤음 전체의 양상은 이와 다소 차이가 있었는데, '군사'라는 단어가 포함된 총 162건의 윤음 중 약 23%와 19%가 각각 정조(37건)와 고종(31건) 때 쓰여 가장 많았던 반면, 영조는 약 7%(11건)로 적었다. 고종 당시 계속되던 일본과 러시아 그리고 청의 침입과 내정간섭을 고려해 보면 그의 치세 기간 동안 군사 관련 윤음이 많았던 것은 매우 당연하게 느껴진다. 반면, 오랜 파벌 간 대립에도 강력한 왕권과 중흥의 시대를 누렸던 정조 때 역시 '군사'에 관한 논의가 활발했음은 괄목할 만하다. 물론 '군사'라는 단어만 따로 떼어 수를 세었으므로 정확한 맥락은 알 수 없으나, 당시 군 조직의 개편('수어청과 총융청 양영을 합치는 것에 대한 대신들의 헌의,『정조실록』5권 정조 2년 윤6월 24일 임오 1번째 기사' '통어영을 강화부에 합치는 것에 관한 심염조의 건의와 대신들의 논의, 구선복의 별단,『정조실록』7권 정조 3년 3월 8일 임진 1번째 기사' '수어경청을 혁파하고 광주부를 승격시켜 유수를 두다,『정조실록』43권 정조 19년 8월 18일 병신 2번째 기사')이나 폐단에 대한 상소('양산 군수 남학문이 군사에 관한 폐단 등을 상소하다,『정조실록』31권 정조 14년 8월 9일 정사 1번째 기사') 등이 다수 포함된 것으로 보아 정조 때 군 조직의 정비가 상시로 이루어졌다는 것을 짐작할 수 있다. 물론 이것이 준론탕평(峻論蕩平)을 기반으로 강력한 왕권의 기틀을 마련한 정조의 전략 일부였는지에 대해서는 더 구체적인 사료(史料)와 역사적 해석이 필요할 것이다.

데이터 전체를 살펴보면, '권농'이라는 단어가 포함된 총 182건의 윤음 중 최대치인 총 37건(약 20%)이 사실 고종 때 발간되었다. 그러나 고종의 '권농윤음'은 대개 교시 사실만을 명기한 한 줄짜리 글[예: '팔도(八道)와 사도(四都)에 권농윤음(勸農綸音)을 내렸다.']이 대부분이며 농법에 대해 매우 구체적으로 논한 영조나 정조의 그것과는 질적으로 다름을 적시해 둔다. 현재 토픽 모델링 결과에 고종의 권농윤음이 그 수적 우세에도 불구하고 대거 포함되지 않은 이유 역시 바로 이 때문으로 보인다. 이를 제외하면 영조(19건, 약 10%)와 정조(16건, 약 9%) 당시 백성들에게 농사에 매진하도록 하라는 내용의 윤음이 가장 많았다.

중국에 예물을 보낼 때 함께 내렸던 윤음은 세종에서 성종에 이르는 조선 전기에 주로 쓰였음을 알 수 있다. 새로 수립한 왕조 초기에 대국으로부터 그 정통성이나 권위에 대한 인정이 필요하던 때였음을 감안하면 이해하기 어렵지 않다. 한 가지 흥미로운 것은, 애민(愛民)의 군주로 꼽히는 세종이 내린 윤음 대부분이 이에 속한다는 사실이다[8건, 약 89%; '예물'이 들어간 윤음 총 70건 중 12건(약 17%)으로 역대 최다]. 하지만 당시 베트남을 정복하고 꾸준히 몽골 정벌을 추진하던 명의 팽창정책을 고려해 보면, 이는 과학과 문학의 발전으로, 속에는 내실을 기하면서도 명에게는 여전히 약소국으로 비쳐져 백성의 삶을 안정시켜야 했던 세종의 전략적 외교 정책이었음을 짐작할 수 있다.

상소에 대한 답으로써의 윤음은 다른 토픽과 달리 조선 중기에서 후기 사이에 다소 고르게 분포되어 있음을 알 수 있다. 물론 상소 자체는 당시의 위기 상황이나 중신들의 세력 다툼으로 인한 정사에의 개입 등 다양한 목적을 내포한다. 그러나 다양한 이슈에 대한 신하들의 의견이 군주에게 전달되는 상향식 커뮤니케이션이라는 그 특성을 고려해 볼 때, 수평적 의사소통 정도를 대표하는 것으로도 이해할 수 있다. 역시 정조(5건, 약 11%)와 고종(4건, 26%) 때 상소가 다른 기간에 비해 월등히 많았는데, 이는 규장각을 중심으로 이른바 청류(清流)

세력으로 노론을 반대하며 정치적으로 소외되었던 남인(南人)들은 물론 박지원을 비롯한 서얼 신분의 학자들로 구성된 북학파(北學派)와 지방의 인재들도 기꺼이 등용했던 정조의 지식에 대한 갈증, 또 외세의 간섭으로 인해 을사조약(乙巳條約) 등 여러 중요한 외교적 결단을 내려야 했을 고종 당시의 어려웠던 정치 상황(예: '김종한이 한일 협상 조약을 맺은 신하들을 처벌하고 협약을 취소하라고 상소하다,『고종실록』 46권 고종 42년 11월 28일 양력 8번째 기사')을 반증하는 듯 보인다. 실제로도 윤음 데이터 전체(총 445건)에서 정조와 고종 두 치세 기간 중 '상소'가 포함된 글이 각각 94건(약 21%)과 41건(약 9%)으로 가장 많았다.

적대적 인사(人事) 관련 윤음 역시 정조(10건, 약 21%) 때 가장 많았으나, 비율로 계산해 보았을 때 선조(3건, 75%)와 광해군(2건, 100%), 그리고 순조(4건, 57%) 시대에도 관련 글이 적지 않았음이 괄목할 만하다. 선조가 집권하던 시기에는 척신(戚臣)세력을 누르고 정권을 장악한 사림(士林)이 벼슬자리[이조전랑(吏曹銓郎), 지금의 인사혁신처장 정도]를 두고 서인(西人, 심의겸 추천)과 동인(動人, 김효원)으로 양분된 후, 각각 기축옥사(己丑獄事, 동인 정여립이 역모를 꾀했다는 모함으로 3년에 걸쳐 동인 1,000여 명이 숙청당함)와 건저문제(建儲問題, 정철이 광해군을 세자로 세우고 선조가 총애하는 신성군과 그 어머니인 인빈 김씨를 죽이려 한다는 모함으로 정철이 유배되며 서인이 위기에 몰림)를 계기로 공방을 이어갔으며, 특히 왜구의 침략에 대한 대응[도요토미 히데요시의 전쟁 의지에 대한 김성일(동인)과 황윤길(서인)의 상반된 해석과 상소]을 둘러싸고 양 진영 간 대립이 극에 달했다.

광해군은 아버지인 선조와 명나라의 인정을 받지 못해 왕으로서의 정체성과 지지기반이 취약해 불안해했으며, 자신에게 도전하는 세력이 있다는 '가짜뉴스'에도 예민하게 반응하여 관련자들을 추국(推鞫)하고 처벌하는 일이 매우 잦았다. 자신의 친형인 임해군을 살해하는 것으로 시작해 봉산옥사[封山獄事, 군면제를 위해 문서를 위조한 자를 역모에 가담하였다고 거짓 고변(告變)하면서 대형옥사로 확대, 7개월 동안 300여 명의 무고한 백성들이 처형됨]와 계축옥사(癸丑獄事,

이이첨이 거짓으로 광해군의 이복동생인 영창대군이 역모를 꾀하고 있다고 고변하여 영창대군을 살해하고 어머니인 인목대비를 감금함)로 이어지는 공포정치가 펼쳐졌다.

12세의 어린 나이에 제위에 올랐던 순조 당시, 선대왕인 정조와 대립하던 대왕대비(大王大妃, 왕의 할머니) 정순왕후가 수렴 청정으로 벽파(僻派)를 등용하면서, 반대 세력이었던 시파(時派)와 남인(南人)들이 주로 연류되었던 서학(西學, 천주교) 추종자들까지 박해와 유배, 숙청의 대상이 되었다(신유박해, 辛酉迫害). 다시 정순왕후의 사망 후 김조순이 이끄는 시파세력이 정순왕후에 대한 정치적 보복으로 벽파를 끌어내리며 붕당체제가 무너지고 안동 김씨의 세도정치가 시작되었다. 이렇듯 선조와 순조 당시 서로 죽고 죽이기를 반복하던 정치세력 간의 반목과, 광해군 때 유행하던 거짓고변과 이에 따른 공포정치의 폐단이 이 데이터 분석 결과에 포착된 것으로 풀이할 수 있다.

7. Word2Vec 기법을 활용한 시기별 특징 탐사

이 장에서는 붕당정치의 시작과 임진왜란을 겪었던 선조, 성군(聖君) 세종, 조선의 중흥을 누렸던 영조와 정조, 그리고 외세의 침입으로 왕조의 몰락을 지켜봐야 했던 고종, 총 다섯 왕의 치세 기간에 나타난 윤음들을 한 단계 더 심도 있게 분석해 보았다. 이를 위해 각 시대의 윤음에서 가장 자주 나타나는 키워드들과 연관어들을 탐사하고, 관련 문서들을 확인하여 해당 시대의 사회상과 정치적 국면, 국왕이 추구하던 지향점 등을 파악하였다.

우선 각 시대별 최빈어 20개씩을 추출하였다. 단어의 출연 횟수를 절대빈도(Term Frequency: TF)로 계산할 경우, 모든 문서에 걸쳐 자주 등장하는 의례적 혹은 형식적 표현에 포함되는 단어들[예: 사람, 백성, 마음, 나라, 전하, 신하, 예(禮)]만 주로 잡혀 시대의 특성을 잡아내기 어려울 것으로 판단하였다. 대안으로 TF−IDF(Term Frequency-Inverse Document Frequency, 산술적으로 TF와 IDF

의 곱)를 활용해 최빈어들을 산출하였는데, 여기서 IDF는 전체 문서 수를 해당 단어가 포함된 문서의 수로 나누고 이를 로그함수로 변환한 것이며, 이에 따라 해당 단어가 특정 문서에만 집중되어 희소성이 높을수록 증가하고, 반대로 여러 문서에 고르게 분포되어 흔하게 쓰일수록 감소하게 된다(Sparck, 1972). 결과적으로, TF-IDF는 단어의 절대 빈도에 그 희소성 정도에 따라 가중치를 두어, 해당 단어가 자주 쓰였더라도 문서 전반에 두루 나타날 경우 이를 평가절하하고, 절대 빈도는 낮더라도 소수의 문서에 밀집되어 있을 경우 이를 평가절상하는 장치로 이해하면 되겠다. 이 연구에서는 이러한 TF-IDF의 특성을 활용해서 각 시대에 한정되어 등장하는 독특한 내용의 윤음들을 살펴보았다. 비교를 위해 TF로 산출한 상위 키워드들의 절대 출연 빈도도 함께 나타내었다.

최빈어들만으로는 각 시대 상황이나 역사적 맥락을 구체적으로 알기 어려워, 최빈어군에 들어온 각 단어들에 대해 그와 연관성이 가장 높은 네 다섯 개의 단어들을 추가 탐사하였다. 단어 간 의미관계를 세부적으로 파악하기 위하여 Word2Vec 모델을 활용하였는데, 이는 인공신경망 기반 언어모델(Neural Net Language Model: NNLM)이다. 함께 사용되어 특정 의미를 전달하는 단어들이 문서상 서로 가까운 곳에 출현할 가능성이 높다고 가정하고(예: '대통령'과 '청와대'), 텍스트 데이터 내에서 어느 한 단어가 나타났을 때 그 외 나머지 단어들이 그 주위에 함께 출현할 확률을 일일이 계산(skip-gram)한다. 계산의 정확도를 향상시키기 위해 각 단어들을 고차원의 백터 공간(vector space)에 투영한 뒤 그들 간 거리(cosine similarity 혹은 코사인 유사도)를 측정하는데, 이때의 목표는 인공신경망을 활용해 산출해 낸 단어 간 거리 정보로 원데이터에서 추출한 '용어 동시출현 행렬(Term Co-Ocurence Matrix: TCM)'을 최대한 가깝게 재현하는 것이며, 이를 위해 모델 업데이트(흔히 말하는 '학습')가 여러 번 반복된다(Mikolov et al., 2013 참조). 이 분석에 활용된 모델은 100차원의 인공신경망을 기반으로 원데이터에서 추출한 TCM을 재현하도록 훈련되었다. 윈도우(window, 타깃 단어 앞뒤로 각각 몇 개의 단어까지를 주변 단어로 할 것인지를 설정)

와 학습 횟수(epoch)를 각각 10으로 설정해, 각 키워드가 내포할 수 있는 맥락의 범위를 넓히고 적정 수준의 정확도를 유지하였다.

1) 세종

당시 기록된 총 31개의 윤음(6,376개의 토큰)을 분석 대상으로 하였다. 우선 [그림 3-5]의 왼쪽 TF로 계산해 작성한 절대 빈도가 높은 단어들의 워드클라우드를 보면, '나라' '마음' '은혜' '군사' '변방' '사람' '황제' '덕망' '백성' 등의 단어가 세종의 윤음 전반에 나타났음을 알 수 있다. 앞서 토픽 모델링 분석 결과에서 확인한 바와 같이, 이러한 패턴은 명(明)에 대한 예의를 갖추는 한편, 국가의 내실을 다지는 데 전념했던 세종의 국정 전략을 반영하고 있다. 특히, '변방' '설치' '침략' '국토' 등을 위시한 국방과 관련된 단어들이 눈에 띈다. [그림 3-5]의 오른쪽 TF-IDF를 기반으로 작성한 워드클라우드는 이와 조금 달라 보인다. 물론 '황은' '은혜' '병기' '군사' 등 이전 분석 결과와 유사한 콘텍스트도 포착되지만, '반인(泮人)'이나 '왜구'과 같은 사안에 대해서도 집중적으로 논의한 적이 있었던 것으로 보인다. '곡(哭)'은 한 견전의(遣奠儀, 발인할 때 문 앞에서 지내는 제사 의식)에서 망자를 떠나보내는 슬픔을 표현하기 위해 예법에 따라 형식상 반복적으로 사용되어 최빈어에 포함된 것으로 보인다.

'반인(泮人)'은 연관어 "이개[李塏, 사육신(死六臣)]" "유학" "태종" "훈계" 등과

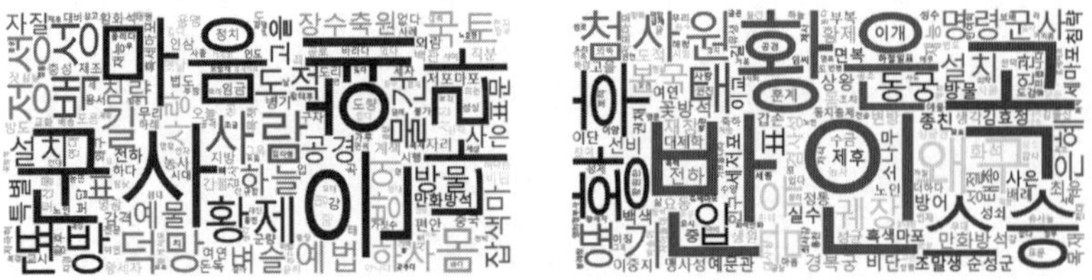

[그림 3-5] 워드클라우드[세종; TF(왼쪽), TF-IDF(오른쪽)]

함께 빈출하였는데, 해당 윤음에서는 당시 좌사간(左司諫) 김효정이 이개(李塏)로 하여 반인(泮人)을 거느리지 못하도록 해 달라는 상소를 올리고 세종은 이를 거절한다. 설득을 위해 김효정은 선대 왕 태종이 남긴 선례와 유교적 예법에 대해 설명했으나 세종의 윤허를 받지 못했다. 이후 김효정이 집현전 부제학과 예문관 제학을 거쳐 이조 판서에 등용되어 세종과 함께『성리학군서(性理學群書)』나『팔로명승루기(八路名勝樓記)』등 여러 편찬사업에 참여했다는 점, 또 이개(李塏) 역시 집현전 부수찬(副修撰)으로『훈민정음(訓民正音)』편찬에 기여했다는 사실을 고려해 볼 때, 이 윤음은 총애하는 두 신하 간의 반목을 중재하는 한편, 추후 자신의 역작인 한글 창제에 조력한 이개(李塏)를 비호하고, 지나치리만큼 예법에 집착하던 김효정의 투정을 받아 주지 않는 세종의 모습을 보여 주는 듯하다.

좌사간 김효정(金孝貞)이 상소하기를, "신 등이 앞서 순성군(順成君) 이개(李塏)는 반인(伴人)을 거느릴 수 없다는 것을 두 번이나 상총(上聰)을 번독하게 하였사오나 윤허하옵시는 윤음을 얻지 못하였습니다. 명을 받은 이후는 밤낮으로 생각하였사오나 그가 반인을 거느린다는 것은 크게 불가하옵니다. 태종께서 일찍이 양녕 대군 이제(李禔)에게 하교하시기를, '너의 아들이 어찌 서울로 올 수 있으랴.' 하셨으니, 그 훈계를 내리심이 깊이 절실하고 밝게 나타나서 개가 작록(爵祿)을 받고 서울에 사는 것만도 일찍이 감히 바라지 못한 것이거늘, 어찌 전하께서는 태종의 교훈은 생각지 않으시고 다만 우애하시는 정만을 좇으시와 반인까지 내리심으로써 소소한 무리들이 점차로 매진(媒進)하는 길을 열어 주시나이까. 이것이 신 등이 재삼 청하기를 마지않는 까닭입니다. 바라옵건대 전하께서는 태종의 밝으신 훈계를 생각하시고, 〈옛 성군이〉 천근(淺近)한 말을 반드시 살피신 것을 염두해 두시와, 반인을 도로 거두도록 명하시고 은밀히 부착하는 싹을 막도록 하소서." 하였으나, 윤허하지 아니하였다.

–『세종실록』42권 세종 10년 11월 1일 기유 4번째 기사–

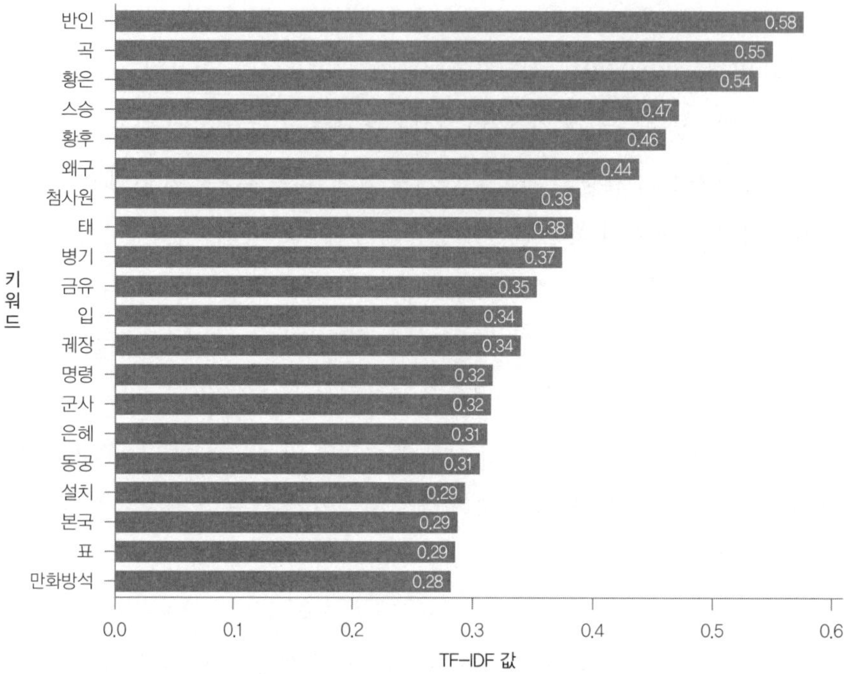

[그림 3-6] 최상위 20개 키워드 차트(세종)

'곡(哭)'은 연관어인 '창(唱)' '재배(再拜)' '평신(平身, 절하고 몸을 본디대로 폄)' '꿇어앉는다' '북향' 등과 함께 세종 28년에 쓰인 '견전의(遣奠儀),『세종실록』 113권 세종 28년 7월 16일 임오 4번째 기사'에서 반복적으로 사용되었는데, 이는 세종이 2년 전(1444년)부터 추진해 온 '오례의주(五禮儀註)'가 마침내 편찬되면서 소헌왕후의 국상(國喪)을 이에 따라 치르고, 새로 정비된 절차를 널리 알리기 위해 이 윤음을 작성하게 한 것으로 보인다. 세종 초반까지의 국상의례는 단순히 중국의 것을 모방해 왔으나, 이를 기점으로 조선의 독립적인 상례가 만들어져 쓰이기 시작했는데, 이 분석에서 이 역사적 사건이 포착된 것이다.

"그날에 사설(司設)에서 왕세자의 곡하는 자리[哭位]를 빈전(殯殿)의 지게문 밖 동쪽에 서향하여 설치하고, 대군과 여러 군의 자리는 그 뒤에 있게 하되, 겹줄로 서향하게 한다. 전의(典儀)가 종친과 문무 백관들의 자리를 외정(外庭)에 설치하되 평상시와 같이한다. 내시(內侍)가 애책(哀冊)을 빈전(殯殿) 섬돌 아래에 북향하여 임시로 둔다. …… 왕세자가 들어와서 자리에 나아가 부복하고, 대군과 여러 군이 따라 들어와서 자리에 나아가 부복한다. 왕세자가 곡하여 슬픔을 다하고, 대군과 여러 군이 곡하여 슬픔을 다한다. 전의(典儀)가 '재배하고 곡하라.' 말하고, 통찬이 '국궁, 재배하고 곡하라.' 창하여, 종친과 백관들이 몸을 굽혀 두 번 절하고 곡하여 슬픔을 다한다. 왕세자가 곡을 그치고, 대군과 여러 군이 곡을 그친다……."

−『세종실록』 113권 세종 28년 7월 16일 임오 4번째 기사−

왜구(倭寇)는 연관어 '삼면(三面)' '시도' '근심' '박안신(朴安臣)' '사변(事變)' 등과 함께 '박안신이 왜구를 막을 병선을 제조할 것을 상소하다,『세종실록』 48권 세종 12년 4월 13일 계미 5번째 기사'에 자주 등장한다. 해당 윤음에서는 병조참의 박안신이 조선의 지리적 특성과 계속되는 왜국의 침입을 거론하며, 만일을 대비한 병선(兵船) 제조를 건의하고 세종이 이를 허락한다. 당시 겉으로는 명에 사대(事大)하면서도, 안으로는 국방력 강화에 힘을 기울였던 세종의 정책을 반영하고 있다.

병조 참의 박안신(朴安臣)이 상서(上書)하기를, "…… 우리나라는 삼면(三面)이 바다이고 왜도(倭島)와 심히 가까와서, 예전 삼국 시대에 있어서도 왜구(倭寇)의 침략은 지난 역사를 상고하면 뚝뚝히 알 수 있습니다. 고려 말엽에 미쳐 왜놈들이 비로소 우리나라 가까운 섬에 와 붙어서 혹 구걸도 하고 혹 장사도 하여 오늘의 일과 같았었는데, 경인년에 협박하여 빼앗기를 시도하고 점점 노략질을 하니, 백성들은 싸움할 줄을 알지 못하여 왜적을 바라보면 달아나서, 바다 연변(沿邊)의 지방은 모두 왜적의 소굴이 되고, 드디어 그 배는 피로한 군졸들에게 주어 언덕을 떠나서 머물러 있게 하고, 여러 고을로 깊이 들어와서 혹 열흘이나 한 달 동안 함부로 마구 죽이고 노략질하다가 제 욕심이 차면 돌아가고, 돌아갔다가 또 다시 와서 봄부터 가을까지 조금도 빈 달이 없었습니다. 그 사이에 혹시 군사를 준비하여 방어하려 하였사오나, 왜적의 배는 너무 빨라서 돌리고 가기를 나는 듯이 하여……."

–『세종실록』 48권 세종 12년 4월 13일 계미 5번째 기사–

표 3-4 키워드와 연관어 기반 맥락 파악(세종)

키워드	윤음 건수	연관어	의미와 맥락	코사인 유사도
반인(伴人) 조선시대 대대로 성균관에 딸려 있던 사람. 주로 쇠고기 장사를 하는 이가 많았음	1	이개(李塏)	이개가 반인을 거느릴 수 없도록 해 달라는 좌사간 김효정의 상소에 윤허하지 않음	0.92
		유학	설득을 위해 태종의 훈계와 유학을 상기	0.87
		태종		0.87
		훈계		0.87
곡(哭) 견전의(遣奠儀, 발인할 때 문 앞에서 지내는 제사의식) 그 예법과 순서에 대한 기술	5	창(唱)하다		0.99
		재배(再拜)		0.99
		평신(平身)하다	절한 뒤에 몸을 그 전대로 펴다	0.98
		꿇어앉는다		0.96
		북향		0.95
황은(皇恩) '황은을 길이 입은 경(景) 어떠하니잇고'의 고정 표현	1		황제의 성덕을 노래하는 악장 2편	
왜구(倭寇)	2	삼면	삼면이 바다	0.82
		시도	노략질 시도	0.80
		근심		0.79
		박안신(朴安臣)	왜구를 막을 병선 제조를 상소	0.76
		사변(事變)	불의의 사변에 대비	0.76

2) 선조

선조 시대에 발간된 총 49개의 윤음에 포함된 7,834개의 단어를 분석하였다. [그림 3-7] 왼쪽의 워드클라우드(TF로 산출한 절대빈도)에는 '마음' '사람' '나라' '백성' 등 별 의미없이 관용어구에 포함되는 단어들이 주로 등장한다. '군사'와 '죄'도 눈에 띈다. [그림 3-7]의 오른쪽 TF-IDF로 계산한 빈출 희귀어에는 '공의전' '[정]개청' '사면' '이언적' '성혼' 등이 포함되는데, 이렇듯 인물명이 많이 나타난 것은 사림의 분당(分黨)이 시작되며 서인(西人)과 동인(東人) 간의 공방이 끊이지 않던 당시 시대상을 반영하는 것으로 풀이된다.

[그림 3-7] 워드클라우드[선조; TF(왼쪽), TF-IDF(오른쪽)]

공의전(恭懿殿)과 연관어 '권면(勸勉)' '기초(起草)' '대신' 등이 '공의전이 직접 권할 뜻을 알리고 25일로 잡다,『선조실록』9권 선조 8년 2월 20일 기축 1번째 기사'라는 짧을 글에 등장한다. 인정왕후는 32년간 왕대비(王大妃)의 위치에 있었으나 명종 즉위 당시 문정왕후가 수렴청정을 하고 있었고, 선조 때에는 명종비 인순왕후가 대비 역할을 하였기 때문에 높은 덕망에도 대비권을 행사할 기회가 거의 없었다. 다음 글에서는 왕실의 의식을 치를 날짜를 정하는 중대사에 이례적으로 개입하는 인정왕후의 모습이 보인다.

> 공의전께서 대신에게 전교하기를, "내가 친히 가서 권면(勸勉)할 것이다. 25일에 거둥하겠으니 경들은 제반 일을 미리 준비하라." 하였다. 대신이 이 뜻으로 상

께 아뢰니, 상은 '공의전께서 이렇게까지 하시니 내가 종권해야 되겠다. ……' 하였다. 신하들은 이 윤음(硫音)을 듣기 전에 이미 계사를 기초(起草)하였다고 하면서 드디어 아뢰니, 상은 이미 대신에게 유시(諭示)하였다고 답하였다. 백관·시종·대간은 모두 기뻐하면서 물러 나왔다.

–『선조실록』 9권 선조 8년 2월 20일 기축 1번째 기사–

이언적(李彦迪)은 '추관(推官)' '선왕' '을사년' '부식(扶植)' '명유(名儒)' 등의 연관어와 함께 '이언적의 일에 대한 비답을 우려하자 불가 이유를 말하다,『선조실록』 172권 선조 37년 3월 23일 계유 1번째 기사'라는 글에 등장한다. 을사사화(乙巳士禍)의 진상을 밝히는 추관(推官)으로서 당시 사건의 중심에 있었던 문정왕후와 그 일파의 추국을 맡았는데, 이이(李珥) 등으로부터 그가 사림 세력이 입은 피해를 가벼이 여겨 그들에게 너무 관대한 처분을 내렸다는 비판을 받은 바 있다. 이 분석 결과에 포함된 글은 명유(名儒)였던 그의 종사(從祀) 문제에 대한 상소와 선조의 윤음으로 이루어져 있다.

답하기를, "…… 살펴보건대 이언적은 두 분 선왕(先王)의 권애(眷愛)를 두텁게 입어 벼슬이 찬성(贊成)에 이르렀고, 학문을 강명하여 당대의 명유(名儒)가 되었으니, 한 시대의 중신(重臣)이라 할 수 있다. 갑진년과 을사년에 두 선왕께서 잇달아 승하(昇遐)하시자 뭇 간신들이 마구 일어나 화란을 크게 일으킴으로써 사림(士林)은 어육(魚肉)이 되고 종사(宗社)는 위기일발(危機一髮)의 처지에 놓이게 되었다. 이러한 때에 이언적으로서는 어떻게 처신했어야 그 도리에 맞았겠는가? …… 이언적은 뭇 간신들 속에 발을 딛고서 물결치는 대로 부침(浮沈)했을 뿐 직언(直言)으로 극론(極論)하여 간흉들의 간담(肝膽)을 깨뜨렸다는 말은 듣지 못했다. 나아가 국가를 광구(匡救)하지도 못하였고 물러가 몸을 결백하게 하여 멀리 떠나지도 못한 채 자신이 추관(推官)이 되어 남문(南門) 밖에서 제현(諸賢)을 국문(鞫問)했으니, 이날 이언적의 이마에서 땀이 나지 않았는지 모를 일이다. 그런데 도리어 형장(刑杖)이

크니 작으니 하는 소리만 했었으니 아, 이는 그가 형장이 작고 가벼웠다면, 그 사람을 국문하고 그 옥사(獄事)를 이룰 수 있다고 생각해서 그런 것이었던가……."

–『선조실록』 172권 선조 37년 3월 23일 계유 1번째 기사–

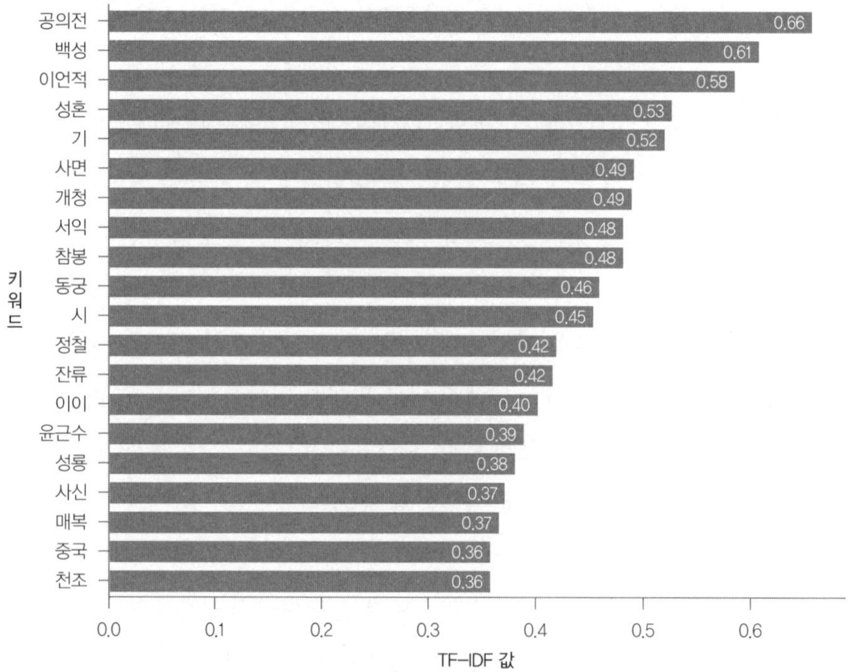

[그림 3-8] 최상위 20개 키워드 차트(선조)

나머지 최빈어들은 기축옥사(己丑獄事)와 건저문제(建儲問題)를 둘러싸고 동인(東人)과 서인(西人) 사이의 공방이 계속되던 당시, 같은 계파(系派) 사람들의 사면을 요청하거나 상대진영에 소속된 인물들을 비방하는 글에 포함된 경우가 대부분이었다. 정여립(鄭汝立) 모반사건 때 무고로 투옥되었던 동인 최영경(崔永慶)이 정철의 추국(推鞫) 끝에 옥사하였는데, 다음은 정철과 친분이 두텁던 성혼(成渾)이 이에 개입했는지에 대한 의혹을 제기하는 상소글, '대사헌 정인홍이 올린 차자,『선조실록』 148권 선조 35년 3월 17일 기묘 2번째 기사'의 일부이다. 성혼이 동서 양 진영 간의 화해를 위해 최영경을 살리려 노력했다는 주장이 있어, 당시 이에 대한 진위를 놓고 공방이 계속되고 있었다.

"…… 계축년 무렵에 그 마음의 자취가 드러났다고는 하나 어찌 시종 정철과 함께 일을 꾸미며 참혹한 독을 죄 없는 선비에게까지 미칠 줄이야 생각이나 했겠습니까. 성혼이 최영경을 삼봉(三峰)이라고 배척한 것은 진실로 김종유(金宗儒)의 말에서 나왔고 산을 뚫어 길을 낸다는 설도 성혼의 입에서 나왔다는 말을 들었으니, 성혼이 죽인 것이 아니고 그 누구이겠습니까. 그렇지 않다면, 정철은 성혼을 의지하여 중하게 여기면서 성혼의 말이라면 무조건 따르는 형편이었으니 만약 한마디라도 꾸짖으며 정지시켰던들 결코 죽이기까지는 하지 않았을 것이고, 정철이 혹 따르지 않았을 경우 글을 올려 해명을 했더라도 정철로서는 감히 그 사이에서 그대로 행동하지는 못하였을 것입니다……."

-『선조실록』 148권 선조 35년 3월 17일 기묘 2번째 기사-

'[정]개청(介淸)' 또한 기축옥사(己丑獄事) 당시 정여립과 친분이 있다는 이유로 유배길에 사망한 인물로, 분석 결과에 포함된 것은 그의 신원설치(伸冤雪恥, 가슴에 맺힌 원한을 풀어 버리고 창피스러운 일을 씻어 버림)를 바라는 그의 제자 안중묵(安重默)의 상소글, '전 의영고 직장 안중묵의 상소,『선조실록』 160권 선조 36년 3월 17일 계유 2번째 기사'이며, 대강의 내용은 다음과 같다.

"백성은 임금·스승·아비를 똑같이 섬겨야 합니다. 신의 스승 정개청(鄭介淸)은 역옥(逆獄)에 걸려 억울하게 죽은 지 14년이 지났는데 공론(公論)이 아직도 답답해하고 있으며 지극한 원통함을 신설(伸雪)하지 못하고 있습니다. 신은 초야(草野)에서 생장하여 지극히 어리석고 비루하지만 사생(師生)의 의리가 중한 것이므로 심혈을 피력하여 진소(陳疏)하지 않을 수 없었습니다……."

-『선조실록』 160권 선조 36년 3월 17일 계유 2번째 기사-

서익(徐益)은 기축옥사(己丑獄事) 몇 해 전 정여립에게 탄핵된 이이(李珥)와 정철(鄭澈)을 변호하는 상소를 올린 바 있는데, 그 반대 세력인 이식(李拭) 등이 이에 반박하여 그를 비난하고 선조가 이에 동의하여 결국 의주목사의 자리에서 파직된다. 정철(鄭澈)은 건저문제(建儲問題)를 계기로 동인들의 탄핵을 받아 유배(流配)와 이배(移配)를 계속하다가 사망한다. 사망 후에도 사간원에 있던 권유(權愉) 등은 그의 관직을 추삭(追削, 죽인자의 생전 벼슬을 깎아 없앰)할 것을 요청한다. 다음 두 윤음은 동인(東人)의 서인(西人)에 대한 강한 부정과 비난을 보여 준다.

"신들이 삼가 전 목사(牧使) 서익(徐益)의 상소를 보건대, 거짓말을 괴이하게 늘어 놓아 그 음특한 계책을 이루려고 한 것이 참혹스럽기 그지없습니다. …… 지금 시비가 정해지지 않아 인심이 안정되지 못하였으므로 괴변으로 참소하는 간괴들이 그 틈을 타고 일어나고 있는데 전하께서는 매양 진정시키는 것을 급선무로 여기고 있습니다만 괴리된 것을 거의 수습할 수 없는 지경입니다. …… 삼가 바라옵건대, 전하께서는 시비의 근원을 밝게 통촉하시고 호오(好惡)의 바름을 분명히 보이시어 청의(淸議)가 크게 시행되고 참설(讒說)이 영원히 사라지게 한다면 조정의 큰 다행일 것이요 종사의 큰 다행일 것입니다."

—『선조실록』 19권 선조 18년 6월 5일 갑진 1번째 기사—

"정철의 간사하고 음험한 사실은 상께서 통촉하신 것인데도 윤음(允音)이 아직까지 감감하니 신들은 답답합니다. …… 정철은 사감(私憾)을 갖고서 그[최영경]를 죽여 버리고 나서야 그만두었으니, 국가가 영남의 인심을 잃은 것은 반드시 이 일이 빌미가 되지 않는다고 할 수 없습니다. 다행히 상께서 밝게 살펴 지극한 원통함을 씻어 주었으니, 정철의 시체는 부월(鈇鉞)의 밑에서 용서받기 어려운 것입니다. 신원과 주간(誅奸)은 두 가지 일이 아닌데 하나는 거행하고 하나는 폐하여 정사의 체모가 어그러졌으니, 이것이 곧 뭇 사람의 감정이 더욱 격발하여 진정시킬 수 없는 이유입니다. 망설이지 마시고 빨리 관작을 추삭하라고 명하소서."

–『선조실록』 52권 선조 27년 6월 2일 기유 2번째 기사–

이 외에 류성룡(柳成龍)이 왜국(倭國)과의 화의를 주장했음을 비난하며 그의 처벌을 상소하는 글('유성룡 · 홍여순 · 구의강 · 홍식의 일을 아뢰나, 윤허하지 않다, 『선조실록』 115권 선조 32년 7월 14일 신유 3번째 기사')과 중국(明)을 천조(天朝)로 받들고 의지하며 광해군의 세자 책봉에 대해서도 자문을 구하던 당시의 사대(事大)를 보여 주는 글('광해군 세자 책봉 요청에 관한 명나라 예부의 자문, 『선조실록』 181권 선조 37년 11월 25일 신축 6번째 기사)도 있으나, 앞에서 확인한 바와 같이 특정 인물의 이름과 그들에 대한 맹비난이 이토록 신랄하게 기록된 것은 매우 이례적인 것으로 보인다. 이는 당시의 붕당(朋黨)정치의 난맥상을 여실히 보여 준다.

표 3–5 키워드와 연관어 기반 맥락 파악(선조)

키워드	윤음 건수	연관어	의미와 맥락	코사인 유사도
공의전(恭懿殿) 인종의 비. 명종 때 왕대비였던 인성왕후의 별호	1	권면(勸勉)	인성왕후가 종권을 친히 권하고 타이름	0.91
		기초(起草)	계사(啓事) 글의 초안을 잡음	0.90
		대신	대사헌 이하 지평까지의 벼슬을 통틀어 이름	0.88
이언적(李彦迪) 중종과 인종 때의 문관. 을사년에 추관을 맡았다가 스스로 관직에서 물러남	3	추관(推官)	추국에서 신문하는 벼슬	0.91
		선왕	이언적을 좋게 평가했던 선대의 임금들	0.89
		을사년	1545년 을사사화(乙巳士禍)	0.87
		부식(扶植)	도를 뿌리박게 함	0.86
		명유(名儒)	이름난 선비	0.86
성혼(成渾) 서인(西人). 기축옥사 당시 최영경(崔永慶)을 구하려다 실패하여 동인(東人) 강경파로부터 공격받고 선조의 의심을 삼	4	왕촉(王蠋)	충신은 두 임금을 섬기지 않는다고 말한 제나라의 인물	0.94
		최영경(崔永慶)	조선전기 학자. 동인(東人)	0.93
		심의겸(沈義謙)	서인(西人) 세력을 이끌던 조선의 문신	0.92
		역변(逆變)	반역으로 인해 일어나는 변	0.92
		친밀	성혼과 심의겸, 정철이 서로 친하고 가까움	0.88

〈계속〉

사면(赦免)	4	양민(良民)	선량한 백성	0.90
		의례(儀禮)	나라의 중요한 일을 종묘와 사당에 고하는 의식	0.85
		신중	마구 사면하는 것은 매우 조심스러움	0.81
		거행	사면을 실행	0.80
		우려	사면이 양민을 해칠 걱정과 근심	0.76
[정]개청(介淸) 안중묵(安重默)의 스승. 기축옥사(己丑獄事)에 연류되어 평안도 위원으로 유배	1	절의(節義)	절개와 의리	0.94
		역적(逆賊)		0.90
		시서(詩書)	역적들이 겉으로 써 보이는 시와 글	0.90
		현감	작은 현의 수령	0.90
		경전	유학의 성현이 남긴 글	0.88
서익(徐益) 의주목사(義州牧使)로 재직 중 정여립(鄭汝立)으로부터 탄핵을 받은 이이(李珥)와 정철(鄭澈)을 변호	1	추종	박순, 정철 등의 뒤를 따라 좇음	0.94
		심의겸	이조정랑(吏曹正郎) 자리를 두고 김효원과의 알력 다툼. 사림의 동서분당의 빌미를 제공.	0.89
		이식(李拭)	서익의 상소가 괴이함을 주장한 조선 전기의 문신	0.87
		상신(相臣)	좌의정과 우의정을 합쳐서 일컫는 말	0.85
		죄상	신의겸의 저지른 죄의 내용	0.83

〈계속〉

동궁(東宮) 황태자나 왕세자를 달리 이르던 말	3	본뜻	원래의 뜻과 의도	0.96
		군무(軍務)	동궁이 전담하게 된 군사에 관한 직무	0.95
		전단(專斷)	혼자서 생각해 결정함	0.92
		총독	중국 조정이 관리를 임명할 때 내리는 호칭	0.90
정철(鄭澈) 서인(西人). 기축옥사(己丑獄事) 당시 국문을 주관으로 동인의 처결을 가혹히 하여 '동인백정'이란 별명을 얻음. 추후 건저문제(建儲問題)로 귀양	7	최영경(崔永慶)	절행이 높았던 학자	0.90
		사관원	간쟁과 논박 등을 기록하는 임무를 수행하는 기관	0.88
		이산보(李山甫)	조선 중기에 이조판서 등을 역임한 문관	0.87
		심의겸(沈義謙)	서인 세력을 이끌던 조선의 문신	0.87
		성혼(成渾)	학문과 교육에 힘쓴 조선의 학자	0.85
잔류	1	귀국	상대의 나라를 높여서 부르는 말로 조선을 이름	0.96
		군대	조직된 군인의 집단	0.95
		종전	전쟁이 끝남	0.94
		게첩	명나라 무인 만세덕이 보낸 문서	0.94
이이(李珥) 조선의 대표 성리학자	3	사람됨	사람의 됨됨이나 인품	0.87
		삼사	사헌부, 사간원, 홍문관을 통칭하는 말	0.85
		현부	인물의 지혜로움과 그렇지 않음	0.82
		과오	잘못이나 허물	0.81
		하낙(河洛)	왕자의 교육을 맡은 인물	0.80

〈계속〉

류성룡(柳成龍) 기축옥사(己丑獄事)를 계기로 강경파인 북파와 결별하고 남인(南人) 세력을 형성한 청백리. 임진왜란 때 이순신을 천거	7	화의	화해하는 의론	0.93
		저상	조정이 기운을 잃음	0.93
		수상(首相)	조정의 우두머리	0.88
		사설(邪說)	그릇되고 간사한 말	0.87
		국시(國是)	국민의 지지가 큰 국가 이념	0.86
사신(使臣)	10	다례(茶禮)	차를 대접하는 의식	0.86
		태평관	조선시대 외국 사신을 접대하던 객관	0.85
		황은	황제의 은혜	0.83
		변혁	금수의 나라를 예의의 나라로 변화시킴	0.80
		동방	동쪽 지방	0.76
매복(埋伏)	1	혹자	어떠한 사람	0.98
		의병	백성들이 자발적으로 조직한 군대	0.96
		황신(黃愼)	통신사로 일본을 왕래했던 조선 중기의 문신	0.93
		병마(兵馬)	병사와 군마	0.90
		주둔	특정 지역에 얼마 동안 머무름	0.90

〈계속〉

중국	14	태평관(太平館)	진둔 등이 지은 시의 제목	0.81
		구원	어려움이나 위험에서 구해 줌	0.79
		덕형	조선 중기의 문신 이덕형	0.77
		요병((遼兵)	옛 요나라의 병사	0.76
천조(天朝) 하늘의 뜻을 받은 나라. 중국을 높여 부르는 말	6	다례(茶禮)	차를 대접하는 의식	0.90
		칙서(勅書)	훈계하거나 알릴 내용을 적은 글과 문서	0.84
		말단	집단의 맨 끄트머리	0.84
		영락(永樂)	명나라 성조의 연호	0.84
		상국(上國)	작은 나라로부터 조공을 받는 큰 나라	0.81

3) 영조

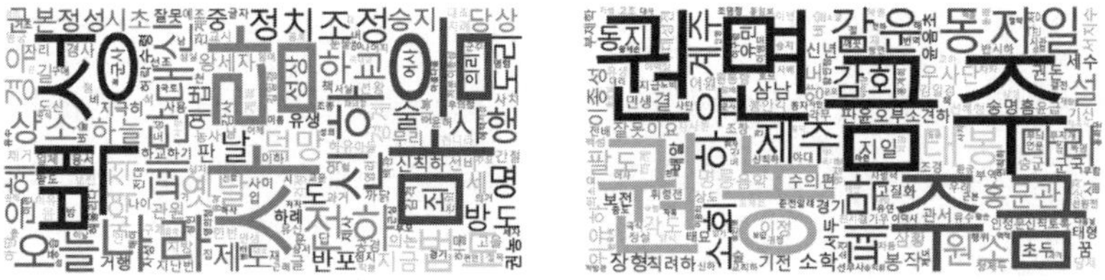

[그림 3-9] 워드클라우드[영조; TF(왼쪽), TF-IDF(오른쪽)]

총 194건의 윤음(1만 5,412 단어) 분석 결과 영조의 윤음에서는 금주(禁酒, 金珠), 주금(酒禁), 권농(勸農), 권면(勸勉) 등의 단어가 가장 빈번히 나타났으며, 이는 자연인으로서 절제와 검박을 추구하는 자신의 삶과 그 결을 같이하는 것으로

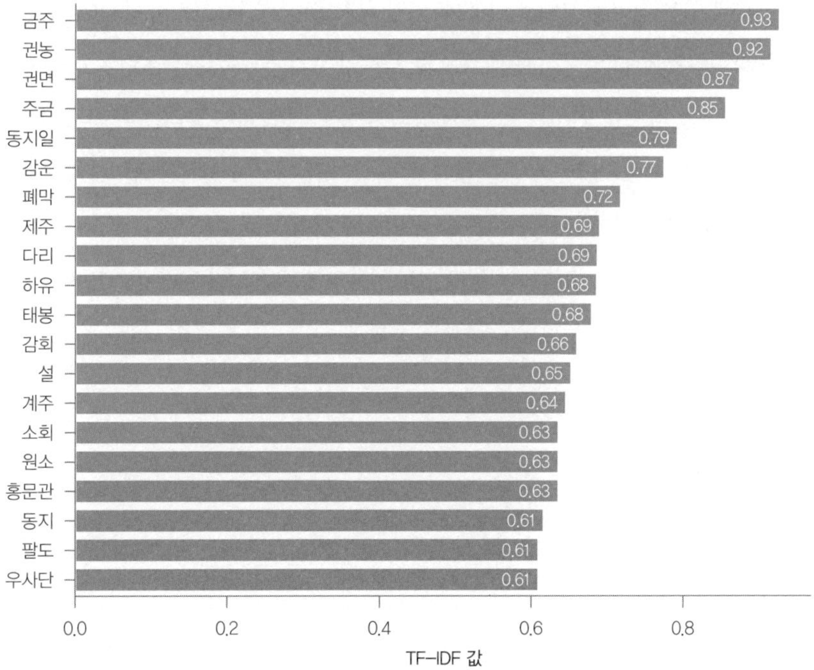

[그림 3-10] 최상위 20개 키워드 차트(영조)

보인다. '다리'는 체계(髢髻)의 우리말로, 여자들이 머리에 더하여 얹는 가발을 뜻한다. 해당 윤음('비국 당상을 인견하고, 부녀의 다리를 금하고 당하 조관은 녹포를 입도록 하다,『영조실록』90권 영조 33년 12월 16일 갑술 1번째 기사')을 살펴보면, 다음과 같이 '다리'는 '쪽'으로 바꾸고, '금주(金珠, 장식용 금구슬)'나 '용봉차(龍鳳釵, 머리에 용과 봉황을 새긴 크고 긴 비녀)' 역시 금하여 궐내에서의 사치 행위를 억제하려는 영조의 뜻을 확인할 수 있다.

> "…… 습속(習俗)이 갈수록 사치스러운 데로 흘러 다리 한 꼭지의 비용이 자못 한나라 문제(文帝)가 말하는 열 집의 재산보다 많으니, 이는 곧 여말(麗末)의 퇴폐(頹廢)한 풍습이다. 옛날에 명부(命婦)가 입궐할 때에는 모두 궁중의 양식을 따랐는데, 지금은 혼동하여 한 투식(套式)이 되었고 다리를 올리는 데 이르러서 극단에 달하였다. 지금부터 다리를 변경하여 쪽을 만들어 궁중 양식을 착용하고, 상천인(常賤人)은 다리를 그대로 사용하라. 명부(命婦)나 사족(士族)의 예복(禮服)에도 역시 금주(金珠) 및 용봉차(龍鳳釵)를 금하여 사치를 억누르고 명분(名分)을 바로잡는다는 의도를 보이는 것으로써 중외(中外)에 반포하여 알리는 바이다. 사족의 부녀로 하여금 다시는 다리를 얹지 말게 하며, 당하관의 융복(戎服) 외에는 녹포(綠袍)를 착용하여 모두 구전(舊典)을 따르게 하라."
>
> –『영조실록』90권 영조 33년 12월 16일 갑술 1번째 기사–

표 3-6 키워드와 연관어 기반 맥락 파악(영조)

키워드	윤음건수	연관어	의미와 맥락	코사인 유사도
금주(禁酒, 酒禁) 술을 금함	10	현주(玄酒)	제사 때 술 대신으로 쓰는 냉수. 무술	0.82
		이민곤(李敏坤)	탕평책과 금주법에 반대한 조선 후기 문신	0.81
		삼가다		0.81
		농민		0.81
		서민		0.81
권농(勸農) 농사로의 매진을 권함	19	초두(初頭)	주로 신년 초두에 주로 '권농의 윤음'을 전파	0.96
		양도(兩都)	개성과 강화를 아우르는 말로 현재의 수도권	0.96
		세수(歲首)	설 혹은 연초	0.94
		팔도(八道)	현재의 전국	0.93
		유수(留守)	수도 이외의 주요 지역을 다스리던 관리	0.93
폐막(弊瘼) 백성의 삶과 연관된, 잘 고쳐지지 않는 폐단	3			
제주	4	대동미(大同米)	조선 후기 대동법에 따라 거두던 쌀	0.90
		기읍(畿邑)	경기도 안의 고을을 이르던 말	0.88
		삼남(三南)	충청, 전라, 경상 세 지방을 통틀어 칭하는 말	0.87
		민정(民情)	백성의 사정과 형편. 오늘의 민심	0.87
		인견(引見)	임금이 의식을 갖추고 관리를 만나 보던 일	0.86

〈계속〉

다리(髢髢)	2	착용		0.97
여자들이 머리에 더하여 얹는 가발		꼭지	다리를 세는 단위	0.96
		홍포/녹포	외출 시 예복을 입는 도포	0.95
		부녀		0.93
		풍속		0.87
태봉(胎峰) 왕실에서 태어난 갓난아이의 태를 묻은 곳	1			
우사단(雩祀壇)	1	민망		0.90
기우제를 지낼 때 쓰던 단		가뭄		0.86

'권농(勸農)'은 주로 '초두(初頭)' '세수(歲首)' '양도(兩都)' '팔도(八道)' 등의 연관어들과 함께 쓰여, 주로 권농 윤음이 연초에 백성 모두에게 전달되었음을 알 수 있다. 다음 발췌문(팔도와 양도에 농사를 권장하는 윤음을 내리다, 『정조실록』 11권 정조 5년 1월 1일 갑술 1번째 기사)에 나타난 바와 같이, 성군(聖君) 영조의 권농 윤음은 다른 왕들에 비해 매우 구체적이며, 특히 백성들의 고단한 삶에 대한 영조의 진심 어린 걱정을 잘 보여 준다. '우사단(雩祀壇)'과 함께 쓰인 "임금이 가뭄을 민망히 여겨"와 같은 표현 역시 이와 맥을 같이한다(우사단에 몸소 기도하기 위해 먼저 윤음을 내리고, 미리 길을 청소하게 하다, 『영조실록』 58권 영조 19년 6월 12일 계해 1번째 기사).

> 팔도(八道)와 양도(而都)에 농사를 권장하는 윤음(碖音)을 내렸는데, 이르기를, "왕(王)은 말하노라. 내가 임어(臨御)한 이래로 농사를 권장하는 교서(敎書)를 모두 몇 번이나 내렸는가? 나라의 근본은 백성에게 달려 있고 백성의 근본은 농사에 달려 있으며, 농사의 근만(勤慢)은 또 동칙(董飭)을 어떻게 하느냐에 달려 있는 것이다. …… 아! 무릇 팔방(八方)의 백성은 모두 나의 적자(赤子)인데, 혹 식량의 어려움을 면하지 못하여 구렁텅이에 빠져 죽게 될까 걱정스럽고 두려워 비록 하전(廈氈)에 거처하면서 옥식(玉食)을 대하더라도 마음은 일찍이 잠시도 백성과 농사에 두지 않은 적이 없었다. 하늘이 돌보아 주시는 데 힘입어 1, 2년 이래 우양(雨暘)이 순조로웠던 탓으로 농사가 조금 풍년이 들기는 하였으나, 또한 가난한 백성들의 생활에 모두 굶주림이 없는지, 떠돌아 흩어졌던 백성이 다 안집(安集)되었는지, 농사짓는 데 필요한 식량이 모두 부복하지 않으며 황폐(荒廢)한 전토(田土)는 다 개간되었는지 모르겠다. 진실로 다 그렇게 되지 않은 것이 있다면 나의 걱정과 두려움을 어찌 감히 조금이라도 늦추겠는가? ……"
>
> -『정조실록』 11권 정조 5년 1월 1일 갑술 1번째 기사-

4) 정조

조선 역사상 가장 많은 총 258건의 윤음에서 5만 4,483개의 고유어를 대상으로 분석을 실시하였다. 절대빈도를 기반으로 추려낸 단어들([그림 3-11] 왼쪽)은 '사람' '마음' '백성' '신하' '법도' '나라' '조정' 등으로 역시 다른 시대의 키워드들과 유사했다. 그러나 TF-IDF를 활용해 추출한 워드클라우드([그림 3-11] 오른쪽)를 보면, '홍봉한(정조의 외조부)' 등 세력 간 다툼을 암시하는 단어들과 '진구(賑救)'와 '방송(放送, 오늘날의 석방)' '면제(免除, 곤궁한 백성들에게 배푼 조세의 면제나 사면)' 등 정조 역시 위민(爲民)하는 왕이었음을 가리키는 단어들이 눈에 띈다.

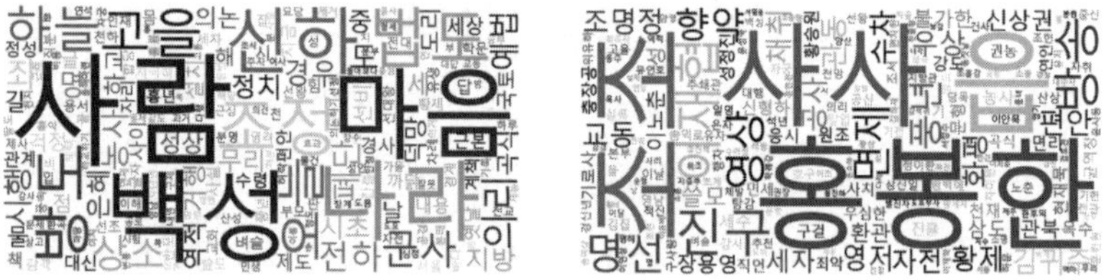

[그림 3-11] 워드클라우드[정조; TF(왼쪽), TF-IDF(오른쪽)]

우선 '홍봉한(洪鳳漢)'은 '심혈' '흉악' '괴상' 등 모함하는 묘사나 문책을 뜻하는 '질정(質正, 묻거나 따져 바로잡음)'과 같은 단어들과 함께 출현한다. 해당 문서(성균관·사학의 유생들이 역적 홍봉한 등을 죽여야 한다는 상소를 올리다,『정조실록』2권 정조 즉위년 8월 22일 신유 1번째 기사)에서는, 정적인 김귀주(金龜柱)를 따르는 성균관 유생들이 홍봉한이 정조의 아버지인 사도세자의 죽음(임오화변, 壬午禍變)을 방관하였으므로 그 책임을 물어 처벌하여야 한다고 상소하지만, 집권 초기 홍봉한을 의지하던 정조는 이를 윤허하지 않는다. 이는 영조 말 득세했던 노론 척신(戚臣) 세력이 정조 초반, 소론(少論)에 의해 수세에 몰리는 양상을 보여 준다.

"……전하는 홍봉한의 도당(徒黨)이 대략 제거되어서 근심할 것이 없다고 하시지만 신 등은 감히 '홍봉한의 한 가닥 목숨이 끊어지기 전에는 군신 상하가 편히 먹고 편히 잘 수 없다.'고 생각합니다. 지금 혹은 그 도당이 이미 제거되었다고 핑계를 대지마는 한낱 홍봉한은 그대로 남아 있어 일의 기미가 약간 진정되어 인심이 편안한 데에 익숙해진 뒤에 미쳐서 홍봉한이 일어나 도당을 불러 모은다면 오늘날 여러 적도(賊徒)의 마음으로 서로 연결된 자가 장차 바람이 몰아치고 구름이 모이듯 하는 것을 볼 것이니, 그 뒤에 닥쳐올 일은 신 등이 감히 말할 수 없습니다." …… 하고, 인하여 하교하기를, "내가 마땅히 오늘 정신(廷臣)에게 말하겠다. 불초하고 외로운 내가 의지하고 목숨을 부지하는 것은 곧 우리 자궁(慈宮) 때문이었다. 자궁께서 요즘 수라(水剌)를 드시지 않고 침수(寢睡)가 편치 못하신 지 이제 며칠이 되었으니 비록 우러러 위로하려고 하나 나 또한 드릴 말이 없다. 봉조하(奉朝賀)가 군

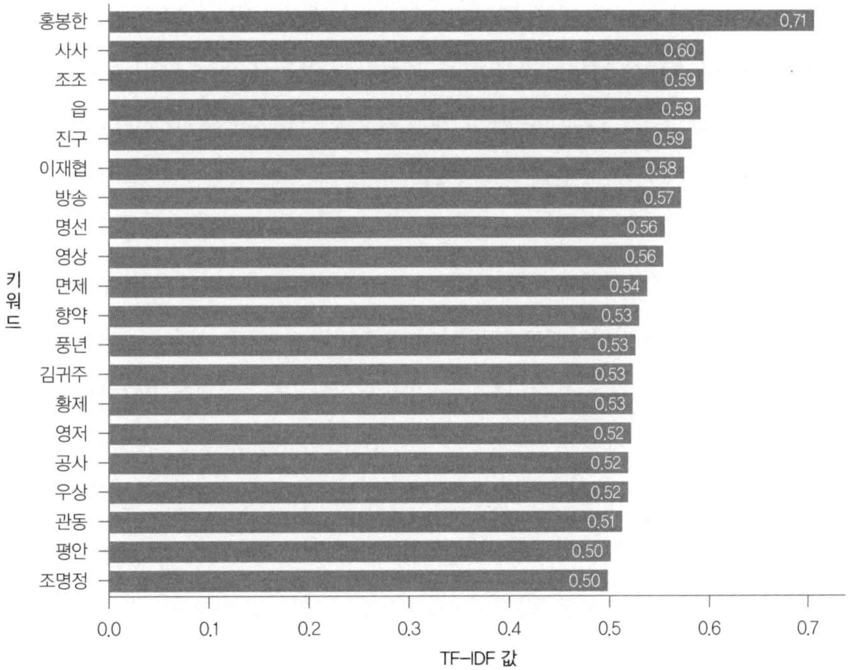

[그림 3-12] 최상위 20개 키워드 차트(정조)

사를 동원하여 대궐을 침범하였으며 암실(暗室)에서 모역(謀逆)을 했단 말인가? 내가 전후에 말한 하교는 모두 공의(公義)를 붙들고 사은(私恩)에 붙이는 데에서 나와 천리(天理)와 인정(人情)을 참작한 것인데, 반드시 법으로 처치한다는 것은 또한 무슨 의의(意義)인가? 한갓 나의 뜻을 알지 못할 뿐만 아니라 진실로 도리(道理)를 알지 못하는 것이니, 만고 천하에 어찌 국왕(國王)의 외조(外祖)에게 경솔하게 사죄(死罪)를 더하는 이치가 있단 말인가? 대소 여러 신하들은 모두 알라."

–『정조실록』 2권 정조 즉위년 8월 22일 신유 1번째 기사–

'[서]명선(徐命善)' 역시 선대 소론 대표인물인 유봉휘(柳鳳輝), 조태구(趙泰耉) 등과 함께 언급되며, 심상운(沈翔雲)을 사주하여 영조 당시 세손이었던 정조의 대리청정에 반대하던 홍인한(洪麟漢)과 정후겸(鄭厚謙) 등을 비난하는 한 상소글, '홍억이 정후겸의 죄를 조목조목 밝히며 엄벌을 청하는 상소를 올리니 비답하다,『정조실록』 1권 정조 즉위년 5월 23일 계사 1번째 기사'에 등장한다. 정조는 다음과 같이 답하며 역시 이를 윤허하지 않는데, 준론탕평(峻論蕩平)의 정조가 당파의 옳고 그름을 명백히 가려 세력 간 균형을 유지하고, 이를 통해 자신의 왕권을 지키려는 노력이 엿보인다.

"…… '조태구와 유봉휘가 다시 나왔다.'라는 말이나, '죄인을 남간(南間)에 가두게 했다.'라는 말도 방자하고 기탄없는 정후겸으로는, 이러한 심술이나 이러한 말씨가 진실로 이상한 일이 아니지마는, 요망한 심상운을 사주하여 흉악한 상소를 꾸며 낸 것에 있어서는 정상을 구명해 보면 길거리의 사람들도 알 수 있는 것이다. …… 이 모든 것은 내가 그 무리들의 사이에서 익히 들은 것이다마는, 그의 무리로 하여금 그의 무리를 증거하게 한다면 비록 변명하려고 하더라도 될 수 있겠는가? 상소 가운데 열거하여 분석해 놓은, 저해하려고 도모하고 위태롭게 하려고 도모한 흉계에 있어서는, 지극히 간사하고 지극히 흉악한 음모를 간파해 놓은 것이다마는, 공론이 있는 것인데 내가 어찌 반드시 중복해서 말할 것이 있겠는가? 삼사에게 윤허를 아끼고 있는 것도 뜻이 있어서이다."

-『정조실록』 1권 정조 즉위년 5월 23일 계사 1번째 기사-

왕실의 상례('조조[에 대한 예]'에 대한 논의; 조조의 예를『오례의』대로 하도록 명하다,『정조실록』 1권 정조 즉위년 7월 21일 경인 1번째 기사)나 향례합편(鄕禮合編)의 반포(『향례합편』이 완성되었고, 다른 향례 관계 서적들도 유포시키도록 하다,『정조실록』 46권 정조 21년 6월 2일 신미 1번째 기사)를 통한 '향약(鄕約)'의 진흥은 정조의 통치이념 역시 주자학(朱子學)에 기반하고 있음을 말해 준다. 특히 후자의 경우, 진산(珍山)사건(정조 15년 천주교 신자였던 윤지충 등이 제사를 거부하고 조상의 신주를 불태움)을 필두로 천주교를 따르는 무리들이 늘어나자, 이를 사학(邪學)으로 간주하고, 향약의 재정비를 통해 성리학(性理學)적 질서를 회복하고자 하는 정조의 노력을 보여 준다.

앞서 언급한 바와 같이, '진구(賑救)'와 '방송(放送, 오늘날의 석방)' '면제(免除)' 등의 단어와 그 연관어들은 정조의 백성에 대한 걱정과 사랑을 잘 표현하고 있다. 특히 '면제'와 '노약자'가 함께 등장하는 윤음(비변사에서 추쇄관을 혁파하는 절목을 올리다,『정조실록』 5권 정조 2년 2월 6일 정유 3번째 기사)에는, 백성에 대한 구제책이 관리들의 폐단으로 실효를 거두지 못하고 있음을 개탄스러워하며, 이를 바로잡기 위해 매우 구체적인 혁신안을 하달하는 정조의 모습이 보인다. 정책실무와 관리들의 행정 행태에 대한 깊은 이해가 없다면 불가능했을 것인 즉, 이를 통해 정조의 통치능력과 신하들과의 소통, 그리고 사고의 깊이를 가늠할 수 있다. 다음 발췌본에는 60세 이상 노인의 나이를 깎거나 물고자(物故者, 망자)의 사망신고를 늦추거나 하여 군포(軍布)를 추가로 부당 징수하던 백골징포(白骨徵布)의 폐해를 엄단하는 내용이 담겨 있다.

"…… 비록 1명의 노비라도 만일에 수령(守令)들이 혹시라도 은닉(隱匿)했다가 범수(犯手)하는 폐단이 있게 된다면, 드러나는 대로 각별히 준엄하게 죄를 다스려야 한다. 노약자나 물고자의 응당 면제되어야 할 사람을 그 즉시 면제해 주지 않으면 더러는 공납(貢納)을 백징(白徵)하는 폐단이 있게 될 것이고, 출생자의 입록(入錄)하는 일을 즉시 입록하지 않는다면 더러는 누락하게 될 폐단이 있을 것이며, 또 더러는 나이가 차지도 못해서 공납을 내게 되는 폐단이 있게도 될 것이니, 해읍(該邑)의 수령은 장문(狀聞)하여 논죄(論罪)하고 감색(監色)과 두목은 준엄하게 형벌하여 멀리 정배(定配)한다……."

–『정조실록』 5권 정조 2년 2월 6일 정유 3번째 기사–

표 3-7 키워드와 연관어 기반 맥락 파악(정조)

키워드	윤음 건수	연관어	의미와 맥락	코사인 유사도
홍봉한(洪鳳漢) 정조의 외조부. 영조 때 탕평파의 우두머리로 활약	9	심혈	모함을 위해 홍봉한을 묘사하는 말	0.72
		흉악		0.66
		괴상		0.66
		단결		0.65
		질정(質正)	묻거나 따져 바로잡음	
조조(朝祖)[에 대한 예] 나라의 조상	8	발인(發靷)	상여가 집에서 묘지를 향해 떠남	0.90
		오례의(五禮儀)	세종 때 착수해 세조 때 완성된 예서(禮書). 길례(吉禮), 가례(嘉禮), 빈례(賓禮), 군례(軍禮), 흉례(凶禮)의 오례 가운데 실행하여야 할 것을 뽑아 도식(圖式)으로 엮음	0.89
		상례보편(喪禮補編)	영조 때 편찬된 왕가의 상례의식 절차를 수록한 책	0.88
		혼백(魂帛)	신주(神主)를 만들기 전에 임시로 명주나 모시를 접어서 만든 신위(神位)	0.88
		고례(古禮)	옛날의 예법	0.86
진구(賑救) 흉년을 당하여 가난해진 백성을 도움	3	조시준(趙時俊)	당시 경상도 관찰사	0.83
		형지(形止)	일이 되어 가는 상황이나 형편	0.76
		연분(年分)	조세를 목적으로 농사의 풍흉 정도를 등급 매기던 일	0.76
		삼로(三路)	충청, 전라, 경상을 이름	0.74
		양안(量案)	조세부과를 목적으로 전지를 측정해 만든 관천서	0.73

〈계속〉

방송(放送) 옥에 가둔 사람을 내어 놓아 돌려보냄	2	중수(重囚)	무거운 형을 받은 죄수	0.82
		동짓날		0.77
[서]명선(徐命善) 영조 말년 세손의 대리청정에 진력. 정조 때 영의정까지 올라 중용됨	20	사주하다	영조 때 당시 세손(정조)의 대리청정에 반대하여 심상운을 사주해 세손의 비행을 조작한 정후겸을 벌하라 상소를 올리고 정조가 이에 답함	0.83
		단단한	소론의 '단단한' 충심	0.77
		유봉휘(柳鳳輝)	최석항, 이강좌, 토태억, 조태구와 함께 소론 5대신	0.76
		조태구(趙泰耉)	최석항, 이강좌, 토태억, 유봉휘와 함께 소론 5대신	0.75
		역적질	정후겸의 세손 비행 조작을 지적	0.75
면제 조세의 면제나 죄의 사면	29	민호(民戶)	일반 백성의 가호, 민가	0.74
		현방속(懸房贖)	푸줏간에서 무는 세금	0.74
		부족액	누적된 조세 부족액에 대한 징수 등을 면제	0.73
		탕척(蕩滌)	죄나 허물을 사면하여 깨끗이 함	0.69
		노약자	백징(白徵)의 폐단에 대해 언급함	0.69
향약(鄕約)	7	반행(頒行)	향례합편(鄕禮合編)을 반포하여 시행함	0.77
		문집	주자대전(朱子大全). 송(宋)에서 차입한 향약의 기본서	0.72
		민종현(閔鍾顯)	예조판서를 지낸 문신으로 의례에 밝아 국가 예식에 많은 소를 올림	0.69
		향음(鄕飮)	향음주례(鄕飮酒禮)의 준말. 고을의 유생이 모여 향약을 읽고 술 마시며 잔치하던 일	0.68
		진흥		0.68

5) 고종

환란의 시기를 견뎌야 했던 고종 역시 다수의 윤음(총 154건; 2만 1,668개의 고유어)을 내린 바 있다. 다른 시대와 마찬가지로 절대빈도([그림 3-13] 왼쪽)로는 당시의 시대상을 파악하기 어렵다. '백성' '마음' '나라', 사람' '법도' '군사' 등 관용어구에 형식상 포함되었을 만한 단어들이 대부분이다. TF-IDF를 기반으로 추출한 희귀어들([그림 3-13] 오른쪽)은 고종 당시 농사['권농(勸農)' '전국' '오도(五都)' '사도(四都)']와 구휼['진휼(賑恤)' '혜민사(惠民社)'], 군사 · 외교['통리기무아문(統理機務衙門)'], 왕실의 대소사['원자(元子, 세자책봉 전 임금의 맏아들)' '왕후(王后)'], 천주교와 동학['척사(斥邪)' '이헌영(李鑢永)'], '독립' 등이 주요 이슈였음을 말해 준다.

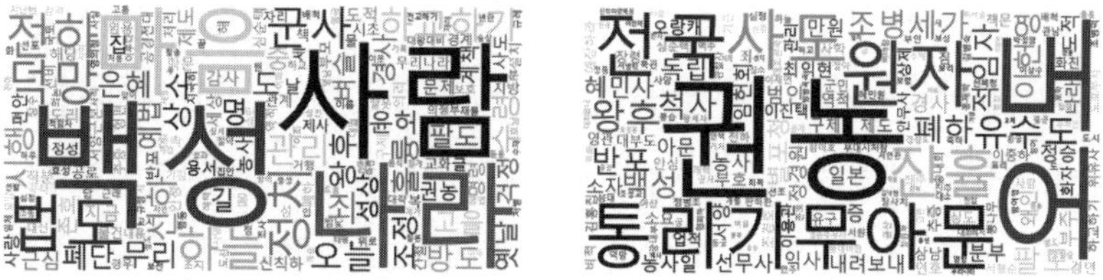

[그림 3-13] 워드클라우드[고종; TF(왼쪽), TF-IDF(오른쪽)]

고종 당시의 권농 윤음은 '권농 윤음을 팔도와 오도에 내리다, 『고종실록』 28권 고종 28년 1월 1일 병인 5번째 기사'와 같이 대부분 별다른 내용 없이 한 줄로 끝나는 글이 많았다. 농법에 대해 구체적으로 논하거나 백성들을 걱정하는 내용을 담았던 영조나 정조 시대의 것과는 차이가 있다. 당시 손이 귀했던 터라 특히 원자(元子)가 출생한 경사를 널리 알리는 윤음(원자의 탄생을 맞아 반사 교서를 내리다, 『고종실록』 11권 고종 11년 2월 14일 정해 2번째 기사)이 이 분석에서 포착되었다. 다음 발췌문에는 특히 원자의 장수를 기원하는 부분인데, 실제로 원자의 출생 후 고종과 민비가 그의 무병장수를 기원하기 위해 팔도를 돌며 제사를 지냈으며 이에 들어가는 비용을 충당하기 위해 국고를 탕진하였음을 개탄하는 글이 황현의『매천야록(梅泉野錄)』에 전해지고 있다.

> "…… 아! 나라는 더욱 공고해지고 귀신과 사람도 서로 기뻐하는 바로다. 너로 하여금 장수를 누리고 자손이 번창하도록 한 것이니, 3대가 자손을 기르는 즐거움을 누리게 될 것이다. 이러한 복을 거두어 서민들에게 펴서 만백성의 간절한 기대에 보답하게 되었으므로 이에 교시하는 것이니, 잘 알았으리라 생각한다."
>
> –『고종실록』11권 고종 11년 2월 14일 정해 2번째 기사–

'진휼(賑恤)'과 그 연관어들을 기반으로 찾은 문서에는 '자금'을 지급 기준에 맞춰 분배를 시행할 것(경상도의 공전으로 곡식을 사서 김해 등을 구휼하고 인천부에 도시를 복설하다,『고종실록』22권 고종 22년 12월 8일 임신 1번째 기사) 혹은 '보리'가 풍년이지만 만일을 대비해 구휼에 만전을 기할 것(진휼을 마친 여러 도에 윤음을 내리다,『고종실록』14권 고종 14년 5월 30일 갑신 1번째 기사) 등을 당부하는 평상적인 글이 대부분이다. 그러나 왕실 행사[예: 대왕대비 조씨에게 존호(尊號)를 올리며 그 공덕을 기려 책보(册寶)를 제작]의 일환으로 '내탕금(內帑金, 임금의 개인 돈)'을 풀어 백성을 도운 '일회성', 혹은 '인기영합성' 구휼(대왕대비전과 왕대비전에게 존호와 책보를 올리고 하례를 받고 사면을 반포하다,『고종실록』25권 고종 25년 3월 13일 갑자 1번째 기사)도 있었으며, 다음은 그 발췌문이다. 진휼의 의미를 도탄에 빠진 백성들을 구원하는 그 자체가 아니라 왕실의 부흥을 기원하는 제(祭)의 일부로 보고 있는 듯한 느낌이 든다.

> "…… 쌀을 실어다 사람들을 먹이고 내탕금을 내어 진휼(賑恤)해 주어 백성들이 굶거나 춥게 지내지 않도록 하고자 했으며 쌀과 비단 모이는 곳이 거서(車書)를 함께하는 곳이었고 먼 지방 사람들을 회유하여 와서 흠향하게 했다. 일월(日月)을 확충하여 나쁜 기운을 재소(再掃)하고 음우(陰雨)에 대비하고 군용(軍容)을 일신

(一新)하였다. 정상(禎祥)을 밝히니 여러 차례 풍년이들고 황천(皇天)의 복을 받아서 종사를 반석(磐石)처럼 태평하게 하였으며 열성조의 성신(聖神)에 힘입어 태평세월이 계속되었다……."

–『고종실록』 25권 고종 25년 3월 13일 갑자 1번째 기사–

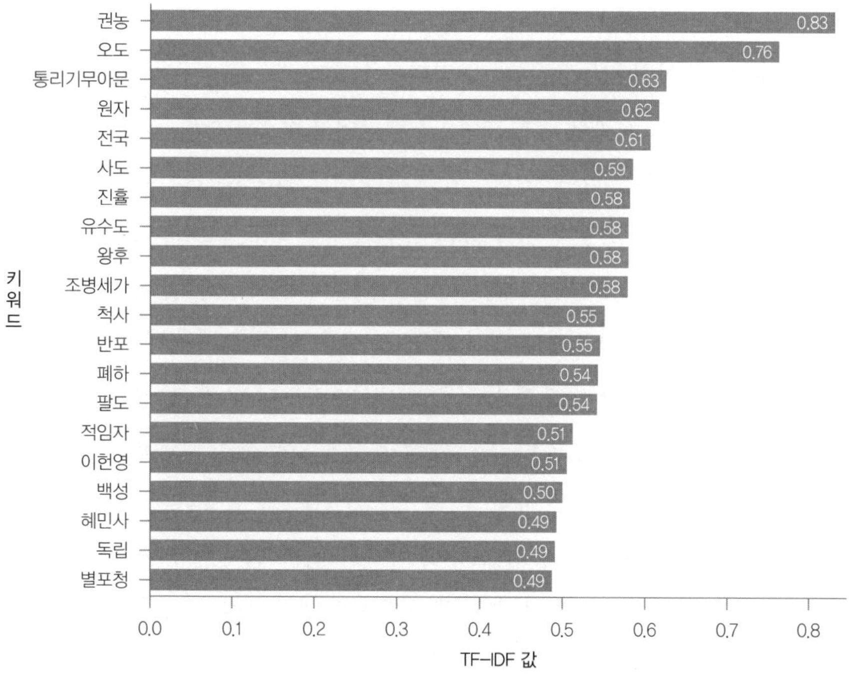

[그림 3-14] 최상위 20개 키워드 차트(고종)

'홍제학(洪在鶴)'이 올린 척사위정(斥邪衛正, 천주교도들을 처벌하여 성리학적 질서를 다시 세움)의 상소에 대한 답으로, '척사윤음(斥邪綸音)'을 하루빨리 작성해 전국에 배포할 것을 명하는 글(사학 죄인을 처벌한 사항을 널리 알리게 하다, 『고종실록』 3권 고종 3년 8월 2일 무자 2번째 기사'), 당시 전라와 충청에 집결해 있던 '동학당(東學黨)'에 대한 대응방법을 두고 좌의정 조병세(趙秉世) 등과 의견을 나누는 글(대신들이 전라도와 충청도에 일고 있는 동학난에 대한 대책, 공정한 수령 임명, 군사 양성 문제 등을 아뢰다, 『고종실록』 30권 고종 30년 3월 25일 정미 1번째 기사), 동학난의 진입을 빌미로 조선에 들어와 아산(牙山) 일대에 머무르며 백성들에게 민폐를 끼치던 청(淸)의 군대를 혁파하기 위해 충청 감사(忠淸監司) '이헌영(李鑢永)'과 이를 논의하는 글(충청 감사 이헌영에게 청군들이 주둔하고 있는 아산에 많은 민폐가 발생하고 있으므로 혁파하고 바로잡을 것을 명하다, 『고종실록』 31권 고종 31년 6월 14일 기미 1번째 기사) 등을 보면 고종 당시 내우(內憂)와 외환(外患)이 끊이지 않았음을 알 수 있다.

'독립' 또한 분석 결과에 잡혔는데, 그 연관어들을 살펴보면 그 의미가 상당히 무겁고 절망적임을 알 수 있다. '실속'은 당시 조선이 부강하지 못해 아무리 자주나 독립을 외쳐 보았자 실속 없는 일임을 탄식하고, '실질적'은 내정이 바로 서야 실질적 독립이지만 그렇지 못한 현실을 안타까워하며, '국권'과 '멸시'는 형식상 독립을 하였음에도 실상 국권(國權)을 외세에 빼앗겨 그들의 멸시를 받고 있음을 한탄하며 함께 등장한 단어들이다. 다음 발췌문은 각각 백성들로 하여금 일로 매진하고 나라를 사랑할 것을 당부하는 고종의 윤음과, 고종이 스스로 내정과 외치를 바로잡기를 바라는 종1품 김종한(金宗漢)의 상소이다. 첫 번째 발췌문에는 당시 고종이 가졌을 법한 법치주의와 민본주의 등 근대 정치철학이 내포되어 있으나, 궁극적으로 자주독립을 위해서는 백성들의 충성과 정진(精進)이 우선되어야 함을 강조하며 책임을 전가하려는 듯한 의지가 엿보인다.

"아! 너희 일반 백성은 실로 나라의 근본이다. 자주(自主)도 백성에게 달렸고 독립도 백성에게 달렸다. 임금이 아무리 자주를 하려고 해도 백성이 없으면 무엇에 의거하며, 나라가 아무리 독립을 하려 하여도 백성이 없으면 누구나 더불어 하겠는가? 너희들 일반 백성은 한결같은 마음으로 나라를 사랑하고 한결같은 정신으로 임금에게 충성하라. 진실로 이렇게 한다면 짐은 적개심이 있다고 할 것이고 나는 외적을 막을 수 있다고 할 것이로다. …… 너희의 생명과 너희의 재산은 오직 법으로 보호할 것이니 너희는 힘써라. 나라가 부유하지 않고 군사가 강하지 않고서는 아무리 자주요, 독립이요 하여도 실속이 없을 것이다……."

–『고종실록』 32권 고종 31년 12월 13일 을묘 2번째 기사–

"…… 신이 듣건대 새 조약이 강요된 일이 있었다고 합니다. 그것이 국가에 관계되는 것이 어떠하며 성상의 뜻이 확고한 것이 또 어떠했습니까? 그런데도 정부에서는 엄한 말로 강하게 거절하지 않고 한밤중에 갑자기 조인하여 버림으로써 당당한 자주의 기초를 남김없이 없애고 말았습니다. 고금 천하에 어찌 그 자리에서 나라의 흥망을 결판낸 적이 있었겠습니까? …… 그런데 어찌하여 일단 독립을 하였다고 칭한 뒤에 국권(國權)이 날로 남에게 넘어가고 이웃 나라의 멸시가 나날이 닥쳐, 허울 좋은 명목만 쓴 채 실제로는 화를 받고 있단 말입니까? 이것이 어찌 폐하 스스로 자신을 업신여긴 결과가 아니겠습니까? …… 폐하께서 대전에 나아가 회의를 열고 대소 신료들과 함께 시기적절한 제도를 강구하고 변함없는 법을 만들어……."

–『고종실록』 46권 고종 42년 11월 28일 양력 8번째 기사–

표 3-8 키워드와 연관어 기반 맥락 파악(고종)

키워드	윤음 건수	연관어	의미와 맥락	코사인 유사도
권농(勸農) 농사로의 매진을 권함	37	별윤음	권농별윤음(勸農別綸音)	0.96
		전국	권농 윤음을 전국에 내리다	0.92
		팔도(八道)	전국의 동의어	0.88
		오도(五都)	전국. 경기 · 충청, 경상, 전라, 강원, 황해	0.87
통리기무아문(統理機務衙門) 고종 17년에 설치된 국내외 군국기무를 총괄하던 관청	3	해안(海岸)		0.90
		양산	지역명	0.89
		강원	지역명	0.88
		이규원	울릉도 검찰사(檢察使)로 재청된 인물	0.88
		울릉		0.87
		김선근	동래부사(東萊府使). 사학(邪學)을 배우고자 국내로 유입된 외지인에 대해 보고	0.86
원자(元子) 왕세자 책봉 전인 임금의 맏아들	3	하늘땅	'하늘땅의 기운'. 원자를 얻은 경사를 표현	0.89
		번창		0.89
		백대토록		0.89
		열다		0.85
		신령(神靈)	신령의 도움으로 원자를 얻다	0.84

〈계속〉

사도(四道) 유수(留守)를 두었던 네 곳의 도읍. 개성, 광주(廣州), 수원, 강화	40		"팔도(八道)와 사도(四都)에 권농 윤음(勸農綸音)을 내렸다."와 같은 관용어구에 쓰임	
진휼(賑恤) 흉년을 당해 가난해진 백성을 도움	6	자금	진휼하는 자금을 수계(首啓)에 따라 지급	0.89
		보리	'보리가 풍년이나 진휼에 만전 기하라.' 명함	0.88
		수확		0.85
		폭우		0.85
		기근		0.84
		내탕금(內帑金)	조선시대 임금이 개인적으로 쓰던 돈을 진휼	0.84
왕후(王后) 임금의 아내	11	순원(純元)	주로 고종의 할머니인 순원왕후(純元王后)를 지칭	0.78
		품성	순원왕후의 품성	0.76
		훙서(薨逝)	임금이나 왕족의 죽음	0.76
		외척	평소 왕후가 외척에게 사사로운 은혜를 배풀지 않도록 경계	0.73
		정숙		0.73
		병환	대행대왕대비(大行大王大妃)에 대한 기록	0.71

〈계속〉

조병세(趙秉世) 고종 때 우의정. 갑오경장 후 은거. 을사조약 무효를 상소하였으나 뜻을 이루지 못해 자살	5	소견(召見)	임금이 신하를 불러내어 만나봄	0.82
		건의		0.82
		청주	전라와 충청에 일고 있는 동학난 방어에 대한 논의	0.82
		동학		0.81
		배치		0.80
척사(斥邪) 정학(正學), 정도(正道)로서의 주자학(朱子學)을 지키고, 사학(邪學), 사도(邪道)로서의 천주교(天主敎)를 물리치려던 주장(主張)	7	사도(四都)	지금의 개성, 광주(廣州), 수원, 강화	0.84
		별윤음	척사윤음(斥邪綸音)이라는 특수명사가 있을 정도	0.84
		오도(五都)		0.83
		팔도(八道)		0.79
		홍제학(洪在鶴)	강원도 유생. 척사위정(斥邪衛正)의 상소를 올림	0.79
이헌영(李𨯶永) 당시 충청 감사(忠淸監司). 충주지역에서 사법, 행정, 군사 권한	1	아산	동학난 진압을 위해 들어왔던 청나라군이 아산에 주둔하며 민폐. 이에 대한 대체 마련을 위해 소견	0.93
		민폐		0.93
		주둔		0.93
		열읍(列邑)	여러 고을	0.82

〈계속〉

혜민사(惠民社) 대한제국시대, 빈민의 진휼과 구호에 대비할 전곡을 총괄하여 맡아보던 기관	1	총	서울에 '총'혜민사(總惠民社). 각군(各郡)에는 분혜민사(分惠民社)	0.88
		가난		0.88
		미비		0.86
		탁지부	국가전반의 재정을 맡아보던 중앙관청. 지금의 기재부	0.82
		국고		0.80
		비축		0.80
독립	4	실속	독립하여도 국력이 약해 실속이 없음을 한탄	0.83
		실질적	실질적인 독립은 내정을 바로잡은 데서 시작	0.83
		자주	자주독립에 대한 정의. 백성이 근본이 되어야함을 강조	0.82
		국권	문서상 독립을 하였다 하나 실질적으로 국권(國權)이 왜세에 넘어감을 개탄	0.82
		내정		0.75
		적개심	외적에 대한 고종의 적개심	0.75
		멸시	독립했으나 이웃 나라의 멸시가 계속됨	0.75

8. 머신이 말하는 조선 왕의 대국민 소통

이 장에서는 조선시대 윤음 데이터에 대해 토픽모델링과 빈출 희귀어, 그리고 연관어 추출을 통해 각 치세 시대의 특징적 이슈들을 파악하였다. 특히 세종, 선조, 영조, 정조 그리고 고종 다섯 시대에 초점을 두어 추가 분석을 진행하였는데, 그 결과를 일반화해 보면 현재 역사학 연구를 통해 우리가 알고 있는 당시의 시대상과 대략 일치함을 알 수 있다.

세종(世宗)은 뛰어난 전략가인 듯 보인다. 물론 과학과 문학, 예학(禮學) 등 다양한 학문에 밝았고, 또 집현전을 통해 인재양성에 힘써 국가지식기반의 기초를 다졌음은 이미 알고 있는 사실이다. 이번 윤음 데이터 분석에서 새롭게 재조명된 것은, 그가 한글창제의 대업에서뿐만 아니라 예법[오례의주(五禮儀註)의 편찬]에서도 명(明)으로부터 조선을 독립시키려 노력했다는 사실이다. 특히 이러한 노력들이 결실을 맺는 과정에서 세종은 다소 과할 정도로 자주 황제에게 예물을 보냈던 것으로 보이는데, 이는 당시 동서로의 팽창을 거듭하던 명(明)의 눈을 피하기 위한 그의 전략적 판단이었다고 볼 수 있다. 과학과 현상에 대한 이해 역시 중요시하던 세종이 주자학 자체를 버리지 못하고 주로 예법이나 황제의 은혜 등에 대해 백성에게 계시한 것이 아쉬움으로 남는다.

선조(宣祖) 시대를 대표하는 '붕당정치(朋黨政治)의 시작' 역시 당대 윤음에 잘 나타나 있다. 이언적, 성혼, 정개청, 서익, 정철, 이이, 류성룡 등 특정 정치 세력을 대표하는 인물들이 서로를 비난하거나 같은 계파 사람들을 비호하는 상소에 주로 등장한 것이 특징적이다. 선조 자신이 백성에게 알리고자 하는 정책이나 정치이념 등은 크게 부각되지 않은 채, 명(明)에 사대(事大)하는 내용이나 정적(政敵)에 대한 처벌, 친인(親人)에 대한 사면이나 복권을 요청하는 상소와 그에 대한 답이 대부분으로, 당시 선조가 끊임없는 정치 공방에 휘둘렸다는 것 이외에 다른 특징은 포착하기 어렵다.

영조(英祖)는 윤음을 통해 왕실과 사대부에는 검박한 삶을, 백성들에게는 농사로의 매진(勸農)을 커뮤니케이션하려 노력하였다. 자신이 행하던 금주(禁酒)를 법으로 시행한 것 역시 같은 맥락에서 이해할 수 있다. 다른 시대의 그것과 달리, 영조의 윤음은 매우 구체적이라는 특성이 있다. 여성의 다리(髢髻)가 점점 사치품으로 발전하는 것을 막기 위한 윤음에서, 그는 문제의 심각성, 그에 대한 대안, 대안이 가진 장점과 정당성 그리고 과거의 예법 등에 대해 매우 논리적으로 기술하고 있다. 오늘날 검박과 정진하는 삶의 가치는 여전히 중요한 것으로 평가되고 있다. 그러나 사회 풍속을 유지한다는 명목으로 장발한 남성의 머리 길이나 미니스커트를 입은 여성의 치마 길이를 재던 한국의 근현대로 돌아가고 싶은 사람은 많지 않을 듯하다. 지혜롭던 영조 또한, 주자학이 장악하던 당시, 백성이 무지하고 약하여 이들을 위해 삶의 방식을 정해 주어야 한다는 생각이나, 개인의 자유보다 공동체의 질서를 우선시하는 철학에서 벗어나지 못한 듯하다.

정조(正祖) 당시 노론에 대한 소론의 반격이 소수의 윤음에 나타나지만, 대부분은 '진구(賑救)' '방송(放送, 석방)' '면제(免除, 죄나 조세의 면제)' 등 오늘날 복지나 구제와 연관된 대(對)백성 커뮤니케이션을 담고 있다. 영조 때와 마찬가지로 정조의 윤음 역시 매우 섬세한 것이 특징인데, 진휼의 일환으로 시행하는 면제책이 취약계층(예: 노약자, 사망자)에도 확실히 적용될 수 있도록 세심하게 챙기는 그의 모습이 이를 잘 반영한다. 영조의 윤음이 백성과 궁궐의 일상을 단속하려 한 것이었다면, 정조는 난민의 구제를 위한 한시적 목적을 염두에 둔 윤음을 주로 교시해 차이를 보인다.

고종(高宗) 때에는 형식적 권농 윤음을 제외하면, 안으로는 사학(邪學, 천주교)과 동학의 확대, 밖으로는 왜(倭)와 청(淸)의 침입과 개입에 대응하는 윤음이 대부분이었다. 특히 자주독립의 염원을 담아 백성들에게 내린 윤음에는 백성을 나라의 근본으로 생각하고 누구든 법으로 다스리려 하는 근대적 정치이념이 엿보이기는 하나, 반면 원자의 장수를 빌거나 왕실행사를 계기로 내린 진휼책을 담은 윤음을 보면, 고종과 민비가 낡아 빠진 기복신앙에 의지하고 있음도 알 수 있다. 이는 '무능한 왕'을 자처한 그가 당시 끊임없이 발생하던 내우외환을 막지 못해 마지막으로 선택한 도피처였다는 느낌이 든다. 원인을 알 수 없는 재해가 계속되었던 과거 일본에서 신도(神道, shintoism)사상이 생겨난 것과 같은 맥락에서 이해할 수 있을 듯하다. 자신의 능력으로는 결과를 제어하거나 예측할 수 없는 영역에서 기복신앙에 의지하려는 예는 오늘날 한국의 정치판에서도 어렵지 않게 찾아볼 수 있다.

9. 한국 대통령의 대국민 커뮤니케이션

그럼 현재 한국은 이 중 어느 왕의 치세 기간과 가장 가까울까. 한국 대통령의 대국민 소통수단인 기자회견을 살펴보았다. 빅카인즈에서 1990년 노태우 대통령 집권 중기부터 2022년 문재인 재임기간까지 '대통령'과 '기자회견' 모두를 제목에 포함한 기사 총 2,330건을 찾아 분석하였다. 사안에 따라 정치, 경제, 사회, 문화, 국제, 지역으로 분류해 이를 대통령 재임기간별로 연간 건수의 추이를 살펴보았다. [그림 3-15]에 나타난 바와 같이, 기자회견은 대부분 '정치' 관련 이슈(예: 행정, 북한, 국회, 외교, 선거; 총 2,002건, 약 86%)를 커버하고 있었으며, 국제(191건, 약 8.2%), 사회(64건, 약 2.7%), 경제(45건, 약 1.9%), 지역(11건, 약 0.5%)이 각각 뒤를 이었다. 정치 관련 대통령 기자회견은 탄핵 정국이 시작되던 박근혜 정부 때부터 크게 상승한 뒤 문재인 정권에서도 그 세(勢)가 꺾이지 않고 있다.

특히 '사회'는 의료, 건강, 사건/사고, 여성, 장애인, 복지, 노동, 교육 등 일반 시민들이 피부로 체감하는 민감한 사안들을 포함하고 있음에도, 행정부의 관심이 주로 정치에만 머물러 있는 것은 매우 흥미로운 미스매치(mismatch)인 듯 보인다. 이러한 패턴은 한편 대통령이 기자회견에서 국민에게 메시지를 보내야 할 만큼 한국에 큰 사회문제가 아직 없었음을 보여 주는 것일 수도 있다. 그러나 다른 한편으로는 정치에 그렇게 큰 문제가 많아서 이들이 미디어를 장악하고 있는지에 대한 의문이 든다.

앞서 밝힌 바와 같이, 정치 이슈는 행정과 국회, 선거 등 보수와 진보 간 대립이 치열한 분야를 주로 포함한다. 대개 상대 진영과의 감정적 공방은 있지만 논리적 설득이나 정책적 대결은 찾아보기 힘든 곳이다. 필자는 2022년 대선 당시 유권자들의 정치적 태도를 조사한 바 있는데, 양 진영 모두 지지후보의 공약을 맞출 확률이 채 50%가 되지 않았다. 또한, 두 집단 모두 지지후보의 스캔들이 미디어에 의해 부풀려졌다 믿었고, 투표를 할 때는 상대 후보의 추문을 주로 고려하였던 것으로 나타났다. '내 편은 맞고 네 편은 틀리다.'가 요즘의 시대정신이 아닐까 할 정도로 정치적 태도의 양극화는 미지의 정점을 향해 치닫고 있고, 정권이 바뀔 때마다 정치적 보복은 공수(攻守)를 교대해 가며 계속되고 있다. 문득 선조(宣祖)가 더 애틋하고 가엽게 느껴진다.

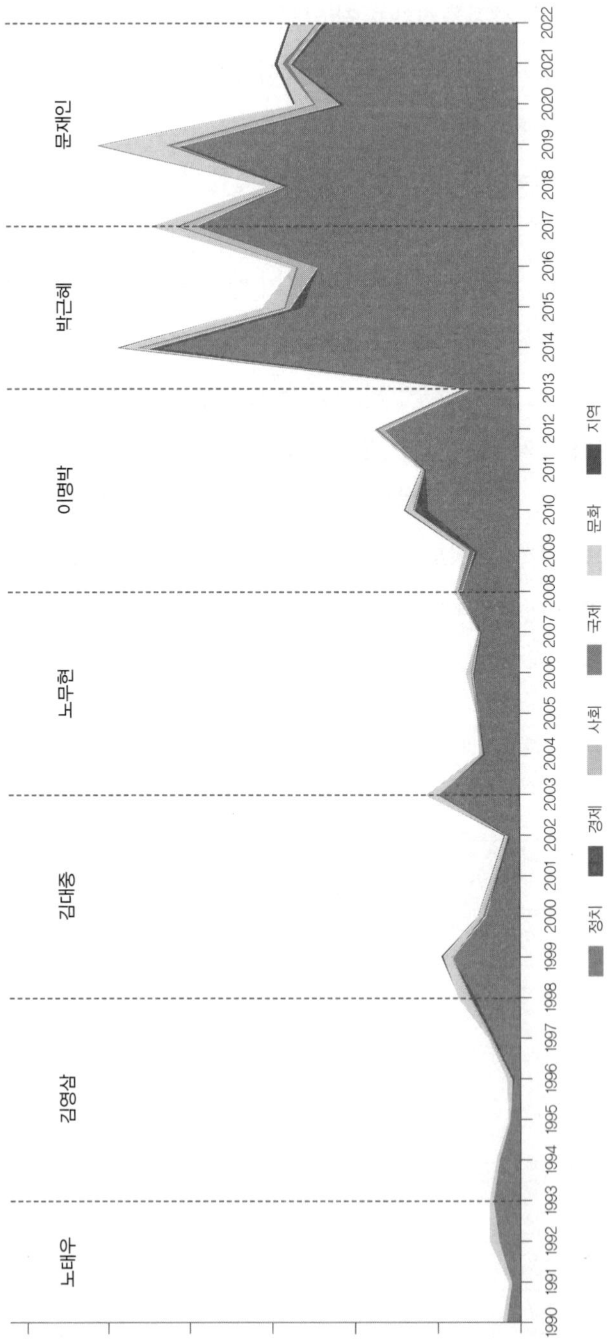

[그림 3-15] 대통령 재임 기간별 "대통령"과 "기자회견" 포함 기사 건수

참고문헌

김지원, 장석훈(2022). LDA토픽모델링을 활용한 호텔 공간계획에 관한 연구: 코로나 19 이후 '워케이션(WORK+CATION)' 행태분석을 중심으로. 한국실내디자인학회 학술대회논문집, 24(3), 331-337.

시맨틱웹첨단연구센터(2011). 한나눔 한국어 형태소 분석기 사용자 매뉴얼. 한국과학기술원.

신중호, 한영석, 박영찬, 최기선(1994). 어절구조를 반영한 은닉 마르코프 모델을 이용한 한국 어 품사태깅. 한글 및 한국어 정보처리 학술대회, 389-394.

심준식, 김형중(2017). LDA 토픽 모델링을 활용한 판례 검색 및 분류 방법. 전자공학회논문지, 54(9), 64-75.

이성직, 김한준(2009). TF-IDF의 변형을 이용한 전자뉴스에서의 키워드 추출 기법. 한국전자거래학회지, 14(4), 59-73.

이종화, 이문봉, 김종원(2019). TF-IDF를 활용한 한글 자연어 처리 연구. 정보시스템연구, 28(3), 105-121.

한국학중앙연구원. 한국민족문화대백과사전. https://encykorea.aks.ac.kr/

Blei, D., Ng, A. Y., & M. Jordan, M. (2003). Latent Dirichlet allocation. *Journal of Machine Learning Research, 3,* 993-1022.

Chang, J., Boyd-Graber, J., Gerrish, S., Wang, C., & Blei, D. M. (2009). Reading tea leaves: How humans interpret topic models. In *Advances in neural information processing systems* (NIPS).

Greene, D., O'Callaghan, D., & Cunningham, P. (2014). How many topics? Stability analysis for topic models. ECML PKDD 2014. *Machine Learning and Knowledge Discovery in Databases* (pp. 498-513).

Mikolov, T., Chen, K., Corrado, G., & Dean, J. (2013). Efficient estimation of word representations in vectorspace. In *Proceedings of Workshop at ICLR.*

Mikolov, T., et al. (2013). Efficient estimation of word representations in vectorspace. In *Proceedings of Workshop at ICLR.*

Newman, D., Lau, J. H., Grieser, K., & Baldwin, T. (2010). Automatic evaluation of topic coherence. In *Proc. Conf. North American Chapter of the Association for*

Computational Linguistics (HLT'10) (pp. 100-108).

Röder, M., Both, A., & Hinneburg, A. (2015). Exploring the space of topic coherence measures. In *WSDM 2015. Proceedings of the 8th ACM International Conference on Web Search and Data Mining* (pp. 399-408).

Salton, G., & Buckley, C. (1988). Term-weighting approaches in automatic text retrieval. *Information Processing & Management, 24*(5), 513-523.

Sparck Jones, K. (1972). A statistical interpretation of term specificity and its application in retrieval. *Journal of Documentation, 28*(1), 11-21.

부록

"윤음"이 포함된 실록기사 목록

연번	출처	일시	제목	핵심내용
1	태종실록 1권	태종 1년 6월 14일 신미 1번째 기사	임금이 사신에게 칠언장구 사운 두 편을 지어 주다	명나라 사신
2	세종실록 5권	세종 1년 8월 25일 정유 4번째 기사	수강궁에서 사은하는 표 · 전을 절하고 보내다. 사은표 · 전과 방물표	명나라 사신
3	세종실록 13권	세종 3년 9월 27일 정해 1번째 기사	사은사 신호에게 물건을 하사하고 태상왕이 황제에게 전할 표문을 이르다	명나라 사신
4	세종실록 30권	세종 7년 11월 13일 무신 1번째 기사	경복궁에서 성절 사은표와 방물표에 배례하다	명나라 사신
5	세종실록 34권	세종 8년 12월 7일 병인 2번째 기사	세자와 문무 백관을 거느리고 명에 보내는 사은 및 진하표에 배례하다	명나라 사신
6	세종실록 36권	세종 9년 4월 27일 을유 1번째 기사	사은표를 배송하고, 사은사로 갈 동지총제 이교에게 의복 등을 내려 주다	명나라 사신
7	세종실록 41권	세종 10년 7월 25일 을해 1번째 기사	임금이 왕세자와 백관을 거느리고 사은 표전을 배송하다	명나라 사신
8	세종실록 42권	세종 10년 11월 1일 기유 4번째 기사	김효정이 순성군 이개에게 내린 반인을 거두라는 상소하다	왕족 수행원 반대 청원을 기각
9	세종실록 42권	세종 10년 12월 21일 무술 1번째 기사	진하 사은을 진하사 유사눌에게 보내다	명나라 사신
10	세종실록 44권	세종 11년 5월 15일 경신 3번째 기사	사은표 · 사은전을 배송하다	명나라 사신
11	세종실록 44권	세종 11년 6월 8일 계미 4번째 기사	성덕을 노래하고 성수를 축원한 악장 2편을 악부에 기재하다	명나라 축원 음악
12	세종실록 44권	세종 11년 6월 24일 기해 4번째 기사	맹사성 · 민여익 · 권진에게 궤장을 내리니 이들이 전을 올려 사례하다	표창
13	세종실록 46권	세종 11년 11월 12일 갑인 1번째 기사	왕세자와 백관을 거느리고 하절일표 및 사은 표 · 전을 배송하다	명나라 사은
14	세종실록 46권	세종 11년 12월 22일 갑오 1번째 기사	왕세자에게 명하여 백관을 거느리고 사은하는 표 전문을 받들고 떠나게 하다	명나라 사은

〈계속〉

15	세종실록 48권	세종 12년 4월 13일 계미 5번째 기사	박안신이 왜구를 막을 병선을 제조할 것을 상소하다	군함제조 목재 보호규제 상소
16	세종실록 49권	세종 12년 7월 22일 경신 1번째 기사	사은 표전을 배송하다	명나라 사은
17	세종실록 62권	세종 15년 10월 22일 신미 1번째 기사	채백의 하사를 사례하는 표문과 해청 진상에 관한 주본	명나라 사은
18	세종실록 63권	세종 16년 3월 9일 병술 2번째 기사	성균관 대사성 권채 등이 글을 올려 왕의 치제와 덕을 찬미하다	책제를 내림
19	세종실록 67권	세종 17년 3월 25일 정유 1번째 기사	호조 참판 심도원을 보내어 대행 황제의 시호를 높여 올린 데 대한 하례의 표문을 올리다	명나라 사은
20	세종실록 67권	세종 17년 3월 29일 신축 5번째 기사	영의정부사 황희가 전을 올려 노쇠함으로 사직하기를 청하니 이를 허락지 않다	사직청원 기각
21	세종실록 73권	세종 18년 윤6월 19일 계미 2번째 기사	4품 이상이 올린 외구(外寇)의 제어책을 평안도 도절제사에게 보내다	외구 제어책 유시 후 계책 계달 요구
22	세종실록 85권	세종 21년 5월 26일 계유 1번째 기사	허조 · 송거신 등이 사은전을 올리다	표창
23	세종실록 86권	세종 21년 9월 25일 경오 1번째 기사	최경신 · 김요가 사은전을 올리다	임명
24	세종실록 91권	세종 22년 10월 16일 을유 1번째 기사	북경에 보내는 사은 표문	명나라 사은
25	세종실록 96권	세종 24년 6월 23일 임자 1번째 기사	예문관 대제학 조말생이 파직을 청하다	사직청원 기각
26	세종실록 97권	세종 24년 8월 12일 기해 2번째 기사	성균 생원들이 의금부에 수금된 스승을 풀어달라고 상소하다	스승 석방청원 기각
27	세종실록 97권	세종 24년 8월 15일 임인 1번째 기사	최사강을 통해 북경에 보낸 표문	명나라 사은
28	세종실록 97권	세종 24년 8월 24일 신해 3번째 기사	정갑손 등 대간이 첨사원 설치를 반대하는 의견을 거듭 아뢰다	첨사원 설치 반대청원 기각
29	세종실록 100권	세종 25년 4월 27일 임자 1번째 기사	성균 생원 최윤 등이 전 겸사성 금유의 직임을 환임시킬 것을 상소하다	환임청원 기각
30	세종실록 113권	세종 28년 7월 16일 임오 4번째 기사	견전의	왕비 장례 및 추모글 발표
31	세종실록 115권	세종 29년 1월 25일 무자 2번째 기사	공조 참판 이양을 북경에 보내 사은하게 하였다	명나라 사은
32	세종실록 127권	세종 32년 윤 1월 7일 임자 1번째 기사	조서안과 안완경을 북경에 보내 채백 하사를 사례하고 세자의 면복을 청하게 하다	명나라 사은

〈계속〉

33	세종실록 127권	세종 32년 2월 22일 정유 2번째 기사	3월 19일에 존시를 영문 예무 인성 명효 대왕, 묘호를 세종이라고 올리다	명나라 포상
34	문종실록 1권	문종 즉위년 5월 7일 경술 1번째 기사	중국에 보내는 표문과 방물표 · 전문의 내용	명나라 사은
35	문종실록 1권	문종 즉위년 5월 28일 신미 1번째 기사	북경에 올린 표문과 전문의 내용	명나라 사은
36	문종실록 3권	문종 즉위년 8월 19일 경인 3번째 기사	칙명을 사례하는 표 · 전문, 사시와 사부를 사례하는 표 · 전문 등의 내용	명나라 사은
37	문종실록 6권	문종 1년 2월 6일 을해 3번째 기사	한확과 김조를 북경에 보내어 고명을 하사한 것을 사례하게 하다	명나라 사은
38	문종실록 9권	문종 1년 9월 19일 갑인 3번째 기사	역질의 만연으로 인한 수륙재 행사를 반대하는 대사헌 정창손의 상소	수륙재 반대청원 기각
39	문종실록 13권	문종 2년 9월 1일 경인 1번째 기사	현릉에 장사하다. 그 애책문(哀册文)	시호를 옥책에 새기도록 함
40	단종실록 1권	단종 즉위년 5월 22일 갑인 2번째 기사	성득식 · 박중림을 명나라로 보내어 성절을 하례하다	명나라 사은
41	단종실록 2권	단종 즉위년 8월 24일 갑신 3번째 기사	중국 사신 진둔이 ‘조선 국왕을 조상하는 부(賦)’를 지어 바치다	명나라 사신
42	단종실록 2권	단종 즉위년 8월 26일 병술 1번째 기사	최숙손을 보내어 표문을 받들고 명나라에 가서 사은하게 하다	명나라 사은
43	단종실록 2권	단종 즉위년 8월 28일 무자 1번째 기사	문종의 견전(遣奠)을 행하다. 발인 반차의 및 애책(哀册)과 사(詞)를 올리다	덕을 옥책에 새기도록 함
44	단종실록 8권	단종 1년 10월 14일 정유 1번째 기사	세조가 종친과 문무 백관과 더불어 전을 올리어 정난을 하례하고 표리를 올리다	표창
45	단종실록 12권	단종 2년 10월 10일 무자 1번째 기사	파평위 윤암을 보내어 표문을 받들고 사은하게 하다	명나라 사은
46	단종실록 13권	단종 3년 3월 28일 계유 1번째 기사	근정전에서 사은표에 배례하다	명나라 사은
47	단종실록 1권	숙종 24년 11월 초8일	대왕의 시호 올릴 것을 의논하다	시호 논의
48	세조실록 1권	세조 1년 윤6월 18일 임술 2번째 기사	사헌부와 사간원에서 이유 등의 죄를 청하였으나 윤허하지 않자 모두 사직하다	사법 및 사직청원 기각
49	세조실록 1권	세조 1년 윤6월 29일 계유 2번째 기사	예조 판서 김하 등을 명에 보내어 왕위 계승의 윤허를 청하고 사은하는 주문	명나라 사은
50	세조실록 2권	세조 1년 10월 24일 병인 1번째 기사	중국에 보내는 노산군의 사은표 · 주문과 임금의 사은표	명나라 사은
51	세조실록 8권	세조 3년 6월 11일 계묘 1번째 기사	공조 판서 성봉조 · 중추원 사 기건이 명의 채단을 사례하는 표문을 올리다	명나라 사은

〈계속〉

52	세조실록 11권	세조 4년 윤2월 9일 정묘 2번째 기사	옷을 하사한 것을 사례하는 경상도 관찰사 이극배의 전문	표창
53	세조실록 11권	세조 4년 윤2월 18일 병자 2번째 기사	중추원 사 김세민 등이 가져간 왕세자를 봉해 준 것을 사례하는 표문과 방물표	명나라 사은
54	세조실록 14권	세조 4년 12월 12일 병인 1번째 기사	정창손이 다시 관직을 사양했으나 윤허하지 않다	사직청원 기각
55	세조실록 21권	세조 6년 8월 13일 병진 1번째 기사	함길도 도절제사 양정이 전문을 올려 잔치를 내려 준 것을 사례하다	표창
56	세조실록 21권	세조 6년 9월 16일 기축 1번째 기사	인수부 윤 김길통과 행 상호군 이흥덕에게 표문을 받들고 명에 가서 사례하게 하다	명나라 사은
57	세조실록 22권	세조 6년 12월 6일 무인 3번째 기사	공조 참판 송처관으로 하여금 명나라에 올린 표문	명나라 사은
58	세조실록 23권	세조 7년 3월 13일 갑인 1번째 기사	강효문 · 박형 · 강순이 전문을 올려 사연을 사례하다	표창
59	세조실록 24권	세조 7년 5월 8일 정미 3번째 기사	함길도 도체찰사 구치관이 옷과 신을 하사한 것에 대해 사례하다	표창
60	세조실록 29권	세조 8년 10월 3일 갑자 4번째 기사	유도 장상이 보덕 정문형을 보내 사연(賜宴)을 사례한 전문	표창
61	세조실록 33권	세조 10년 5월 27일 기묘 2번째 기사	예조 참판 이하성이 황태후에게 존호를 올린 것을 하례하는 표문을 바치다	명나라 사은
62	세조실록 38권	세조 12년 4월 3일 계묘 4번째 기사	중추부 동지사 윤길생을 명에 보내 사은한 표문	명나라 사은
63	세조실록 44권	세조 13년 10월 17일 기유 6번째 기사	조근에게 표문을 받들고 명에 가서 채단 표리를 내려 준 것에 사례하게 하다	명나라 사은
64	세조실록 47권	세조 14년 11월 28일 갑신 1번째 기사	태상왕을 광릉에 장사지내다. 그 애책문(哀册文)과 묘지문[誌文]	애책문
65	예종실록 2권	예종 즉위년 11월 13일 기사 2번째 기사	상제 · 학교 · 공법 · 사창 · 정병 유방에 관한 윤효손의 상소문	대납 및 뇌물 금지
66	예종실록 2권	예종 즉위년 11월 28일 갑신 1번째 기사	천전을 베풀고, 축시에 현궁을 내리고, 입주전과 우제를 베풀다	애책문
67	예종실록 4권	예종 1년 윤2월 21일 병자 4번째 기사	홍윤성 · 어세공을 보내 시호 · 제문 · 부물 · 승습 고명에 대해 사례하게 하다	명나라 사은
68	예종실록 5권	예종 1년 5월 20일 계묘 1번째 기사	임금이 경회루에 나아가 익대 공신에게 교서를 내리고, 술을 내려 주다	표창
69	성종실록 5권	성종 1년 5월 1일 무인 4번째 기사	백관이 전문을 올려 고명을 받은 것을 진하하다	교서를 내려 반사함
70	성종실록 5권	성종 1년 5월 22일 기해 5번째 기사	좌의정 김국광과 중추부 동지사 정난종을 보내 사제와 승습을 사례하게 하다	명나라 사은

〈계속〉

71	성종실록 9권	성종 2년 1월 21일 갑오 1번째 기사	행 상호군 이수남을 보내어 북경에 가서 사은하게 하다	명나라 사은
72	성종실록 65권	성종 7년 3월 2일 을사 1번째 기사	명나라 황제와 황태자에게 은혜에 감사하는 글을 올리고 여러 물건을 바치다	명나라 사은
73	성종실록 67권	성종 7년 5월 15일 정사 7번째 기사	대사헌 윤계겸 등이 9조의 시무책을 올리니 원상들에게 의논케 하다	시무책에 대하여 논의함
74	성종실록 82권	성종 8년 7월 24일 기축 2번째 기사	박효원 · 김제신 · 손순효 · 심회 등과 현석규 · 임사홍 등의 상호 힐난에 대해 논의하다	국문청원 기각
75	성종실록 129권	성종 12년 5월 25일 기해 1번째 기사	좌의정 윤필상과 동지중추부사 한한에게 전문을 받들고 북경에 가서 사은하게 하다	명나라 사은
76	성종실록 134권	성종 12년 10월 20일 신유 1번째 기사	이극기와 한충인에게 팔참로에 보를 설치한데 대해 감사를 표하게 하다	명나라 사은
77	성종실록 198권	성종 17년 12월 14일 을유 4번째 기사	양양 부사 유자한이 상소하여 백성의 사곡을 관부에 간직하여 낭비를 막기를 청하다	사곡 간직법 시험
78	성종실록 223권	성종 19년 12월 3일 임진 4번째 기사	송사에 백성들이 억울함이 없도록 힘쓰라 의정부에 전지하다	백성들의 억울함이 없도록 여러 관사에 신칙하게 함
79	성종실록 283권	성종 24년 10월 20일 신사 7번째 기사	대내전의 사자 원숙이 글을 올리다	왜나라 무역청원 기각
80	연산군일기 10권	연산 1년 11월 17일 병신 1번째 기사	사간 이의무 등이 소상 시의 수륙재 금지를 상차하다	수륙재 반대청원
81	연산군일기 18권	연산 2년 9월 16일 기미 3번째 기사	김제신 등이 성종의 유교를 따르고 윤민 등을 처벌할 것을 상소하다	처벌청원
82	연산군일기 61권	연산 12년 3월 10일 경인 1번째 기사	한림 시독 서목 등이 황제의 명을 받들고 와서 등극조칙을 반포하다	명나라 조서
83	중종실록 5권	중종 3년 1월 3일 신축 1번째 기사	대간이 공신에게 상주는 일과 박영문 등을 치죄할 것을 아뢰다	처벌청원
84	중종실록 5권	중종 3년 2월 18일 병술 5번째 기사	정덕 2년 · 3년의 제문과 본년 정월의 성지	명나라 제문
85	중종실록 9권	중종 4년 9월 14일 계묘 3번째 기사	성희안이 『연산군일기』를 수찬 후 잔치를 받음에 전문을 올리다	표창
86	중종실록 18권	중종 8년 5월 29일 병신 4번째 기사	사간원 대사간 홍경림이 헌부에 관한 상차를 올리다	헌부 추고 반대청원 기각
87	중종실록 22권	중종 10년 8월 7일 신유 1번째 기사	정종의 묘호를 짓도록 창화수 이장손 등이 상소	묘호 관련 일기 상고 명령
88	중종실록 43권	중종 16년 12월 11일 기축 1번째 기사	천사가 시를 지어 임금에게 전하다	명나라 사신

〈계속〉

89	중종실록 52권	중종 19년 12월 8일 무술 3번째 기사	경연 · 제사 · 입거 · 파방 등에 관해 논한 홍문관 응교 황효헌 등의 상소	규제청원
90	중종실록 54권	중종 20년 7월 19일 병자 3번째 기사	홍문관 부제학 정옥형의 선왕들의 재변 대처 자세에 관한 상소	재변 대처청원
91	중종실록 58권	중종 22년 4월 29일 을해 5번째 기사	성균관 생원 장맹현 등이 상소하여 박빈을 율에 따라 죄줄 것을 간하다	처벌청원
92	중종실록 81권	중종 31년 4월 8일 임진 2번째 기사	곽지정 등이 다시 상소를 올리다	조공 금지법
93	중종실록 90권	중종 34년 4월 19일 병진 5번째 기사	은전을 베풀다	교서를 내려 반사함
94	중종실록 92권	중종 35년 2월 9일 임신 5번째 기사	잡범을 사형 이하로 석방하고 사유문을 보내 사면을 반포하다	사면을 반포함
95	중종실록 94권	중종 35년 10월 13일 신미 1번째 기사	문견등록을 정원에 내리며 이문 학관을 불러 직정하라고 전교하다	명나라 문견기
96	중종실록 96권	중종 36년 9월 13일 병신 1번째 기사	천추사가 갈 때 진위사를 보내는 문제와 진위 표문에 오류가 많으나 고치지 말게 하다	명나라 진위표
97	중종실록 99권	중종 37년 11월 24일 경오 1번째 기사	동지사의 서장을 내리며 진하사와 흠문사를 보내는 내용을 의논하다	명나라 사신파견
98	명종실록 6권	명종 2년 10월 3일 경술 1번째 기사	백관을 거느리고 모화관에서 공문을 영칙하다	명나라 사신
99	명종실록 8권	명종 3년 5월 11일 을유 4번째 기사	충의위 연광달이 올린 대역죄에 연루된 죄인을 방면하라는 상소	석방청원 기각
100	명종실록 10권	명종 5년 5월 30일 계사 2번째 기사	어찰을 진복창의 집에서 거두어 들이다	어찰 회수
101	명종실록 11권	명종 6년 1월 12일 경자 5번째 기사	충훈부 도사 정현이 올린 정업원의 역사와 도승법을 정지하라는 상소	도승법 정지 상소 윤허 안함
102	명종실록 15권	명종 8년 9월 19일 임술 2번째 기사	승정원에 김인후에게 상경할 것을 하서하게 하다	승정원 김인후 상경
103	명종실록 22권	명종 12년 3월 25일 무인 3번째 기사	성균관 생원 한호 등이 시학할 때 지영을 정파한 일이 예에 어긋남을 아뢴 상소	시학 중 예에 어긋남
104	명종실록 23권	명종 12년 11월 5일 갑인 2번째 기사	도승지 정유길이 잘못을 지적하지 못했다는 전교가 있었던 일로 대죄하다	정유길 대죄
105	명종실록 24권	명종 13년 10월 6일 기유 4번째 기사	사헌부 대사헌 윤인서가 전교하신 일로 언로가 막힐까 염려된다는 차자를 올리다	언로 차단 우려
106	명종실록 27권	명종 16년 윤5월 16일 을사 2번째 기사	사림들간의 불화와 붕비에 관한 이중경 등의 차자	사림 불화에 관한 차자
107	명종실록 29권	명종 18년 9월 24일 기해 1번째 기사	원옥과 의옥을 자세히 살피도록 전교하다	원옥과 의옥

〈계속〉

108	명종실록 30권	명종 19년 2월 10일 계축 1번째 기사	기강 · 궁금 · 인재 등용 · 학교 · 부역 등에 관한 대사헌 김귀영 등의 구언 상소	김귀영의 구언상소
109	명종실록 32권	명종 21년 5월 12일 임인 2번째 기사	사간원 대사간 강사필 등이 폐단의 근원을 고치는 것에 대해 상소하다	폐단에 대한 상소
110	명종실록 33권	명종 21년 7월 19일 무신 2번째 기사	홍문관 직제학 심의겸 등이 차자를 올려 선비를 대우하는 문제 등을 아뢰다	선비 교지
111	명종실록 33권	명종 21년 8월 28일 병술 2번째 기사	진사 김범이 사직소를 올리다	사직청원 기각
112	선조실록 2권	선조 1년 1월 28일 무인 1번째 기사	이황이 상소하여 치사를 청하자 회유하다	이황 치사 회유
113	선조실록 3권	선조 2년 11월 29일 무술 2번째 기사	박승임 등이 중국 예부 주사에게 진하 반열의 서열을 바로잡으라고 말한 글의 내용	명나라 예부 주사 청원
114	선조실록 9권	선조 8년 2월 20일 기축 1번째 기사	공의전이 직접 권할 뜻을 알리고 25일로 잡다	공의전 알현
115	선조실록 15권	선조 14년 12월 17일 정미 1번째 기사	양사가 신덕 왕후의 정릉에 전례할 것을 청하다	신덕왕후 정릉 전례
116	선조실록 17권	선조 16년 8월 5일 갑인 2번째 기사	왕자 사부 하락이 이이의 군정이 정당한 일이었으며 삼사가 지나쳤다고 상소하다	이이 삼사에 대한 상소문
117	선조실록 19권	선조 18년 4월 16일 정사 1번째 기사	간원이 이산보가 정철과 심의겸을 일을 숨겼다며 체직을 청하다	이산보 체직청원
118	선조실록 19권	선조 18년 6월 5일 갑진 1번째 기사	홍문관 부제학 이식 등이 서익의 상소가 괴이하다고 논박하다	서익의 상소 괴이함
119	선조실록 22권	선조 21년 5월 2일 갑신 3번째 기사	헌부가 사면은 신중을 기하라고 청하다	사면에 신중을 기함
120	선조실록 22권	선조 21년 5월 19일 신축 3번째 기사	동 · 서반 2품 이상이 존호 올리기를 청하다	왕실 존호
121	선조실록 22권	선조 21년 6월 2일 갑인 1번째 기사	종계 변무에 즈음하여 사은사 유홍과 주사 마유명이 화답한 시	명나라 사은사
122	선조실록 38권	선조 26년 5월 20일 계유 1번째 기사	삼경을 회복한 데 대해 올린 사은표	명나라 사은표
123	선조실록 52권	선조 27년 6월 2일 기유 2번째 기사	사간원이 정철의 관직을 추삭할 것을 아뢰다	정철 관직 추삭 거절
124	선조실록 57권	선조 27년 11월 10일 갑신 3번째 기사	우의정 김응남의 사직소와 이에 대한 불윤 비답	김응남 사직소 거절
125	선조실록 57권	선조 27년 11월 13일 정해 3번째 기사	수찬 정경세 등이 정철의 관작 추탈을 청하다	정철 관칙 추탈
126	선조실록 62권	선조 28년 4월 1일 계묘 9번째 기사	홍문관이 동궁의 군정 전담의 부당함을 아뢰다	

〈계속〉

127	선조실록 62권	선조 28년 4월 2일 갑진 2번째 기사	영의정 유성룡이 칙서의 바른 뜻을 진달하다	칙서
128	선조실록 62권	선조 28년 4월 3일 을사 1번째 기사	왕세자가 아침 문안에서 군무 전담의 조치를 철회할 것을 청하다	왕세자 문안
129	선조실록 62권	선조 28년 4월 3일 을사 2번째 기사	삼정승이 상이 전교를 철회할 것을 청하다	명나라 조칙 준수
130	선조실록 62권	선조 28년 4월 3일 을사 14번째 기사	예문관이 공론을 따를 것을 건의하다	임금 무의사결정
131	선조실록 62권	선조 28년 4월 30일 임신 2번째 기사	헌부가 윤근수의 죄를 추고할 것을 위에서 재결하라고 아뢰다	윤근수 죄 재결
132	선조실록 66권	선조 28년 8월 29일 기사 2번째 기사	신하들이 참봉의 근무태만, 중전의 환도, 태묘 배알에 대해 건의하다	왕실 행실 지적
133	선조실록 72권	선조 29년 2월 19일 병진 1번째 기사	각도에 교서를 반포하다	교서 반포
134	선조실록 75권	선조 29년 5월 17일 계미 4번째 기사	성균관 진사 이욱 등이 성균관의 재건을 상소하니 의논하여 처치하게 하다	성균관 재건
135	선조실록 87권	선조 30년 4월 13일 계유 5번째 기사	승인 유정이 일본의 침략목적, 왜적의 토벌 등의 내용을 상소하다	왜 관련 상소
136	선조실록 93권	선조 30년 10월 14일 신미 4번째 기사	이원익이 병을 이유로 모든 직책에서 사임시켜 줄 것을 간청하다	임금 반응 없음
137	선조실록 96권	선조 31년 1월 21일 정미 4번째 기사	부제학 신식이 전라도의 관군 · 의병의 실태 및 백성 안정책을 건의하다	군사 의병
138	선조실록 115권	선조 32년 7월 14일 신유 3번째 기사	양사가 유성룡 · 홍여순 · 구의강 · 홍식의 일을 아뢰나, 윤허하지 않다	유성룡 · 홍여순 · 구의강 · 홍식 윤허 거부
139	선조실록 115권	선조 32년 7월 21일 무진 1번째 기사	양사가 유성룡 · 홍여순 · 구의강 · 홍식의 일을 아뢰나, 윤허하지 않다	유성룡 · 홍여순 · 구의강 · 홍식 윤허 거부
140	선조실록 115권	선조 32년 7월 25일 임신 6번째 기사	홍문관이 유성룡 · 홍여순 · 구의강 · 홍식의 일을 아뢰나, 윤허하지 않다	유성룡 · 홍여순 · 구의강 · 홍식 윤허 거부
141	선조실록 115권	선조 32년 7월 28일 을해 4번째 기사	집의 박이장이 파직을 청하나, 윤허하지 않다	사직 윤허 거부
142	선조실록 115권	선조 32년 7월 28일 을해 6번째 기사	권경우 · 남탁이 유성룡 · 홍여순 · 구의강 · 홍식의 일을 아뢰나, 윤허하지 않다	유성룡 · 홍여순 · 구의강 · 홍식 윤허 거부
143	선조실록 126권	선조 33년 6월 22일 계사 6번째 기사	경리 만세덕이 중국군 주둔 문제에 대해 게첩을 보내다	명나라 수군 잔류

〈계속〉

144	선조실록 132권	선조 33년 12월 17일 병술 1번째 기사	사간원에서 폐정 개혁, 노쇠한 수령의 교체 등을 건의하다	노쇠 수령 교체
145	선조실록 135권	선조 34년 3월 22일 경신 3번째 기사	대사헌 윤승길 등이 경연 · 궁금을 엄하게 해야할 것 등을 상차하다	경연과 궁금 충실 이행
146	선조실록 137권	선조 34년 5월 3일 경자 1번째 기사	영의정 이항복이 원훈 문제에 있어서 이덕형 · 심충겸 · 홍진 · 이괵 등의 일을 아뢰다	이항복 원훈
147	선조실록 141권	선조 34년 9월 24일 무오 1번째 기사	헌부가 성윤문 등에 대한 성명 환수, 경자년 이전 간전의 부세 납부에 대해 아뢰다	성명환수와 부세납
148	선조실록 148권	선조 35년 3월 17일 기묘 2번째 기사	대사헌 정인홍이 올린 차자	정인홍 차자
149	선조실록 151권	선조 35년 6월 18일 무신 1번째 기사	영의정 이덕형이 군국의 기무를 잘 다스리지 못할까 하여 사직소를 내다	이덕형 사직 거부
150	선조실록 160권	선조 36년 3월 17일 계유 2번째 기사	전 의영고 직장 안중묵의 상소	억울한 옥살이
151	선조실록 163권	선조 36년 6월 19일 갑진 5번째 기사	대소 신료들에게 내린 교서	특별사면
152	선조실록 172권	선조 37년 3월 23일 계유 1번째 기사	정원이 이언적의 일에 대한 비답을 우려하자 불가 이유를 말하다	종사청원 기각
153	선조실록 172권	선조 37년 3월 23일 계유 4번째 기사	성균관 생원 조명욱 등의 이언적을 의심하는 이유를 묻는 5차 상소문	종사청원 기각
154	선조실록 172권	선조 37년 3월 25일 을해 8번째 기사	성균관 생원 조명욱 등이 이언적의 입장을 변론하는 6차 상소문	종사청원 기각
155	선조실록 181권	선조 37년 11월 25일 신축 6번째 기사	광해군 세자 책봉 요청에 관한 명나라 예부의 자문	세자 책봉
156	선조실록 190권	선조 38년 8월 3일 을사 2번째 기사	유영경 등이 진하례를 다시 청하자 굳이 할 필요가 없다고 거절하다	진하례 거절
157	선조실록 198권	선조 39년 4월 12일 경술 10번째 기사	태평관에서 영칙의를 행하다	명나라 사신
158	선조실록 198권	선조 39년 4월 12일 경술 15번째 기사	중외의 대소 신료 · 군민 · 한량 등에게 교서를 반포하다	황손 탄생기념 특진
159	선조실록 221권	부록	선조 대왕 애책문(哀册文)	애책문
160	선조실록 221권	부록	선조 대왕 묘지문[誌文]	묘지문
161	선조수정 실록 17권	선조 6년 7월 1일 경진 15번째 기사	왕자의 사부 하낙이 상소하여 이이 · 박순 · 성혼의 정상을 아뢰다	탄핵 관료 대변
162	선조수정 실록 22권	선조 21년 3월 1일 갑신 2번째 기사	관각의 제신에게 주사 마유명의 시의 운에 화답하는 시를 지어 올리게 하다	명나라 사신

〈계속〉

163	선조수정 실록 26권	선조 25년 9월 1일 정사 6번째 기사	중국 황제가 행인사 행인 설번을 파견하여 조칙을 내리고 위로하다	명나라 사신
164	광해군 일기 중초본 4권	광해 즉위년 9월 13일 정유 2번째 기사	정언 한찬남이 신요가 제진한 불윤 비답을 환수할 것 등을 아뢰다	일정액 이외 공물 징수 금지
165	광해군 일기 중초본 7권	광해 1년 7월 27일 병오 1번째 기사	홍문관이 순회묘의 입후하는 일에 대해 상고한 것을 아뢰다	순회묘 입후
166	광해군 일기 중초본 8권	광해 1년 10월 2일 경술 2번째 기사	신병으로 인한 사직을 청원한 좌찬성 정인홍의 차자	사직청원 기각
167	광해군 일기 중초본 8권	광해 1년 10월 26일 갑술 4번째 기사	사직하기를 청한 좌찬성 정인홍이 올린 차자의 내용	사직청원 기각
168	광해군 일기 중초본 9권	광해 1년 12월 25일 임신 1번째 기사	우의정 심희수가 자신의 출사를 아뢰다	출사를 아룀
169	광해군 일기 중초본 15권	광해 3년 5월 8일 정미 3번째 기사	사헌부에서 전의 비답에 미안한 말씀이 있었다는 것과 유생을 타이르는 일을 아뢰다	유생 교육청원 수용
170	광해군 일기 중초본 16권	광해 3년 11월 30일 을축 4번째 기사	홍문관이 차자를 올려 대간의 말에 따라 이어하지 말 것을 청하다	이어 및 체직 반대청원 기각
171	광해군 일기 중초본 19권	광해 4년 6월 5일 무진 1번째 기사	존호를 올릴 것을 청하는 신하들의 요청을 허락할 것을 정원이 아뢰다	존호청원
172	광해군 일기 중초본 19권	광해 4년 6월 6일 기사 1번째 기사	좌의정 이덕형이 백관을 거느리고 존호를 올릴 것을 계청하다	존호청원 기각
173	광해군 일기 중초본 28권	광해 6년 5월 6일 정사 7번째 기사	지평 유희량이 배대유의 말을 두둔하고 충언을 듣기를 청하다	처벌청원
174	광해군 일기 중초본 31권	광해 7년 3월 23일 기사 1번째 기사	정원이 이운상 · 복기 등에 대한 국청의 의계를 쾌히 결말지을 것 등을 아뢰니 따르다	처벌청원
175	광해군 일기 중초본 42권	광해 9년 11월 25일 병술 10번째 기사	폐비 문제에 대한 상소를 의정부에서 논의하다	폐비 관련 상소 논의
176	광해군 일기 중초본 47권	광해 10년 9월 29일 갑인 1번째 기사	백관이 존호를 올리자 잡범 사죄 이하를 사면하고 교서를 반포하다	특별사면
177	광해군 일기 중초본 48권	광해 10년 10월 22일 정축 10번째 기사	비변사가 서북의 군대를 선유하는 교서를 대제학이 짓도록 청하자 윤허하다	명 군대 선유 교서 제작승인
178	광해군 일기 중초본 52권	광해 12년 4월 9일 병진 4번째 기사	사면령을 내리다	특별사면
179	광해군 일기 중초본 54권	광해 12년 9월 13일 정해 3번째 기사	합사하여 존호 추상을 청했으나 불허하다	존호 추상 불허
180	광해군 일기 중초본 54권	광해 12년 9월 18일 임진 2번째 기사	백관들이 존호 추상을 청했으나 불허하다	존호 추상 불허
181	광해군 일기 정초본 8권	광해 즉위년 9월 13일 정유 2번째 기사	정언 한찬남이 신요가 제진한 불윤 비답을 환수할 것 등을 아뢰다	일정액 이외 공물 징수 금지

〈계속〉

182	광해군 일기 정초본 18권	광해 1년 7월 27일 병오 1번째 기사	홍문관이 순회묘의 입후하는 일에 대해 상고한 것을 아뢰다	순회묘 입후
183	광해군 일기 정초본 21권	광해 1년 10월 26일 갑술 3번째 기사	사직하기를 청한 좌찬성 정인홍이 올린 차자의 내용	사직청원 기각
184	광해군 일기 정초본 41권	광해 3년 5월 8일 정미 1번째 기사	사헌부에서 전의 비답에 미안한 말씀이 있었다는 것과 유생을 타이르는 일을 아뢰다	유생 교육청원 수용
185	광해군 일기 정초본 47권	광해 3년 11월 30일 을축 3번째 기사	홍문관이 차자를 올려 대간의 말에 따라 이어하지 말 것을 청하다	이어 및 체직 반대청원 기각
186	광해군 일기 정초본 78권	광해 6년 5월 6일 정사 3번째 기사	지평 유희량이 배대유의 말을 두둔하고 충언을 듣기를 청하다	처벌청원
187	광해군 일기 정초본 88권	광해 7년 3월 23일 기사 1번째 기사	정원이 이운상 · 복기 등에 대한 국청의 의계를 쾌히 결말지을 것 등을 아뢰니 따르다	처벌청원
188	광해군 일기 정초본 121권	광해 9년 11월 25일 병술 10번째 기사	폐비 문제에 대한 상소를 의정부에서 논의하다	폐비 관련 상소 논의
189	광해군 일기 정초본 132권	광해 10년 9월 29일 갑인 1번째 기사	백관이 존호를 올리자 잡범 사죄 이하를 사면하고 교서를 반포하다	특별사면
190	광해군 일기 정초본 133권	광해 10년 10월 22일 정축 8번째 기사	비변사가 서북의 군대를 선유하는 교서를 대제학이 짓도록 청하자 윤허하다	명 군대 선유 교서 제작승인
191	광해군 일기 정초본 151권	광해 12년 4월 9일 병진 2번째 기사	사면령을 내리다	특별사면
192	인조실록 2권	인조 1년 7월 15일 계묘 1번째 기사	일식이 있다. 의거 때 양주에서 일어난 자원병을 혁파토록 하교하다	자원병 혁파
193	인조실록 9권	인조 3년 4월 3일 경진 2번째 기사	연평 부원군 이귀가 언로를 널리 열고 대각을 용서할 것을 청하다	대각의 간언 수용
194	인조실록 11권	인조 4년 2월 2일 을해 2번째 기사	윤방 · 신흠이 상사를 공론에 따라 시행할 것을 건의하다	능원군 상주 관련 상소 수용
195	인조실록 13권	인조 4년 윤6월 1일 신축 1번째 기사	재해로 인해 좌의정과 우의정이 풍화의 진작, 적임자의 임용, 대각을 예우하도록 청하다	인재 추천 장려
196	인조실록 16권	인조 5년 5월 25일 경인 2번째 기사	명 사신이 가지고 온 성지를 보니 무함을 입은 것을 씻어 주었다고 하교하다	특별승진
197	인조실록 18권	인조 6년 2월 22일 갑인 6번째 기사	김기종이 사직을 청했으나 윤허하지 않다	사직청원 기각
198	인조실록 20권	인조 7년 5월 3일 정해 1번째 기사	송극인 · 신열도 등이 조서와 칙서를 받들고 연경으로부터 돌아오다	명나라 조서 및 칙서
199	인조실록 23권	인조 8년 7월 11일 무자 1번째 기사	모화관에 나아가 황태자를 책봉한 데 대한 조서를 영접하다	명나라 조서 및 칙서
200	인조실록 23권	인조 8년 7월 12일 기축 1번째 기사	숭정전에 나아가 왕세자와 백관의 하례를 받고 사령을 반포하다	특별사면

〈계속〉

201	인조실록 28권	인조 11년 5월 6일 정유 1번째 기사	상이 모화관에서 영칙례를 거행하다	명나라 영칙례
202	인조실록 33권	인조 14년 11월 21일 신유 2번째 기사	이조 참판 정온 등이 사신 보내는 일의 불가함에 대해 올린 차자	차자에 대한 번복 불가능
203	인조실록 42권	인조 19년 4월 9일 갑인 1번째 기사	가뭄 · 재변 · 관직 · 옥사 · 진휼 · 간언 등에 대한 대사간 이명한의 상차	대사간 이명한 상차
204	인조실록 46권	인조 23년 6월 10일 신유 5번째 기사	상호군 김육이 지은 소현 세자의 애책문의 내용	소현세자 애책문
205	인조실록 47권	인조 24년 1월 3일 신해 1번째 기사	청나라에서 왕세자를 책봉해 준 일로 사면의 은전을 내리고 교서를 반포하다	청나라 은전
206	인조실록 48권	인조 25년 10월 18일 을유 2번째 기사	이경여 · 홍무적 · 심로 · 이응시의 석방과 자신의 체직을 청한 지평 하진의 상소	석방 청원 수용
207	효종실록 4권	효종 1년 7월 3일 갑인 6번째 기사	태학생들이 유직에게 벌을 내린 것을 논의하며 태학을 나가니 달래도록 이르다	태학생들의 청원
208	효종실록 8권	효종 3년 4월 26일 정묘 1번째 기사	재해 문제에 관해 민정중이 상소를 올리고, 이에 대해 논의하다	재해 관련 상소와 소현세자 죽음
209	효종실록 10권	효종 4년 1월 3일 경오 3번째 기사	홍천 현감 최일이 올린 정사를 공정하고 신중히 하라는 상소	공정한 정사에 대한 상소
210	효종실록 10권	효종 4년 1월 6일 계유 2번째 기사	전 영의정 이경석이 전지에 응해 올린 인사 · 형벌 · 붕당 등에 대한 상소	인사, 형벌, 붕당에 대한 상소
211	효종실록 10권	효종 4년 1월 24일 신묘 4번째 기사	대사간 김익희가 올린 혈기에 따르지 말고 너그러이 다스리라는 상소	정사에 대한 상소
212	효종실록 12권	효종 5년 2월 18일 기묘 3번째 기사	조석윤과 박장원의 석방을 청하는 영안위 홍주원의 상소문	조석윤과 박장원의 파직
213	효종실록 15권	효종 6년 7월 18일 경자 1번째 기사	김육이 백성들이 군사 훈련으로 인해 농사지을 여유가 없음을 아뢰고 정지를 청하다	농업 정지 청원
214	효종실록 16권	효종 7년 2월 27일 병자 2번째 기사	이조 정랑 김수항이 상소하여 형벌의 무거움 등 폐단 여덟 가지를 아뢰다	폐단에 대한 상소
215	효종실록 19권	효종 8년 11월 2일 경자 3번째 기사	홍문관이 언로를 열고 사치를 금단하며 어사를 파견할 것 등을 건의하다	정사에 대한 건의
216	효종실록 19권	효종 8년 11월 8일 병오 3번째 기사	영돈녕부사 김육이 차자를 올려 대동법 시행에 대해 아뢰다	대동법 시행
217	현종실록 2권	현종 1년 1월 3일 기미 5번째 기사	송시열에게 보낼 유지를 승지 조형 등으로 하여금 작성케 하다	송시열 승지 조형
218	현종실록 3권	현종 1년 7월 25일 무인 5번째 기사	우찬성 송시열의 상소문	송시열 상소문
219	현종실록 11권	현종 6년 12월 26일 정축 2번째 기사	영부사 이경석이 상차하여 군역의 폐단 등을 아뢰고 검소 · 근면 등을 권하다	군역의 폐단

〈계속〉

220	현종실록 14권	현종 9년 3월 27일 을축 1번째 기사	가뭄으로 구언하면서 조정의 협동을 명하는 수교를 내리다	조정 협동에 대한 수교
221	현종개수 실록 2권	현종 1년 1월 3일 기미 6번째 기사	상이 송시열에게 유지를 내리다	송시열 유지
222	현종개수 실록 3권	현종 1년 6월 11일 갑오 2번째 기사	교리 이익이 상소하여 사직하고, 시장을 절수받는 폐단에 대해서 아뢰다	이익 상소
223	현종개수 실록 4권	현종 1년 7월 25일 무인 6번째 기사	우찬성 송시열이 소장을 올려 사직하고, 또 치도에 대해 아뢰다	송시열 사직 거절
224	현종개수 실록 4권	현종 1년 7월 26일 기묘 4번째 기사	정원에 하교하여 널리 직언을 구하라고 하다	정원 하교
225	현종개수 실록 5권	현종 2년 1월 5일 을묘 2번째 기사	흥정당에 나아가니 영의정 정태화 · 우의정 원두표가 공사를 가지고 아뢰다	구휼, 군사
226	현종개수 실록 14권	현종 6년 12월 26일 정축 2번째 기사	당시의 족징 · 토목의 역사 · 옥사 등의 폐단에 대한 영중추부사 이경석의 상차	역사 · 옥사 폐단에 대한 상차
227	현종개수 실록 14권	현종 7년 2월 13일 갑자 3번째 기사	전 집의 윤선거의 사직소	윤선거의 사직소
228	현종개수 실록 18권	현종 9년 3월 27일 을축 1번째 기사	교서를 내려 구언하고 정전을 피하다	교서
229	현종개수 실록 20권	현종 9년 12월 2일 병인 2번째 기사	우부승지 정계주가 우의정 송시열이 내일 답하려 한다는 내용으로 서계하다	임금메시지 전달
230	현종개수 실록 24권	현종 12년 6월 4일 계미 5번째 기사	장선징이 백성들의 생활에 대해 상차하다	백성들 생활에 대한 상차
231	현종개수 실록 25권	현종 13년 4월 28일 계묘 4번째 기사	좌승지 이연년 등이 송준길의 됨됨이를 상소하다	송준길 됨됨이에 대한 상소
232	숙종실록 3권	숙종 1년 4월 20일 무신 4번째 기사	경연에서 홍우원이 상방 제조 김우명을 배척하다	김우명의 사직 거절
233	숙종실록 4권	숙종 1년 12월 1일 갑인 3번째 기사	우승지 이세화가 상소하여 윤휴를 편사하는 문제를 말하다	윤후 편사
234	숙종실록 4권	숙종 1년 12월 1일 갑인 4번째 기사	정원에서 이세화의 죄를 논하므로 체차하도록 하다	이세화 죄에 대한 체차
235	숙종실록 5권	숙종 2년 10월 21일 경오 1번째 기사	왕비의 책명을 선포하고 사명과 교지를 반포하다	왕비 책명 선포
236	숙종실록 7권	숙종 4년 9월 26일 갑자 3번째 기사	재상의 조정 불참여에 관한 유생 이귀령 등의 상소문	재상의 조정 불참여
237	숙종실록 9권	숙종 6년 5월 6일 갑오 1번째 기사	역적을 토멸한 일을 종묘에 고하고 사면을 발표하는 교서를 반포하다	사면 발표 교서
238	숙종실록 10권	숙종 6년 8월 30일 병술 1번째 기사	회맹제와 그 제문의 내용. 환궁하여 숭정전에서 보사 공신의 교서축을 반포하다	회맹제와 제문

〈계속〉

239	숙종실록 12권	숙종 7년 12월 7일 병술 6번째 기사	묘호와 휘호 추가에 따른 대사면의 교지	묘호와 휘호 추가
240	숙종실록 14권	숙종 9년 1월 28일 경오 1번째 기사	주강에 나아가니 송시열이 수어사 혁파와 12조목의 차자를 올리다	12조목 차자
241	숙종실록 14권	숙종 9년 6월 12일 계미 1번째 기사	송시열이 태조와 태종의 시호를 더하여야 하는 의를 밝혀 말하다	태조와 태종의 시호
242	숙종실록 15권	숙종 10년 11월 7일 무진 1번째 기사	자의전 주갑 탄일에 교서를 반포하다	주갑탄일 교서 반포
243	숙종실록 16권	숙종 11년 9월 30일 정해 2번째 기사	송시열이 스승 김장생을 변호하자 답하다	김장생
244	숙종실록 17권	숙종 12년 7월 6일 무자 1번째 기사	부교리 이징명이 재이를 두려워할 것과 수성에 힘쓸 것을 상소하다	신하들에 역정
245	숙종실록 20권	숙종 15년 1월 17일 을유 2번째 기사	대제학 남용익의 반교 · 반사기	반교, 반사기
246	숙종실록 23권	숙종 17년 8월 11일 계사 1번째 기사	우의정 민암이 연경에 가다가 의주에서 차자를 올리다	신하 귀양, 징계
247	숙종실록 24권	숙종 18년 4월 1일 경진 2번째 기사	어사 이인엽의 일을 헌납 송유룡이 상소하다	송유룡 상소
248	숙종실록 26권	숙종 20년 4월 10일 정축 4번째 기사	고 상신 송시열의 논의를 일으킨 대관과 입시한 신하들을 경중을 가려 죄주게 하다	죄의 경중을 가려 처벌
249	숙종실록 26권	숙종 20년 4월 24일 신묘 3번째 기사	곤위가 회복되었음을 알리는 비망기를 내리다	비망기
250	숙종실록 28권	숙종 21년 2월 27일 기미 2번째 기사	대사간 홍수헌이 장희재의 죄를 들어 상소하다	장희재의 상소
251	숙종실록 32권	숙종 24년 12월 17일 정사 3번째 기사	전염병으로 죽은 자에게 세금을 면제하고 병자에게 그 부역을 감면하다	폐단으로 세금 감면
252	숙종실록 32권	숙종 24년 12월 27일 정묘 1번째 기사	부묘례를 행하고 숭정전에서 백관들의 하례를 받고 대사와 반교하다	부묘례
253	숙종실록 33권	숙종 25년 6월 13일 경술 2번째 기사	장령 윤홍리가 진소하여 절수의 혁파 등 시정에 대해 논하다	절수 반환
254	숙종실록 35권	숙종 27년 10월 23일 병자 2번째 기사	희빈 장씨를 자진하게 한 일에 대해 호군 강세귀가 올린 상소문	희빈장씨 상소문 반환
255	숙종실록 35권	숙종 27년 10월 27일 경진 1번째 기사	사간원에서 강세귀의 상소 내용이 불경하다고 해서 귀양보내라고 청하니 허락하다	강세귀 귀양
256	숙종실록 36권	숙종 28년 4월 29일 경진 1번째 기사	주강에 나아가다. 과옥을 처리하는 일 등에 대해 논의하다	무엄한 신하 파직
257	숙종실록 40권	숙종 30년 12월 11일 정축 2번째 기사	임금이 해소의 징후가 있어 약방에 해소의 처방에 대해 하교하다	약방해소 하교

〈계속〉

258	숙종실록 41권	숙종 31년 3월 3일 정유 1번째 기사	오시에 인정전에 나아가 진하하고 특사를 반포하다	특사 반포
259	숙종실록 41권	숙종 31년 3월 9일 계묘 3번째 기사	비망기의 교령을 중외에 반포할 것을 승정원에서 아뢰다	비망기 교령 반포
260	숙종실록 44권	숙종 32년 10월 17일 신축 1번째 기사	장악정 최계옹이 죄인들을 공정하고 타당성있게 처리해 주기를 상소하다	공정한 죄인 처리
261	숙종실록 48권	숙종 36년 4월 27일 임술 2번째 기사	대사헌 유득일이 흉년으로 인해 군신 상하가 경계하고 두려워해야 함을 상소하다	흉년 대비
262	숙종실록 50권	숙종 37년 1월 1일 경인 1번째 기사	권농 윤음을 내리다	권농 윤음
263	숙종실록 51권	숙종 38년 1월 1일 을유 1번째 기사	권농 윤음을 하교하다	권농 윤음 하교
264	숙종실록 51권	숙종 38년 2월 29일 임오 1번째 기사	헌납 한영조가 상소하여 민건후의 복직과 오명준 특승의 명을 환수토록 청하다	헌납 한영조 상소
265	숙종실록 53권	숙종 39년 1월 11일 기축 2번째 기사	존호를 받을 것을 청하는 종친들의 상소문	왕실 존호
266	숙종실록 53권	숙종 39년 3월 9일 병술 10번째 기사	즉위 40주년에 즈음한 교시 내용	즉위 40년 교시
267	숙종실록 59권	숙종 43년 2월 25일 경술 2번째 기사	사간 이정익이 온양에서의 과거설행 중지를 청하다	과거설행 중단
268	숙종실록 59권	숙종 43년 3월 25일 경진 3번째 기사	홍문관에서 권상하 예우책을 올리다	권상하 예우책
269	숙종실록 60권	숙종 43년 7월 24일 병자 6번째 기사	이관명 · 이덕영 등의 왕세자 청정에 관한 상소문	왕세자 청정
270	숙종실록 60권	숙종 43년 7월 25일 정축 5번째 기사	판중추부사 서종태의 사면을 청하는 상소문	서종태 사면
271	숙종실록 60권	숙종 43년 8월 4일 을유 5번째 기사	판중추부사 이여가 군주의 사령에 대해 상소하다	이여가 군주의 사령 상소
272	숙종실록 60권	숙종 43년 12월 6일 병술 2번째 기사	홍만우의 처분에 대해 논의하다	홍만우 파직
273	숙종실록 61권	숙종 44년 1월 3일 임자 3번째 기사	왕세자가 백성을 구휼하고 농사를 중하게 여기는 뜻의 글을 내리다	왕세자 백성 구휼
274	숙종실록 61권	숙종 44년 5월 22일 경오 1번째 기사	민회빈을 복위하고 시호를 선포한 일로 백관들의 하례를 받고, 교서를 반포하다	민회빈 복위 시호 반포
275	숙종실록 65권	숙종 46년 1월 8일 을해 1번째 기사	임금이 육순을 맞이하여 반포한 교지문	교지문
276	숙종실록 65권	부록	숙종 대왕 묘지문[誌文]	묘지문

〈계속〉

277	숙종실록 65권	부록	숙종 대왕 애책문(哀册文)	애책문
278	숙종실록 65권	부록	숙종 대왕 행장(行狀)	행장
279	숙종보궐 정오실록 61권	숙종 44년 6월 19일 병신 1번째 기사	개성 유수 최창대가 세 번째 사직하기를 청하니, 허락하지 않다	최창대 사직 거절
280	경종실록 2권	경종 즉위년 10월 5일 무술 2번째 기사	좌승지 유중무 등이 천둥의 이변으로 인해 구언할 것을 청하다	구언 청원
281	경종실록 3권	경종 1년 4월 13일 계묘 3번째 기사	사간 김제겸이 체직을 원하고 기근을 구제하는 방책을 강구할 것 등을 청하다	기근 구제
282	경종실록 3권	경종 1년 4월 20일 경술 2번째 기사	관원들의 나태 · 흉년으로 인한 백성들의 굶주림 등을 아뢰는 호조 판서 민진원의 상소	기근 구제
283	경종실록 4권	경종 1년 9월 2일 경인 1번째 기사	판중추부사 문순공 권상하의 졸기	권상하 졸기
284	경종실록 5권	경종 1년 10월 14일 신미 7번째 기사	우의정 조태구가 세제에게 정사를 대행하게 한 명을 거둘 것을 청하다	정사 대행
285	경종실록 9권	경종 2년 8월 11일 갑자 2번째 기사	교서를 내리고 사면령을 반포하다	사면령 반포
286	경종실록 9권	경종 2년 8월 11일 갑자 3번째 기사	숙종 대왕 묘정의 칠사 배향신에 영의정 문충공 남구만 등을 제부하다	칠사 배향신 제부
287	경종실록 9권	경종 2년 9월 10일 임진 2번째 기사	승지 남취명 등이 전날 밤의 뇌변에 대해 이야기하다	뇌변 우려
288	경종실록 15권	부록	경종 대왕 시책문(諡册文)	시책문
289	경종수정 실록 1권	경종 즉위년 6월 8일 계묘 2번째 기사	즉위 전날 예조에서 아뢴 복제 절목가 백관의 복제 별단	복제별단
290	경종수정 실록 2권	경종 1년 4월 20일 경술 1번째 기사	관원들의 나태 · 흉년으로 인한 백성들의 굶주림 등을 아뢰는 호조 판서 민진원의 상소	관원들의 나태
291	경종수정 실록 2권	경종 1년 10월 15일 임신 3번째 기사	정사를 대행하게 한 명을 거둘 것을 청하는 왕세제의 상소	
292	경종수정 실록 3권	경종 2년 8월 11일 갑자 2번째 기사	교서를 내리고 사면령을 반포하다	사면령 반포
293	경종수정 실록 3권	경종 2년 9월 1일 계미 1번째 기사	대비전에 존호를 올리고 교문을 내려 사면령을 내리다	사면령 반포
294	경종수정 실록 3권	경종 2년 9월 21일 계묘 2번째 기사	영종 을사년에 임인년의 옥안에 대해 다시 논의한 내용	임인년 사건 사법처리

〈계속〉

295	경종수정 실록 4권	경종 3년 3월 13일 임진 1번째 기사	녹훈에 대한 교문	녹훈 교문
296	영조실록 2권	영조 즉위년 11월 25일 을축 2번째 기사	전 장령 채응복이 김일경을 엄호하는데 급급한 유시모에게 투비의 법을 베풀기를 청하다	투비의 법
297	영조실록 4권	영조 1년 3월 10일 무신 3번째 기사	군흉을 토벌하여 성상의 무함을 벗어날 것을 청한 교리 이기진의 상소	교리 이기진 상소
298	영조실록 6권	영조 1년 6월 13일 기묘 2번째 기사	동궁의 환후가 회복되자 종묘에 고하고 사령한 교서의 내용	종묘 사령 교서
299	영조실록 10권	영조 2년 10월 13일 신미 1번째 기사	부묘한 다음 작헌례를 거행하고 붕당 · 사치 · 음주의 3조목을 유시하다	행실 지적
300	영조실록 11권	영조 3년 4월 12일 무술 4번째 기사	검토관 홍성보가 섭이중의 시를 들어 권면하다	백성들에 대한 권면
301	영조실록 13권	영조 3년 9월 10일 계해 2번째 기사	인정전에 나가 하례를 받고 사면령을 반포하다	특별사면
302	영조실록 17권	영조 4년 4월 22일 임인 1번째 기사	중외의 대소신료 기로 군민에게 내리는 교서	특별승진
303	영조실록 21권	영조 5년 3월 19일 계해 5번째 기사	오원의 관직을 삭탈하라고 하다. 국세의 위태로움과 왕강이 무너진 것에 대한 오원의 상소문	관직삭탈
304	영조실록 23권	영조 5년 7월 1일 갑진 2번째 기사	갑진년에 임금을 무함한 심유현 등의 일에 관한 정언 민형수의 상소문	관직삭탈
305	영조실록 24권	영조 5년 10월 19일 경신 4번째 기사	사치 금단 전화의 혁파 등을 상소한 경기 수사 구성임을 파직하다	관직삭탈
306	영조실록 24권	영조 5년 12월 1일 신축 1번째 기사	숙종 대왕을 세실에 봉안하고 교서를 반포하다	특별사면
307	영조실록 25권	영조 6년 3월 26일 갑오 2번째 기사	북로 어사 이종성이 북도의 진휼책을 진달하다	경작허가
308	영조실록 29권	영조 7년 5월 17일 기묘 4번째 기사	경기 백성 및 교하 백성들에게 천릉으로 인한 역사의 어려움을 위로하다	천릉 비용 지급
309	영조실록 30권	영조 7년 12월 21일 경술 3번째 기사	관서의 쌀 5만 섬을 삼남에 수송하는 문제를 의논하다	쌀 수송문제 의논
310	영조실록 36권	영조 9년 11월 2일 기묘 3번째 기사	이이제가 당색을 초월하여 진언하는 것에 대해 상소하다. 또 기근이 든 지역의 세금징수에 대해 건의하다	기근지역 조세감면
311	영조실록 36권	영조 9년 12월 23일 경오 1번째 기사	송진명이 치도를 행함에 있어 실효가 있게 하라고 건의하다	치도 실효성 상소 수용
312	영조실록 36권	영조 9년 12월 26일 계유 1번째 기사	김시형이 영남 지역의 선비 등용에 대해 건의하다	선비 등용청원 수용
313	영조실록 37권	영조 10년 1월 1일 무인 4번째 기사	언로직에 있는 관리들의 태만을 질책한 윤율에 대해 조명택 · 남태량의 계사를 올리다	사직청원 기각

〈계속〉

314	영조실록 37권	영조 10년 1월 5일 임오 16번째 기사	전라 감사 조현명이 치국 방안에 대한 여섯 가지를 상소하다	치국방안 상소 수용
315	영조실록 37권	영조 10년 1월 23일 경자 1번째 기사	이저가 망국의 조짐과 그 대책을 상소하다	양역 개혁청원 수용
316	영조실록 42권	영조 12년 8월 11일 임신 4번째 기사	우찬성 세자 이사인 정제두의 졸기	신하 장제비 및 시호 하사
317	영조실록 42권	영조 12년 11월 18일 정미 3번째 기사	병조 판서 이유의 졸기	신하 부의금 하사
318	영조실록 42권	영조 12년 11월 21일 경술 1번째 기사	송인명 등이 공경들의 졸서로 인해 그 직이 비니 유척기 · 정석오를 천거하다	인재 등용청원 수용
319	영조실록 42권	영조 12년 12월 2일 신유 3번째 기사	김재로 등이 신료들이 쉽게 물러나는 현실을 비판하니, 김약로를 부제조로 삼다	인재 등용청원 수용
320	영조실록 42권	영조 12년 12월 14일 계유 1번째 기사	사헌부 윤득경이 오명서를 삭직한 후 다시 서용 못함을 아뢰니 도리어 체직시키다	삭탈청원 기각 후 상소자 관직삭탈
321	영조실록 43권	영조 13년 1월 2일 신묘 2번째 기사	국사에 힘쓸 것과 수령의 임무 · 농정 등 다섯 가지를 유시하다	새해 유시
322	영조실록 45권	영조 13년 8월 10일 병인 5번째 기사	조현명 등의 관직을 삭탈하고 문외 출송하다. 신하들이 어선 들기를 청하다	관직삭탈
323	영조실록 47권	영조 14년 1월 1일 갑인 1번째 기사	권농하는 윤음을 지어 팔도의 도신과 양도의 유수에게 하유하다	권농
324	영조실록 48권	영조 15년 1월 12일 기미 1번째 기사	인정전에 나아가 하례를 받고 교서를 반포하다. 사유는 하지 않다	특별승진
325	영조실록 50권	영조 15년 11월 11일 갑인 3번째 기사	천둥의 이변을 경계하도록 아뢴 형조 판서 이기진의 상소문	재변 대처청원
326	영조실록 52권	영조 16년 7월 20일 무자 2번째 기사	정청을 따라 현호를 받고, 모의를 높임에 예절을 다한 것에 대해 교문을 반포하다	특별사면
327	영조실록 52권	영조 16년 9월 9일 정축 1번째 기사	검토관 이천보가 지난달 천둥의 변고가 있었으니 수성을 소홀히 하지 말 것을 아뢰다	재변 대처청원
328	영조실록 52권	영조 16년 10월 19일 병진 4번째 기사	집의 이선행이 근래의 과거의 폐단과, 지난번의 시관의 의망에 잘못이 있었다고 상소하다	과거 폐단 상소
329	영조실록 53권	영조 17년 1월 1일 정묘 1번째 기사	팔도와 양도에 권농하는 윤음을 내리다	권농
330	영조실록 53권	영조 17년 6월 23일 병진 1번째 기사	수찬 박춘보가 상소하여 이광의를 엄중히 벌할 것을 청하다	파직
331	영조실록 55권	영조 18년 1월 1일 신유 1번째 기사	권농의 윤음을 내리다	권농
332	영조실록 56권	영조 18년 11월 26일 신사 1번째 기사	동지날을 맞아 임금이 윤음을 내리다	동지 유시

〈계속〉

333	영조실록 57권	영조 19년 1월 1일 병진 3번째 기사	권농의 윤음을 팔도와 양도에 내리다	권농
334	영조실록 58권	영조 19년 6월 12일 계해 1번째 기사	우사단에 몸소 기도하기 위해 먼저 윤음을 내리고, 미리 길을 청소하게 하다	재변 대처
335	영조실록 58권	영조 19년 12월 20일 기사 2번째 기사	정원 등에서 청대하니, 신하들을 불러 마음을 털어놓고 유시하는 윤음을 내리다	세자 보필 유시
336	영조실록 59권	영조 20년 1월 12일 경인 2번째 기사	인정전에 나아가 백관의 하례를 받고 사면령을 내리다	특별사면
337	영조실록 60권	영조 20년 12월 13일 병진 3번째 기사	공주의 이씨 여자의 집에 정문을 세우게 하고, 정당한 형벌의 적용을 하교하다	정당한 형벌적용 유시
338	영조실록 61권	영조 21년 5월 15일 병술 2번째 기사	호남 심리사 조영국을 인견하여 민정을 의논하다	사직청원 기각
339	영조실록 62권	영조 21년 9월 13일 임오 1번째 기사	육상묘를 전배하고 근정전 옛터의 현판을 보며 근일의 정사를 되새기다	근일의 정사 유시
340	영조실록 62권	영조 21년 9월 14일 계미 1번째 기사	하교하여 조정에 당파가 있음을 논하자 김재로가 선조 때의 예를 들며 풍간하다	유생 면칙
341	영조실록 65권	영조 23년 1월 1일 신묘 2번째 기사	권농 윤음을 내려 8도와 양도의 지방관에게 칙려하다	권농
342	영조실록 65권	영조 23년 1월 2일 임진 2번째 기사	영의정 김재로가 하례하는 자리에 참여하지 못하여 차자를 올려 인구하다	복관 돈유
343	영조실록 65권	영조 23년 2월 20일 경진 5번째 기사	존호를 올리는 경사에 즈음하여 민폐를 없애기 위한 윤음을 내리다	공평한 조세 및 사법 강화
344	영조실록 67권	영조 24년 1월 24일 기유 2번째 기사	좌윤 이광덕이 상소하여 윤음과 제수를 내려준 것을 감사하다	표창
345	영조실록 67권	영조 24년 2월 27일 신사 2번째 기사	『주례』의 태사 유사장을 강하다	표창 관련 토론
346	영조실록 67권	영조 24년 3월 5일 기축 2번째 기사	정원이 재변에 대비한 간언을 하자 가납하다	재변 대처청원
347	영조실록 68권	영조 24년 12월 5일 을유 1번째 기사	권돈을 국문할 것을 사간 이구령이 아뢰다	국문청원 기각
348	영조실록 70권	영조 25년 8월 6일 임오 1번째 기사	친히 임문휼민의를 짓다	구휼
349	영조실록 70권	영조 25년 9월 2일 정미 1번째 기사	대리한 뒤로 군국에 관계되는 일은 동궁에 들이도록 명했는데 그를 윤음초라 하다	군국사무 대리청정
350	영조실록 70권	영조 25년 9월 19일 갑자 2번째 기사	지돈녕 이종성이 부름을 받고 도성 안으로 들어오다	사치 풍습 금지
351	영조실록 71권	영조 26년 1월 1일 을사 2번째 기사	권농의 윤음을 내리다	권농

〈계속〉

352	영조실록 71권	영조 26년 5월 19일 경신 1번째 기사	홍화문에 나아가 사서인을 불러서 양역에 대하여 묻다.	토지부과세 논의
353	영조실록 72권	영조 26년 10월 17일 병술 3번째 기사	우의정 정우량이 말로써 죄 얻은 자를 거두어 서용할 것 등을 청하다	서용 청원
354	영조실록 73권	영조 27년 5월 13일 기유 1번째 기사	원손을 책봉하여 왕세손으로 삼고, 백관의 하례를 받고 반사하다	특별사면
355	영조실록 74권	영조 27년 9월 11일 갑술 2번째 기사	영조가 지어서 내린 수성 윤음(守城綸音)	수성 절목 반포
356	영조실록 75권	영조 28년 1월 3일 을축 2번째 기사	부교리 윤광찬이 올린 민생과 국사를 걱정하는 글	은전청원 수용
357	영조실록 75권	영조 28년 1월 13일 을해 1번째 기사	병조 판서 홍계희가 왕세자에게 올린 균역에 관한 책자의 내용	균역 관련 상소
358	영조실록 77권	영조 28년 6월 7일 병신 2번째 기사	승지와 사관에게 균역 윤음을 쓰라고 명하다	균역 사목 반포
359	영조실록 80권	영조 29년 7월 9일 임술 1번째 기사	은여결 · 타락죽 · 통영의 일을 하문하다	균역 관련 절목
360	영조실록 80권	영조 29년 9월 4일 병진 3번째 기사	화경 숙빈에게 시호를 올리고 태묘에 봉원을 고하다	특별사면
361	영조실록 80권	영조 29년 10월 25일 병오 1번째 기사	익릉의 기신제에 쓸 향을 전하고, 신포를 견감한 일에 관해 내린 윤음	신포 견감
362	영조실록 81권	영조 30년 4월 22일 신축 5번째 기사	예조 당상 홍상한 등이 하연을 청하니 윤허하지 않다	하연청원 불허
363	영조실록 81권	영조 30년 6월 12일 경신 4번째 기사	유연을 경계하는 윤음	유연 경계령
364	영조실록 82권	영조 30년 9월 23일 기해 1번째 기사	부덕을 경계하기 위해 10일 동안의 감선을 행하다	감선
365	영조실록 82권	영조 30년 11월 19일 갑오 1번째 기사	『시경』 칠월장을 강독하고 윤음을 내리다	사치 풍습 금지
366	영조실록 82권	영조 30년 12월 30일 갑술 4번째 기사	선원전의 재실에 나아가 권농 윤음을 내리다	권농
367	영조실록 83권	영조 31년 1월 11일 을유 1번째 기사	태묘에 나가 춘전알례를 행하다	거둥 관련 조언
368	영조실록 83권	영조 31년 2월 27일 신미 2번째 기사	사노비의 감포 절목(減布節目)을 확정하고 내린 윤음	감포 절목 확정
369	영조실록 83권	영조 31년 3월 5일 무인 2번째 기사	신하들의 하례를 받고 세자에게 하교하고, 윤음을 내리다	세자에게 하교
370	영조실록 83권	영조 31년 3월 29일 임인 2번째 기사	국옥(鞫獄)의 방법 등에 대한 하교와 윤음	국옥 관련 하교

〈계속〉

371	영조실록 85권	영조 31년 6월 23일 을축 1번째 기사	인빈에게 시호를 올리고 하례한 반교와 반사	특별사면
372	영조실록 85권	영조 31년 9월 8일 기묘 4번째 기사	명년 정월부터 경외에서 술을 빚지 말라는 전교	술 제조 금지
373	영조실록 86권	영조 31년 12월 21일 경신 1번째 기사	야대를 행하고 묘당에 윤음을 내려 백성을 구제할 방법을 강구토록 하다	구휼
374	영조실록 86권	영조 31년 12월 22일 신유 4번째 기사	전 경상 감사 이이장 등을 불러 왜인을 제어하는 방도를 논의하다	대왜정책 논의
375	영조실록 87권	영조 32년 1월 2일 경오 2번째 기사	각도에 사단을 깨끗이 하도록 하고 윤음을 내리다	특별채용 및 인사평가
376	영조실록 87권	영조 32년 1월 14일 임오 2번째 기사	삼황 기신의 망배 때 내릴 윤음을 쓰도록 하다	명나라 제사
377	영조실록 87권	영조 32년 2월 25일 계해 2번째 기사	이성중 · 홍봉한을 소견하고 『오례의』에 의해 작헌토록 하다	오례의에 의한 작헌 지시
378	영조실록 87권	영조 32년 2월 26일 갑자 1번째 기사	진시에 문묘에 나가 작헌례를 행하고, 명륜당에서 내린 윤음	권독
379	영조실록 87권	영조 32년 3월 5일 계유 3번째 기사	4경에 옛 홍문관에 나가 내린 도백들은 권농에 힘쓰라는 전교	권농
380	영조실록 87권	영조 32년 3월 17일 을유 3번째 기사	대신들을 소견하고 남한 산성의 이전곡 환납 등을 논의하다	관료 징계
381	영조실록 87권	영조 32년 3월 18일 병술 4번째 기사	의종 황제의 기신을 맞아 진시에 명정전에 나가 망배례를 행하다	명나라 제사
382	영조실록 87권	영조 32년 4월 10일 정미 2번째 기사	어의궁에 거둥하여 봉안각에 배례하고 '인묘 고궁'이라 써주다	과거시험 과목 추가
383	영조실록 87권	영조 32년 4월 12일 기유 1번째 기사	비국 당상을 불러 삼남의 대동미 정퇴에 대해 논의하다	대동미 정퇴청원 수용
384	영조실록 87권	영조 32년 4월 17일 갑인 2번째 기사	명정문에 나가 서울에 들어온 시골 사람 60명을 인견하고 양맥의 풍흉을 묻다	지방백성 인견
385	영조실록 87권	영조 32년 5월 21일 무자 1번째 기사	어원에서 윤음을 지어 팔도에 권농을 면칙하다	권농
386	영조실록 88권	영조 32년 7월 21일 병술 4번째 기사	명릉을 배알하고자 특별히 윤음을 내려 백성을 동치치 말도록 하다	백성 동요 방지
387	영조실록 88권	영조 32년 9월 16일 신사 3번째 기사	환후가 회복되자 약원의 도제조 이하에게 차등있게 상을 내리다	표창
388	영조실록 88권	영조 32년 10월 23일 정해 1번째 기사	왕손의 봉작을 열 살로 하는 일을 제도로 정하도록 윤음하다	봉작제도
389	영조실록 88권	영조 32년 11월 1일 갑오 2번째 기사	각도의 도신과 삼도의 유수들을 효유하는 동지 윤음을 내리다	동지 유시

〈계속〉

390	영조실록 88권	영조 32년 11월 14일 정미 1번째 기사	각도의 유민들이 서울로 몰려들자 선혜청에 죽을 쑤어 진휼토록 하다	진휼
391	영조실록 88권	영조 32년 12월 12일 을해 2번째 기사	흰 무지개가 해를 꿰뚫자 사흘간 감선하다	감선
392	영조실록 89권	영조 33년 1월 28일 경신 3번째 기사	홍화문에서 유민을 소견한 일로 윤음을 내리다	구휼
393	영조실록 89권	영조 33년 4월 14일 을해 2번째 기사	돌을 끄는 승군의 숫자를 줄이고 선혜청에 양식을 지급하라고 윤음을 내리다	구휼
394	영조실록 89권	영조 33년 5월 5일 을미 3번째 기사	홍릉의 사방석을 제거하도록 명한 윤음	사방석 제거령
395	영조실록 89권	영조 33년 5월 19일 기유 1번째 기사	태형과 장형의 법도를 엄히 지키라고 윤음을 내리다	장형 폐지령
396	영조실록 89권	영조 33년 6월 20일 경진 3번째 기사	여차에 나가 총호사 등을 인견하고 농사의 형편, 산릉의 보토 등을 하문하다	상례보편 개정
397	영조실록 90권	영조 33년 7월 2일 임진 2번째 기사	기전의 결전을 감하고, 제주 · 호남의 부역한 조군은 복호토록 하다	결전 감소
398	영조실록 90권	영조 33년 7월 14일 갑진 1번째 기사	경기 감사와 각무 차사원을 소견하고 팔도와 삼도에 신칙하는 윤음을 내리다	신칙
399	영조실록 90권	영조 33년 10월 10일 기사 2번째 기사	시임 · 원임 대신 등과 의논하고 망예를 망료례로 하고 조조례를 정하다	망료례 및 조조례 시행
400	영조실록 90권	영조 33년 10월 24일 계미 4번째 기사	명정전 월대에 나가 5부의 부로를 불러 계주의 윤음을 선유하다	계주령
401	영조실록 90권	영조 33년 11월 1일 기축 2번째 기사	대신과 경재를 불러 내린 계주하라는 윤음	계주 윤음
402	영조실록 90권	영조 33년 11월 4일 임진 1번째 기사	전후의 계주에 대한 윤음을 책으로 엮어 간행 반포케 하다	계주 윤음 간포 명령
403	영조실록 90권	영조 33년 11월 7일 을미 3번째 기사	유신과 교서관 제조 홍계희를 불러 윤음과 간행에 대해 묻다	윤음 간행
404	영조실록 90권	영조 33년 11월 9일 정유 2번째 기사	왕세자가 차대하여 철원의 군향 저축 등의 일을 처리하다	구휼
405	영조실록 90권	영조 33년 11월 10일 무술 3번째 기사	친히 동짓날의 윤음을 지어 중외에 반포하다	중외 반포
406	영조실록 90권	영조 33년 11월 11일 기해 3번째 기사	왕세자가 승정원에 내린 자성하는 하령과 이에 대한 전교	하령과 전교
407	영조실록 90권	영조 33년 12월 16일 갑술 1번째 기사	비국 당상을 인견하고, 부녀의 다리를 금하고 당하 조관은 녹포를 입도록 하다	의생활
408	영조실록 90권	영조 33년 12월 21일 기묘 2번째 기사	편차인 구윤명을 소견하고 직물에 무늬놓는 것을 금하는 윤음을 내리다	사치 풍습 금지

〈계속〉

409	영조실록 91권	영조 34년 1월 1일 무자 4번째 기사	권농 윤음을 친히 지어 팔도에 반사하다	권농
410	영조실록 91권	영조 34년 1월 2일 기축 1번째 기사	거려청에 나가 예조 판서 이익정에게 쌀값을 묻고, 원조 윤음을 내리다	쌀값 원조 윤즘
411	영조실록 91권	영조 34년 2월 28일 갑신 2번째 기사	휘령전 담제 후의 음악을 쓰는 것을 정지토록 하여 제도로 정하다	휘령제 이후 음악 금지
412	영조실록 91권	영조 34년 2월 28일 갑신 4번째 기사	승지에게 쓰게 한 휘령전의 음악을 정지하는 윤음	휘령제 이후 음악 금지
413	영조실록 91권	영조 34년 3월 24일 경술 1번째 기사	숭문당에 나가 승지에게 구술하여 쓰게 한 태봉 윤음	태봉 윤음을 쓰게함
414	영조실록 91권	영조 34년 4월 5일 경신 2번째 기사	공묵합에 나가 윤음을 내려 매달 1 · 11 · 21일에 강경 토록 하다	강경 주기 정함
415	영조실록 92권	영조 34년 8월 14일 정묘 4번째 기사	함인정에 나가 설서의 제도를 정하고 내린 윤음	설서제도
416	영조실록 92권	영조 34년 9월 16일 기해 1번째 기사	홍화문에 나가 오부의 기로 백성을 인견하고 선시한 친제 금주 윤음	친제 금주 윤음
417	영조실록 92권	영조 34년 10월 19일 임신 2번째 기사	장령 남학종이 올린 성실히 학업을 탐구하여 재변을 해소하라는 상서	재변 해소 상서
418	영조실록 92권	영조 34년 11월 22일 을사 2번째 기사	8도의 도신, 3도 유수에게 내린 동지 윤음	8도 동지 윤음
419	영조실록 92권	영조 34년 12월 30일 임오 3번째 기사	임금이 친히 권농 윤음을 지어서 하유하다	권농 윤음
420	영조실록 93권	영조 35년 1월 18일 경자 3번째 기사	8도와 양도의 폐막을 묻는 윤음을 내리다	8도 동지 윤음
421	영조실록 93권	영조 35년 2월 6일 정사 2번째 기사	양호의 백성에게 하유한 유리하지 말고 돌아와 농사를 지으라는 윤음	권농
422	영조실록 93권	영조 35년 3월 13일 계사 5번째 기사	함인정에 나가 소대하고, 승지에게 함인정 소대 윤음을 쓰도록 하다	함인정 소대 윤음
423	영조실록 93권	영조 35년 4월 4일 갑인 3번째 기사	함안각에서 예조 판서가 입시하자 효소전 부묘의 윤음을 내리다	효소전 부묘
424	영조실록 93권	영조 35년 5월 6일 을유 2번째 기사	명정전에 환어하여 하례를 받고 내린 반교	하례 반교
425	영조실록 93권	영조 35년 윤6월 5일 갑신 2번째 기사	희정당에 나가 예조 판서를 불러 보고 승지에게 하명한 조참을 행하는 윤음	조참을 행하라는 윤음
426	영조실록 93권	영조 35년 윤6월 5일 갑신 3번째 기사	『소학』을 권하는 윤음	소학 권장
427	영조실록 94권	영조 35년 8월 9일 병술 1번째 기사	경향의 과거 보러 온 유생들에게 유시한 윤음	유생들에게 유시

〈계속〉

428	영조실록 94권	영조 35년 8월 19일 병신 3번째 기사	결안을 기다리지 않고 정법하고, 전지로 정법하고, 역률을 추시하는 것을 금지하다	정법과 역률 추시 금지
429	영조실록 94권	영조 35년 8월 19일 병신 4번째 기사	양사에서 잇달아 진달하자 추율하라는 진달을 모두 정지토록 하다	추율 진달 정지
430	영조실록 94권	영조 35년 8월 19일 병신 5번째 기사	김상익이 태복시 이마 이하의 공초를 가지고 입시하자 율문에 의해 처단토록 하다	이미 이하 공초 처단
431	영조실록 94권	영조 35년 9월 7일 갑인 3번째 기사	좌의정 신만 · 우의정 이후가 재변으로 면직을 청하고, 승정원 · 옥당에서 진달하다	면직 반려
432	영조실록 94권	영조 35년 9월 10일 정사 3번째 기사	재변으로 인해 비변사와 이조 · 병조에 신칙하라는 윤음	비변사와 이조, 병조 신칙
433	영조실록 94권	영조 35년 9월 14일 신유 2번째 기사	대신과 비국 당상을 인견하자, 신만이 윤급의 등용을 청했으나 불허하다	윤급 등용 거절
434	영조실록 94권	영조 35년 9월 14일 신유 3번째 기사	부제학 조명정이 과거의 폐단이 고질화되었다고 하다	폐단의 고질화
435	영조실록 94권	영조 35년 9월 18일 을축 1번째 기사	달이 동정성을 범하다. 과거장에서 강경을 겸행하도록 한 윤음	강경 겸행
436	영조실록 94권	영조 35년 9월 20일 정묘 3번째 기사	희정당에서 주강을 열고, 부제학 조명정의 진달에 의해 내린 윤음	주강 윤음
437	영조실록 94권	영조 35년 9월 20일 정묘 4번째 기사	대신과 비국 당상을 인견하고 새로운 과거제도를 상세히 정하라는 윤음	새로운 과거제도
438	영조실록 94권	영조 35년 11월 25일 신미 4번째 기사	윤음을 내려 주금을 신칙토록 하다	주금 신칙
439	영조실록 95권	영조 36년 1월 1일 정미 4번째 기사	권농에 힘써 곡식 종자와 양식을 착실히 마련하라고 윤음하다	권농
440	영조실록 95권	영조 36년 1월 5일 신해 2번째 기사	인정문에서 조참을 행하고 조경하는 행위를 경계토록 하다	조경행위 경계
441	영조실록 95권	영조 36년 5월 28일 신미 1번째 기사	가뭄이 계속 되자 종묘 앞에 부복하고 잘못을 구주하고 경범수를 석방케 하다	종묘에서 잘못 구주
442	영조실록 95권	영조 36년 6월 14일 병술 1번째 기사	선무사에 들러서 내린 윤음	선무사 윤음
443	영조실록 96권	영조 36년 7월 3일 을사 2번째 기사	우의정 민백상에게 수가케 하고 대성전에 나가 전배하다	유생들에게 유시
444	영조실록 96권	영조 36년 12월 27일 정유 1번째 기사	봉안각에 나가 전배하고 사맹삭의 강과 품에 대해 윤음을 내리다	상참과 경연
445	영조실록 97권	영조 37년 6월 19일 병술 5번째 기사	홍봉한이 경기 이전미의 분획과 노비 감공 사목의 시행 여부에 관하여 아뢰다	이전미 분획과 노비 감공 사목
446	영조실록 98권	영조 37년 11월 25일 기미 2번째 기사	동지를 맞아 지일 윤음을 내리다	동지 지일 윤음

〈계속〉

447	영조실록 99권	영조 38년 2월 3일 정묘 2번째 기사	세손 보도를 위한 산림 선비 초치, 진서 윤음의 언문 번역 등을 논의하다	세손 보도
448	영조실록 99권	영조 38년 4월 11일 갑술 2번째 기사	윤음을 내려 신하들을 권면하다	신하들 권면
449	영조실록 100권	영조 38년 8월 9일 기해 1번째 기사	옛 홍문관에 나아가 승지에게 감회의 윤음을 적도록 명하다	승지에게 감회 윤음
450	영조실록 100권	영조 38년 8월 13일 계묘 1번째 기사	『수의편』 서두 윤음의 개서를 명하다	수의편 서두 개서
451	영조실록 100권	영조 38년 8월 16일 병오 1번째 기사	원소에서 예를 행하고 소회의 윤음을 내리다	소회의윤음
452	영조실록 100권	영조 38년 9월 7일 병인 1번째 기사	판윤 · 오부의 관원 등을 소견하고, 주금을 신칙하다	주금 신칙
453	영조실록 100권	영조 38년 9월 28일 정해 5번째 기사	우레의 이변으로 신하들에게 면칙하다	신하 면칙
454	영조실록 100권	영조 38년 10월 4일 계사 4번째 기사	경기와 삼남 백성들을 위유하다	백성 외유
455	영조실록 100권	영조 38년 10월 13일 임인 2번째 기사	기전과 삼남 백성들에게 안집에 관한 윤음을 내리다	백성 외유
456	영조실록 100권	영조 38년 11월 8일 병인 3번째 기사	동지일 윤음을 내리다	동지윤음
457	영조실록 100권	영조 38년 12월 25일 계축 2번째 기사	윤음을 내려 거듭 금주를 밝히다	금주
458	영조실록 100권	영조 38년 12월 26일 갑인 3번째 기사	감운 어사 · 도사 · 도신에게 윤음을 내려 신칙하다	신하 신칙
459	영조실록 101권	영조 39년 1월 1일 기미 1번째 기사	경현당에서 여러 대신과 관원들을 소견하다	권농 윤음
460	영조실록 102권	영조 39년 6월 19일 을사 1번째 기사	왕세손에게 한나라 소제에 대해 묻다	왕세손 대화
461	영조실록 102권	영조 39년 6월 22일 무신 4번째 기사	대망에 대해 먼저 아뢰고 통의할 것을 하유하다	대망 통의 하유
462	영조실록 102권	영조 39년 8월 5일 기축 3번째 기사	헌부에서 찬축되거나 삭파된 사람이 많음을 아뢰다	찬축, 삭파된 사람이 많음
463	영조실록 102권	영조 39년 12월 29일 신해 1번째 기사	세수의 권농 윤음을 쓰게 하여 팔도와 양도에 하유하게 하다	권농
464	영조실록 104권	영조 40년 10월 26일 갑진 1번째 기사	대신 2품 이하의 관원에게 재이를 그치게 하는 계책을 말하라고 명하다	재이 폐단 구제
465	영조실록 104권	영조 40년 12월 29일 병오 2번째 기사	정월에 권농 유음을 내리고 죄질이 가벼운 죄수를 방면하라고 명하다	죄수 방면

〈계속〉

466	영조실록 105권	영조 41년 5월 3일 정축 3번째 기사	백관을 신칙하다	백관 신칙
467	영조실록 105권	영조 41년 5월 20일 갑오 1번째 기사	북관에서 자기 목을 찔러 자살하려 한 이정에게 오위 장을 제수하게 하다	이정에게 오위장 제수
468	영조실록 106권	영조 41년 7월 17일 경인 4번째 기사	장령 서병덕이 상소하여 화평한 기상이 모자랄 때가 있음을 아뢰다	상소 내용 동의
469	영조실록 106권	영조 41년 11월 11일 임오 1번째 기사	동지의 다음날이므로 지일의 윤음을 내리다	동지 지일 윤음
470	영조실록 106권	영조 41년 12월 14일 을묘 2번째 기사	대사헌 정실이 시골에서 상소하여 사직하다	사직 거절
471	영조실록 106권	영조 41년 12월 28일 기사 1번째 기사	신년의 초두에 권농의 윤음을 써서 팔도와 양도에 하유하라고 명하다	권농
472	영조실록 108권	영조 43년 5월 2일 을축 2번째 기사	정언 이종영이 심익운 · 이명오 · 이장오의 불법 행위 등에 대해 상소하다	불법행위 상소
473	영조실록 109권	영조 43년 11월 2일 임진 1번째 기사	동짓날을 윤음을 내리다	동지 윤음
474	영조실록 110권	영조 44년 2월 30일 무자 3번째 기사	판부사 서지수가 병이 있다고 하면서 윤음을 내려 달라고 청하다	윤음 청원
475	영조실록 111권	영조 44년 8월 19일 갑술 2번째 기사	정언 이지승이 고 찬선 송명흠에 대한 윤음의 일로 상소를 올리다	상소 내용 동의
476	영조실록 112권	영조 45년 4월 17일 기사 4번째 기사	홍문관 이득복 등 6인이 기생을 데리고 사는 일로 상소를 올리다	상소
477	영조실록 114권	영조 46년 5월 19일 을미 3번째 기사	전 판서 윤급의 졸기	
478	영조실록 115권	영조 46년 6월 24일 무술 3번째 기사	사헌부가 태학의 유생들에게 소학을 윤강하게 할 것 등을 청하다	소학 윤강
479	영조실록 116권	영조 47년 1월 1일 계묘 3번째 기사	권농 윤음을 각도 및 양도에 신칙하다	권농 윤음
480	영조실록 116권	영조 47년 6월 22일 신묘 1번째 기사	도목 정사에 친림하다. 권영등에게 관직을 제수하다	관직 제수
481	영조실록 117권	영조 47년 8월 19일 정해 2번째 기사	여선형을 적소에서 풀어주도록 특명하다	여선형 특명
482	영조실록 121권	영조 49년 10월 27일 임자 2번째 기사	행 부사직 구선행이 상소하여 북한 산성의 방비 등에 대해 아뢰다	구선행 우의정 입시
483	영조실록 123권	영조 50년 12월 28일 정미 1번째 기사	왕세손이 상소하여 전례에 따라 신년 하례를 행할 것을 청하다	왕세손 상소
484	영조실록 125권	영조 51년 10월 12일 병술 2번째 기사	유신 이덕사 · 이병모를 불러 어사로 삼고 농형을 살피도록 하다. 그 윤음	어사 임명

〈계속〉

485	영조실록 125권	영조 51년 10월 16일 경인 1번째 기사	경기좌도 어사 이덕사가 복명하여 아병미의 대납 등을 아뢰다	아병미 대납
486	영조실록 125권	영조 51년 10월 17일 신묘 1번째 기사	경기우도 어사 이병모가 복명하니, 폐막 등을 두루 묻다	지방행정
487	영조실록 125권	영조 51년 윤 10월 26일 경오 2번째 기사	제주에 진자곡을 보내도록 명하고, 제주 백성을 위유하는 윤음을 지어 내리다	제주 백성 위유
488	영조실록 127권	영조 52년 1월 7일 기묘 4번째 기사	대신들이 청대하여 선조의 존호를 올릴것을 청하다	선조 존호
489	영조실록 127권	영조 52년 2월 6일 무신 2번째 기사	집경당에 나아가 진하를 받고 교시를 내리다	진하 받고 교시 내림
490	영조실록 127권	영조 52년 3월 10일 신사 4번째 기사	교문을 반포하다	교문 반포
491	영조실록 127권	부록	영조 대왕 행장(行狀)	영조 행장
492	정조실록 1권	정조 즉위년 3월 10일 신사 3번째 기사	중외에 교문을 반포하여 사면의 은전을 내리다	사면 은전
493	정조실록 1권	정조 즉위년 3월 10일 신사 4번째 기사	빈전 문밖에서 대신들을 소견하고 사도 세자에 관한 명을 내리다	사도세자
494	정조실록 1권	정조 즉위년 4월 1일 임인 2번째 기사	이광좌 · 조태억 · 최석항의 관작을 추탈하고, 김약행을 금고하다	신하 처벌
495	정조실록 1권	정조 즉위년 5월 13일 계미 2번째 기사	윤음을 내려 문녀의 죄악을 포고하다	문녀 죄악 포고
496	정조실록 1권	정조 즉위년 5월 14일 갑신 1번째 기사	문녀의 토죄를 청하는 일로 대신과 삼사의 신하를 불러 보다	문녀 토죄
497	정조실록 1권	정조 즉위년 5월 23일 계사 1번째 기사	홍억이 정후겸의 죄를 조목조목 밝히며 엄벌을 청하는 상소를 올리니 비답하다	상소 비답
498	정조실록 1권	정조 즉위년 5월 28일 무술 1번째 기사	과거의 폐단에 대한 윤음을 내리나 경장해 가기가 어려워 실현하지 못하다	과거 폐단에 대한 경장의 어려움
499	정조실록 1권	정조 즉위년 7월 3일 임신 2번째 기사	제적들의 반역한 정절을 반시하는 윤음을 중외에 내리다	반역 반시 윤음
500	정조실록 1권	정조 즉위년 7월 4일 계유 1번째 기사	삼사에서 지난 번 윤음에 대해 합계하다	반역 반시 윤음 합계
501	정조실록 1권	정조 즉위년 7월 5일 갑술 1번째 기사	김상복 등이 두 역적의 죄를 조목조목 들추며 법대로 정형하기를 아뢰니 비답을 내리다	역적의 전말
502	정조실록 1권	정조 즉위년 7월 5일 갑술 4번째 기사	홍인한과 정후겸에게 사사하다	홍인한, 정후겸 사사
503	정조실록 1권	정조 즉위년 7월 21일 경인 1번째 기사	조조의 예를 『오례의』대로 하도록 명하다	오례의

〈계속〉

504	정조실록 1권	정조 즉위년 7월 24일 계사 1번째 기사	국문에 참여했던 여러 당상들을 파직하다	당상들 파직
505	정조실록 2권	정조 즉위년 8월 6일 을사 2번째 기사	사도 세자의 죽음과 관련된 의문점 등에 관한 영남 유생 이응원의 상소문	사도세자 죽음
506	정조실록 2권	정조 즉위년 8월 22일 신유 1번째 기사	성균관 · 사학의 유생들이 역적 홍봉한 등을 죽여야 한다는 상소를 올리다	
507	정조실록 2권	정조 즉위년 8월 24일 계해 1번째 기사	숭정전에 나아가 토역 교문을 반포하다	교문 반포
508	정조실록 2권	정조 즉위년 8월 24일 계해 3번째 기사	『명의록』을 찬술하다	명의록 찬술
509	정조실록 2권	정조 즉위년 9월 9일 정축 3번째 기사	한성 좌윤 김귀주를 흑산도에 귀양보내다	김귀주 귀양
510	정조실록 2권	정조 즉위년 9월 10일 무인 1번째 기사	김귀주를 두둔한 이유로 예문관 제학 정이환을 삭직하여 출송하다	김귀주 두둔 정희환 삭직
511	정조실록 2권	정조 즉위년 9월 22일 경인 1번째 기사	색목의 폐단을 논하고 색목의 분쟁을 금할 것을 하교하다	색목 분쟁 금지
512	정조실록 2권	정조 즉위년 10월 27일 을축 2번째 기사	책봉 조서	책봉 조서
513	정조실록 2권	정조 즉위년 10월 27일 을축 4번째 기사	책봉 고명	책봉 고명
514	정조실록 2권	정조 즉위년 10월 27일 을축 5번째 기사	중궁전의 고명	중궁전 고명
515	정조실록 2권	정조 즉위년 10월 27일 을축 8번째 기사	영종 대왕에게 내리는 제문	영종대왕 제문
516	정조실록 2권	정조 즉위년 11월 24일 임진 1번째 기사	장령 윤재순이 한후익을 나국하고 엄히 형문하게 하라고 아뢰다	한후익 형문 윤허 안함
517	정조실록 2권	정조 즉위년 12월 15일 임자 4번째 기사	한후익의 처벌을 청하는 상소에서 아첨을 한 행 부사직 신상권을 삭직시키다	신상권 삭직
518	정조실록 2권	정조 즉위년 12월 25일 임술 1번째 기사	윤음을 위조한 죄인을 국문하여 내막을 밝히다	윤음 위조 국문
519	정조실록 3권	정조 1년 1월 2일 기사 1번째 기사	팔도와 양도에 농사를 권면하는 윤음을 내리다	권농
520	정조실록 3권	정조 1년 1월 8일 을해 2번째 기사	검토관 이유경이 한익모 등을 석방한 일 등에 대해서 아뢰다	이유경 유신
521	정조실록 3권	정조 1년 1월 10일 정축 6번째 기사	정언 정지검이 인사의 폐단을 바로잡을 것 등에 대해 아뢰다	인사 폐단
522	정조실록 3권	정조 1년 4월 13일 무신 2번째 기사	세수이니 윤음을 내려 인재를 자방할 것임을 알리라고 하다	인재 선발

〈계속〉

523	정조실록 3권	정조 1년 5월 3일 정묘 2번째 기사	가뭄이 계속되니 자신을 성찰하고 감선하는 내용의 윤음을 내리다	가뭄으로 인한 자신 성찰
524	정조실록 3권	정조 1년 5월 6일 경오 2번째 기사	정언 김익휴가 난역한 자들을 복주하여 하늘을 위로할 것을 건의하다	제사 건의
525	정조실록 3권	정조 1년 5월 6일 경오 3번째 기사	가뭄을 안타깝게 여겨 도우려는 뜻으로 차서를 올린 옥당들에게 상을 내리다	옥당에게 상 하사
526	정조실록 3권	정조 1년 5월 10일 갑술 4번째 기사	장령 정우순이 인재 등용과 김방행의 처벌 등 가뭄 극복책을 상소하다	가뭄극복책 상소
527	정조실록 3권	정조 1년 5월 16일 경진 4번째 기사	집의 이혜조가 장령 정우순이 진달한 사항을 시행할 것을 상소하다	진달 사항 시행 상소
528	정조실록 3권	정조 1년 6월 12일 병오 3번째 기사	인재의 추천과 양산의 옥사 처리에 늑장을 부린 경상 감사 이연상을 파직시키다	이연상 파직
529	정조실록 3권	정조 1년 6월 13일 정미 2번째 기사	신하들에게 후상 · 양사 등의 망을 이정하는 일을 정지하라는 윤음을 내리다	망 이정 정지
530	정조실록 4권	정조 1년 7월 2일 을축 1번째 기사	전 판서 조명정을 향리로 방출하다	조명정을 향리로 방축
531	정조실록 4권	정조 1년 9월 24일 병술 1번째 기사	역적의 토죄를 반교하다	역적 토죄 반포
532	정조실록 4권	정조 1년 10월 2일 갑오 1번째 기사	윤음을 내리어 대신들에게 잘 보필해 주기를 당부하다	보필 당부
533	정조실록 4권	정조 1년 10월 23일 을묘 3번째 기사	대사간 유당이 홍계능 등 역적들을 정형하는 일로 상소 올리다	역적 정형 상소
534	정조실록 5권	정조 2년 1월 1일 임술 2번째 기사	팔도와 양도에 윤음을 내리다	전국 윤음
535	정조실록 5권	정조 2년 1월 5일 병인 2번째 기사	윤음을 내리어 유신 송덕상 · 김양행 · 김종후 등을 돈소하다	유신 돈소
536	정조실록 5권	정조 2년 1월 6일 정묘 1번째 기사	조강하여 『논어』를 강하다	경연에서 논어 강함
537	정조실록 5권	정조 2년 1월 22일 계미 1번째 기사	대사성 유당이 관학의 재임은 절목순으로 강독하게 할 것을 청하다	월강절목, 학제장소 유지
538	정조실록 5권	정조 2년 2월 6일 정유 3번째 기사	비변사에서 추쇄관을 혁파하는 절목을 올리다	추쇄관 혁파
539	정조실록 5권	정조 2년 2월 9일 경자 2번째 기사	부교리 남학문이 여러 가지 시폐에 대해 상소하다	시폐 상소
540	정조실록 5권	정조 2년 윤6월 23일 신사 2번째 기사	대사성 유당이 인재 등용 민생 안정 등의 방도에 대해 상소를 올리다	대사성 유당 상소
541	정조실록 5권	정조 2년 윤6월 24일 임오 1번째 기사	수어청과 총융청 양영을 합치는 것에 대한 대신들의 헌의	대신들의 헌의

〈계속〉

542	정조실록 6권	정조 2년 8월 17일 갑술 2번째 기사	부사직 윤면동의 역적 토죄, 충효 의열의 선양 등에 대해 상소하다	상소 비답
543	정조실록 6권	정조 2년 12월 12일 무진 1번째 기사	좨주 송덕상이 연석에 나와 성의, 정성에 대해 논하다	경연
544	정조실록 7권	정조 3년 1월 1일 병술 2번째 기사	권농의 윤음을 내리다	권농 윤음
545	정조실록 7권	정조 3년 2월 25일 경진 1번째 기사	영의정 김상철이 체발 금지건에 대해 고증하고 임금이 사치 반성	사치 반성
546	정조실록 7권	정조 3년 3월 8일 임진 1번째 기사	통어영을 강화부에 합치는 것에 관한 심염조의 건의와 대신들의 논의, 구선복의 별단	통어영 강화부 합병
547	정조실록 7권	정조 3년 3월 9일 계사 3번째 기사	대사헌 서유경이 송덕상의 입시를 권유하다	송덕상 입시
548	정조실록 7권	정조 3년 4월 25일 기묘 2번째 기사	평안도 관찰사 김종수가 자모 산성 외성 축조하는 것을 정지시키다	축조 태만 경계
549	정조실록 8권	정조 3년 8월 6일 정사 1번째 기사	김양행을 만나고, 송시열의 사당 짓기를 청하는 유생 정운기의 청을 윤허하다	사당 짓기 청 윤허
550	정조실록 8권	정조 3년 8월 7일 무오 1번째 기사	지수당에 행하시어 백성의 고생되는 바를 아뢰게 하다	백성의 고생
551	정조실록 8권	정조 3년 11월 27일 정미 1번째 기사	좌부승지 김하재가 정사에 대해 일곱 가지 대책을 아뢴 상소문	상소 비답
552	정조실록 9권	정조 4년 1월 1일 경진 2번째 기사	팔도와 개성부와 강화부에 농사에 힘쓰라는 윤음을 내리다	권농 윤음
553	정조실록 9권	정조 4년 4월 7일 을묘 1번째 기사	동지 겸 사은 정사 황인점이 바친 별단의 내용	황인점 별단
554	정조실록 9권	정조 4년 6월 24일 신미 2번째 기사	대신들이 일경강을 실시하는 문제를 의논하여 다시 실행하기로 하다	일경강 다시 시행
555	정조실록 10권	정조 4년 11월 1일 을해 1번째 기사	천둥하자 윤음을 내려 조언을 구하다	직언 구함
556	정조실록 10권	정조 4년 12월 20일 갑자 3번째 기사	형조 판서 이복원이 역적을 엄히 다스릴 것을 청하다	역적 처벌 상소
557	정조실록 10권	정조 4년 12월 20일 갑자 4번째 기사	이치중이 역적과 연계한 구상과 조종현의 처벌을 청하다	역적 연계 처벌
558	정조실록 11권	정조 5년 1월 1일 갑술 1번째 기사	팔도와 양도에 농사를 권장하는 윤음을 내리다	권농 윤음
559	정조실록 11권	정조 5년 2월 10일 계축 2번째 기사	영의정 서명선이 성상의 즉위를 반대하여 자폐설 등을 주장한 노성중 · 구상 등 역적의 논죄를 청하다	역적 논죄 비답
560	정조실록 11권	정조 5년 6월 26일 정유 1번째 기사	제주 3고을에 윤음을 내리다	제주에 윤음

〈계속〉

561	정조실록 12권	정조 5년 7월 1일 신축 1번째 기사	임금으로서 지켜야 할 아홉 조항을 아뢴 형조 참의 이상정의 상소문	상소 비답
562	정조실록 12권	정조 5년 7월 11일 신해 2번째 기사	『보감』편찬에 참여하는 신하들을 불러서 찬집과 찬집청의 설치에 대해 의논하다	보감 편찬
563	정조실록 12권	정조 5년 9월 3일 임인 4번째 기사	비변사에서 아뢴 위유사의 사목	위유사 사목
564	정조실록 12권	정조 5년 9월 3일 임인 5번째 기사	영남의 재해민을 위로하는 윤음	재해민 위로
565	정조실록 12권	정조 5년 10월 17일 병술 6번째 기사	영의정 서명선이 재변의 책임을 지고 퇴임하겠다는 차자를 올리니 답하다	차자 비답
566	정조실록 12권	정조 5년 10월 19일 무자 3번째 기사	재변을 당하여 구언하는 윤음	구언 윤음
567	정조실록 12권	정조 5년 11월 6일 갑진 1번째 기사	동짓날 윤음을 내려 죄수들을 방송하다	죄수 방면
568	정조실록 12권	정조 5년 11월 19일 정사 2번째 기사	관서 유생들의 행위에 대해 서북의 감사에게 비답을 내려 하유하다	서북 감사 비답
569	정조실록 12권	정조 5년 11월 29일 정묘 1번째 기사	구언하는 윤음을 다시 한 번 이르다	구언 윤음
570	정조실록 12권	정조 5년 12월 6일 갑술 4번째 기사	장령 김동직이 수령을 자주 갈리는 폐단을 아뢴 상소문	폐단 상소문 비답
571	정조실록 13권	정조 6년 1월 1일 무술 1번째 기사	팔도와 양도에 정월 초하루에 내린 하유문	정월 초하루 하유문
572	정조실록 13권	정조 6년 1월 16일 계축 3번째 기사	경상도 관찰사 조시준이 진구를 시작했다고 보고하다	진구 시작 보고
573	정조실록 13권	정조 6년 5월 22일 무오 2번째 기사	비가 내리지 않자 감선하고, 구언하는 윤음을 내리다	구언 윤음
574	정조실록 13권	정조 6년 5월 29일 을축 2번째 기사	대신들에게 내각을 설치한 뜻을 조목조목 일러주다	내각 설치 이유
575	정조실록 13권	정조 6년 6월 10일 을해 1번째 기사	일명(一名)을 소통시킬 것, 서북 지방의 무사를 기용할 것을 하교하다	서북지방 무사 기용
576	정조실록 13권	정조 6년 6월 29일 갑오 1번째 기사	이유백의 흉소 사건을 마무리지은 후 반포한 윤음	흉소사건 이후 윤음
577	정조실록 14권	정조 6년 8월 14일 무인 4번째 기사	해서의 죄수들을 참작하여 처리하도록 명하다	죄수 참작
578	정조실록 14권	정조 6년 11월 27일 경신 2번째 기사	선왕에 대한 정성으로 영종의 신주를 옮기지 말 것을 명하다	영종의 신주 옮기지 말 것
579	정조실록 14권	정조 6년 12월 3일 을축 2번째 기사	경사를 맞아 작은 죄를 씻어주는 교시를 내리다	경사 맞이 교시

〈계속〉

580	정조실록 14권	정조 6년 12월 27일 기축 1번째 기사	역적 송덕상만을 처벌하고 연루된 자는 사형을 감해 줄 것 명하다	역적 관련 사형 감형
581	정조실록 15권	정조 7년 1월 1일 계사 3번째 기사	도백 · 유수 · 수령에게 농사를 권장하여 소홀히 하지 말 것을 명하다	권농 윤음
582	정조실록 15권	정조 7년 4월 1일 신유 4번째 기사	국가의 경사를 맞아 요역 감면과 환곡 탕감 등의 은택을 베풀다	경사 맞이 은택
583	정조실록 16권	정조 7년 7월 4일 계사 1번째 기사	인군의 도와 관리의 임명 대한 영의정 정존겸의 상소문	관리 임명 상소 비답
584	정조실록 16권	정조 7년 7월 12일 신축 6번째 기사	학교 교육에 대한 대사성 민종현의 상소와 그것에 대한 논의	학교교육 상소
585	정조실록 16권	정조 7년 8월 5일 갑자 1번째 기사	인재 등용과 공작미의 환색에 대해 의논하다	인재등용과 공작미 환색
586	정조실록 16권	정조 7년 9월 7일 을미 2번째 기사	구휼에 관한 윤음을 내리다	구휼
587	정조실록 16권	정조 7년 9월 22일 경술 2번째 기사	팔도에 구휼에 대해 윤음하다	구휼
588	정조실록 16권	정조 7년 10월 8일 병인 2번째 기사	호남 민인에게 윤음하다	호남민인 구휼
589	정조실록 16권	정조 7년 10월 15일 계유 4번째 기사	정언 이석하가 과장의 기강 · 구휼 · 역로 · 수원의 중군에 대해 상소하니 비답하다	상소 비답
590	정조실록 16권	정조 7년 10월 23일 신사 3번째 기사	관동의 민인에게 유시하다	관동 민인 유시
591	정조실록 16권	정조 7년 10월 29일 정해 2번째 기사	관북 민인에게 윤음을 내리다	관북 민인 유시
592	정조실록 16권	정조 7년 11월 3일 경인 2번째 기사	대신들과 구휼과 봉진의 견감을 의논하다	구휼
593	정조실록 16권	정조 7년 11월 5일 임진 1번째 기사	영의정 정존겸이 구휼하는 절목을 만들어 제도에 내리라 하니 따르다	구휼 제도
594	정조실록 16권	정조 7년 11월 5일 임진 3번째 기사	자휼 전칙을 중외에 반포하고 윤음을 내리다	구휼
595	정조실록 16권	정조 7년 11월 11일 무술 2번째 기사	강화 규수 정지검이 자휼 전칙을 지수하고 아뢰니 하교하다	강화부 구휼
596	정조실록 16권	정조 7년 12월 29일 병술 1번째 기사	감진 어사 이재학이 윤음을 선포하고 진제 물자의 분표를 아뢰니 회유하다	구휼
597	정조실록 17권	정조 8년 1월 1일 정해 4번째 기사	팔도와 양도에 하유하다	팔도 양도 하유, 권농
598	정조실록 17권	정조 8년 1월 14일 경자 1번째 기사	기전과 호서에 윤음과 별진자를 내리다	구휼

〈계속〉

599	정조실록 17권	정조 8년 1월 20일 병오 1번째 기사	강화부에 윤음과 별진자를 내리다	구휼
600	정조실록 17권	정조 8년 2월 9일 을축 3번째 기사	평해에 불이 나 민가가 불타니 하교하다	민가 구제
601	정조실록 17권	정조 8년 5월 22일 병자 1번째 기사	호서의 진휼을 마치다	특별승진
602	정조실록 17권	정조 8년 6월 7일 경인 1번째 기사	제신을 통유하는 윤음을 내리다	제신 통유
603	정조실록 18권	정조 8년 7월 7일 경신 7번째 기사	훌륭한 인재를 등용할 것에 대한 윤음	인재 등용
604	정조실록 18권	정조 8년 7월 11일 갑자 1번째 기사	김이안을 찬선에 제수하다	특별채용
605	정조실록 18권	정조 8년 8월 2일 을유 3번째 기사	은혜를 베푸는 윤음	조세감면
606	정조실록 18권	정조 8년 8월 3일 병술 1번째 기사	인정전에서 하례를 받고 대사령을 반포하다	특별사면
607	정조실록 18권	정조 8년 9월 18일 경오 3번째 기사	인정전에서 백관의 하례를 받고 대사령을 반포하다	특별사면
608	정조실록 18권	정조 8년 10월 10일 임진 4번째 기사	찬선 김이안이 관직을 사양하자 수령하도록 권하는 비답을 내리다	관직사양 불허
609	정조실록 18권	정조 8년 11월 18일 기사 2번째 기사	선전관의 추천법에 대해 신칙하다	서울 및 지방 균등채용
610	정조실록 18권	정조 8년 11월 29일 경진 2번째 기사	제주목의 기근을 위로하는 윤음을 내리다	조세감면
611	정조실록 18권	정조 8년 12월 8일 기축 2번째 기사	김하재의 여죄에 대한 논의	처벌청원
612	정조실록 19권	정조 9년 1월 1일 신해 2번째 기사	정월 초하루를 맞아 팔도와 양도에 윤음하다	권농
613	정조실록 19권	정조 9년 1월 27일 정축 2번째 기사	지평 이만응의 네 가지 경계와 환곡 정사에 대한 상소	환곡 상소 수용
614	정조실록 19권	정조 9년 2월 14일 갑오 6번째 기사	사은 정사 박명원과 부사 윤승렬의 장계의 별단	청나라 사신
615	정조실록 19권	정조 9년 3월 7일 병진 3번째 기사	비난을 받은 영의정 서명선이 한강 교외로 물러가다	사직청원 기각
616	정조실록 20권	정조 9년 5월 4일 임자 1번째 기사	환관과 무신들의 반역을 징계하는 윤음	환관 내통 금지
617	정조실록 23권	정조 11년 1월 2일 신미 2번째 기사	팔도와 양도에 권농의 윤음을 내리다	권농

〈계속〉

618	정조실록 23권	정조 11년 3월 12일 경진 1번째 기사	헌납 유광천이 성균관 유생의 일 · 선정신 조헌의 후손의 녹용에 대해 건의하다	제도 관련 상소 수용
619	정조실록 23권	정조 11년 4월 8일 을사 2번째 기사	호남의 지역 사정에 관한 호서 암행 어사 심환지의 서계	특별채용
620	정조실록 24권	정조 11년 8월 29일 갑자 1번째 기사	규장각에서 『어제춘저록』 4권 등 60권을 편차하여 의례를 갖춰 바치다	표창
621	정조실록 24권	정조 11년 9월 2일 병인 6번째 기사	직제학 이병모가 서책을 바친 것에 대해 은자를 내린 것을 사양하는 상소하다	특별승진
622	정조실록 25권	정조 12년 1월 1일 갑자 2번째 기사	권농에 관한 윤음	권농
623	정조실록 25권	정조 12년 1월 23일 병술 2번째 기사	용사의 공정 · 기강의 진잔 · 언로의 개방을 논한 지평 박유환의 상소	공정채용 및 언로개방 상소 수용
624	정조실록 25권	정조 12년 2월 15일 무신 1번째 기사	정조 원년의 사건과 관련하여 채제공의 무혐의를 전교하다	무혐의 전교
625	정조실록 25권	정조 12년 2월 17일 경술 1번째 기사	이재협을 특별히 서용하다	재임용
626	정조실록 25권	정조 12년 2월 17일 경술 2번째 기사	우의정 채제공이 상소하여 자신의 상직 개정을 청하다	관직사양 불허
627	정조실록 25권	정조 12년 2월 24일 정사 1번째 기사	신대윤의 소장과 관련하여 조신들의 장소에 감히 '당목'이란 글자를 쓰지 못하도록 신칙하다	신칙
628	정조실록 25권	정조 12년 2월 29일 임술 1번째 기사	영의정 김치인 등에게 정승들의 상호 협조를 청하고, 이에 관해 논의하다	협조 요청
629	정조실록 25권	정조 12년 3월 1일 계해 1번째 기사	무신년의 충신 · 공신을 추록하고 자손들의 서용과 치제를 명하다	표창
630	정조실록 25권	정조 12년 3월 8일 경오 1번째 기사	판중추부사 서명선이 채제공의 정승 임명을 핑계로 인피하니 위로 친면하고, 오익환 · 조시위 등에 관해 상의하다	인피 관련 유시
631	정조실록 25권	정조 12년 3월 10일 임신 1번째 기사	이노춘 · 윤득부 · 유악주의 형정과 출척에 관해 영의정 김치인 등과 논의하다	형정 논의
632	정조실록 25권	정조 12년 3월 10일 임신 6번째 기사	영의정 김치인이 상차하여 이노춘의 일과 관련하여 사직을 청하니 만류의 비답을 내리다	사직청원 기각
633	정조실록 25권	정조 12년 3월 27일 기축 2번째 기사	옥당의 차자가 엄해진 이유로 영중추부사 김치인이 인피하니, 특별히 유시하다	인피 관련 유시
634	정조실록 26권	정조 12년 7월 18일 무인 1번째 기사	관북 지방의 농사 형편에 관한 장계를 보고 전교하다	성과 보고
635	정조실록 26권	정조 12년 8월 18일 정미 3번째 기사	벼슬에서 떨어진 사람들의 명단을 작성케 하고, 채제공에 대한 상호 협렵을 논의하다	특별채용

〈계속〉

636	정조실록 26권	정조 12년 9월 21일 기묘 2번째 기사	온릉 령 최창국이 단경 왕후의 현책 회복과 박원종 등의 관직 추탈을 청하다	관직추탈 청원 수용
637	정조실록 26권	정조 12년 10월 3일 신묘 5번째 기사	다리 없은 것을 금지하는 일에 관해 비변사에서 절목을 올리다	사치 풍습 금지
638	정조실록 26권	정조 12년 10월 3일 신묘 6번째 기사	다리 없는 것에 대신할 만한 것에 관해 논의하고, 전교하다	사치 풍습 금지
639	정조실록 26권	정조 12년 10월 5일 계사 1번째 기사	북도 인민을 위유하는 윤음을 내리다	조세감면
640	정조실록 26권	정조 12년 11월 16일 갑술 2번째 기사	김덕령 · 김덕홍의 고향에 그들의 업적을 적은 비석을 세우게 하다	비석 제작
641	정조실록 26권	정조 12년 12월 5일 임진 4번째 기사	유언호 · 김치인 · 송재경에게 죄를 주고, 이에 관해 대신 · 경재 · 삼사의 신하들과 논의하다	처벌
642	정조실록 27권	정조 13년 1월 1일 무오 1번째 기사	권농에 관한 윤음을 내리다	권농
643	정조실록 27권	정조 13년 4월 22일 무신 2번째 기사	윤시동의 임용에 관해 장령 성정진이 상소하다	임용 환수 청원 기각
644	정조실록 27권	정조 13년 6월 22일 병자 2번째 기사	부사과 강석귀가 감사 홍억을 탄핵하자 월봉 일등에 처하고, 강석귀는 파직시키다	감봉 및 파직
645	정조실록 27권	정조 13년 7월 9일 계사 1번째 기사	우의정 채제공이 수군 · 육군의 조련과 순점 및 이조판서 천망의 전후 사정에 관해 아뢰다	파직
646	정조실록 28권	정조 13년 10월 7일 기미 4번째 기사	어제 장헌 대왕 지문	지문
647	정조실록 28권	정조 13년 10월 11일 계해 1번째 기사	수원 등 세 읍의 백성들에게 혜택을 베푸는 윤음을 유시하다	감세 및 면세
648	정조실록 29권	정조 14년 1월 1일 임오 1번째 기사	팔도와 양도에 윤음을 내리다	권농
649	정조실록 29권	정조 14년 2월 15일 병인 1번째 기사	수원부 부로들에게 유시하다	면세 토지 및 곡식 배분
650	정조실록 29권	정조 14년 3월 24일 갑진 2번째 기사	관서 암행 어사 이면응이 복명하고 수령들의 죄를 성론하는 서계를 올리다	인재 등용
651	정조실록 29권	정조 14년 3월 27일 정미 2번째 기사	수역 장렴이 올린 문견 별단의 내용	청나라 문견
652	정조실록 30권	정조 14년 5월 27일 정미 1번째 기사	사은사 세 사람을 접견하고, 황제에게 사례하는 방법을 의논하다	비답 수정 청원
653	정조실록 30권	정조 14년 6월 24일 계유 1번째 기사	백성들에게 왕자의 탄생을 축하하는 글을 내리다	조세감면
654	정조실록 31권	정조 14년 8월 9일 정사 1번째 기사	양산 군수 남학문이 군사에 관한 폐단 등을 상소하다	제도 관련 상소 수용

〈계속〉

655	정조실록 31권	정조 14년 12월 8일 갑인 1번째 기사	수원 새 고을의 토지의 조세를 제 1등급의 규례대로 면제해 주게 하다	감세 및 면세
656	정조실록 31권	정조 14년 12월 10일 병진 2번째 기사	봉산 사람 곽시복의 처 허씨가 징을 치고 억울한 일을 호소하다	처벌
657	정조실록 31권	정조 14년 12월 20일 병인 2번째 기사	지평 박길원 등이 죄인 송익로를 다시 신문하기를 청하다	처벌청원
658	정조실록 32권	정조 15년 1월 1일 병자 1번째 기사	권농에 힘쓸 것을 당부하다	권농
659	정조실록 32권	정조 15년 3월 9일 계미 2번째 기사	문종 대왕의 왕비 공빈 최씨에 대한 의혹을 전거를 살펴 해명하다	의혹 해명 조보 반포
660	정조실록 33권	정조 15년 9월 3일 을해 1번째 기사	균역청의 이납하는 폐단을 없애도록 하다	이납금지 및 관직 삭탈
661	정조실록 33권	정조 15년 10월 20일 신유 5번째 기사	대사간 신기가 시속의 네 가지 폐단을 아뢰고 천주학의 엄금을 청하다	처벌
662	정조실록 33권	정조 15년 10월 23일 갑자 1번째 기사	권상연 · 윤지충의 처벌을 청한 글과 홍낙안이 채제공에게 보낸 편지	처벌청원 수용
663	정조실록 33권	정조 15년 11월 6일 정축 2번째 기사	관학 유생 송도정 등이 이승훈 등 사학을 믿는 자들의 처벌을 청하다	처벌청원
664	정조실록 33권	정조 15년 11월 7일 무인 2번째 기사	전라도 관찰사가 죄인 윤지충과 권상연을 조사한 일을 아뢰다	처벌청원
665	정조실록 33권	정조 15년 12월 19일 기미 1번째 기사	경상도 관찰사 정대용에게 월봉의 벌을 시행하도록 하다	처벌
666	정조실록 34권	정조 16년 1월 1일 신미 2번째 기사	농사 장려의 윤음을 내리다	권농
667	정조실록 34권	정조 16년 2월 17일 병진 2번째 기사	선비들이 학례강과 조흘강의 부분적 변화에 우왕좌왕하지 말도록 하라고 전교하다	과거제도
668	정조실록 34권	정조 16년 3월 15일 갑신 3번째 기사	우의정 박종악이 무토면세외 여러 문제를 아뢰다	처벌
669	정조실록 35권	정조 16년 5월 7일 갑진 1번째 기사	경상도 참봉 이우 등 1만 3백 68인이 재차 상소를 올리다	처벌청원 기각
670	정조실록 35권	정조 16년 5월 22일 기미 1번째 기사	중희당에서 시임 · 원임 대신 · 각신 · 약원 제조 · 비국 당상을 소견하다	처벌청원 기각
671	정조실록 35권	정조 16년 8월 21일 정해 5번째 기사	대사간 황승원이 지방 문인들의 등용에 힘쓰기를 아뢰다	인재 등용청원 수용
672	정조실록 37권	정조 17년 1월 1일 을미 6번째 기사	권농 윤음을 팔도와 양도에 내리다	권농
673	정조실록 37권	정조 17년 5월 25일 병진 4번째 기사	이명식을 수원부 유수로 삼다	관직사양 불허

〈계속〉

674	정조실록 38권	정조 17년 8월 8일 무진 1번째 기사	시임 · 원임 대신과 2품 이상인 경재와 내각 · 삼사의 제신을 소견하다	제신 소견
675	정조실록 38권	정조 17년 9월 16일 병오 3번째 기사	연안 등의 고을에 사는 노인과 백성들을 위무하는 윤음을 내리다	조세감면
676	정조실록 38권	정조 17년 11월 19일 무신 3번째 기사	영의정 홍낙성이 자전과 자궁의 존호를 올리도록 주청했으나 이를 불허하다	존호청원 기각
677	정조실록 38권	정조 17년 11월 22일 신해 2번째 기사	영의정 홍낙성이 자전과 자궁의 탄신일 의례 문제를 왕대비전에 호소하다	의례청원 수용
678	정조실록 38권	정조 17년 11월 22일 신해 4번째 기사	자전의 오순과 자궁의 육순 잔치에 대한 윤음을 내리다	존호청원 수용
679	정조실록 38권	정조 17년 11월 24일 계축 4번째 기사	어사 차송에 임하여 제주 백성들에게 윤음을 내리다	구휼 후 윤음
680	정조실록 38권	정조 17년 12월 6일 을축 2번째 기사	기로사 모임에 대해 전교하다	기로사 포상
681	정조실록 38권	정조 17년 12월 15일 갑술 4번째 기사	평안도 관찰사 이병모가 강계 지방의 부역 폐단에 대해 장계하다	부역 폐단 상소 수용
682	정조실록 39권	정조 18년 1월 1일 기축 7번째 기사	팔도와 삼도에 윤음을 내리다	권농
683	정조실록 39권	정조 18년 3월 2일 기축 2번째 기사	제주 위유 순무 시재 어사 심낙수를 특별히 제주 목사로 삼다	특별승진
684	정조실록 39권	정조 18년 4월 19일 을해 2번째 기사	제주 목사 심낙수가 어필의 보관 상태를 장계하다	선왕조 윤음
685	정조실록 40권	정조 18년 5월 20일 병오 1번째 기사	재계하는 날에 윤음을 중외에 반포하다	재계 윤음 반포
686	정조실록 40권	정조 18년 5월 22일 무신 1번째 기사	신료들과 어제 내린 윤음 · 유몽인의 신원 · 유배된 양사 관원 등에 관해 논의하다	유배 관련 상소
687	정조실록 40권	정조 18년 6월 3일 무오 2번째 기사	빈청에서 혜경궁에게 글을 올려 탄신 진하 허락을 요청하다	하례청원 기각
688	정조실록 40권	정조 18년 8월 12일 병인 3번째 기사	예문관 제학 심환지가 이석하의 상소에 대해 자신을 변명하고 사직을 자청하다	사직청원 기각
689	정조실록 41권	정조 18년 9월 22일 병오 1번째 기사	팔도와 삼도에 윤음을 내리다	조세유예 및 금전대납
690	정조실록 41권	정조 18년 9월 30일 갑인 7번째 기사	환자 곡식 · 신역 등의 기한을 물려주는 것에 관해 하교하다	조세유예 및 금전대납
691	정조실록 41권	정조 18년 10월 11일 을축 1번째 기사	좌의정 김이소, 우의정 이병모, 유사 당상 심이지 · 윤행임 등을 불러 보다. 황정 · 군보미 등에 관해 논의하다	조세유예 및 금전대납

〈계속〉

692	정조실록 41권	정조 18년 10월 15일 기사 2번째 기사	검교 직각 서영보를 강진 등 고을의 위유사로 삼고 윤음을 내리다	조세감면 및 유예
693	정조실록 41권	정조 18년 10월 23일 정축 2번째 기사	위유사 서영보가 제주에 보낼 진휼곡을 실은 배의 무사한 항해를 위해 해신제를 지내고 보고하다	위유사 및 선전관 추가업무
694	정조실록 41권	정조 18년 11월 1일 을유 1번째 기사	화성의 공사를 정지하는 일에 관해 윤음을 내리다	공사정지 후 구휼
695	정조실록 41권	정조 18년 11월 1일 을유 2번째 기사	차대와 윤대를 하다. 신료들과 화성의 공사 중지에 관해 논의하다	공사정지 논의
696	정조실록 41권	정조 18년 11월 2일 병술 2번째 기사	영남 23개 고을의 조세를 견감해주고 윤음을 내리다	조세감면
697	정조실록 41권	정조 18년 11월 3일 정해 2번째 기사	홍대협을 충청도 위유사로 삼고 윤음을 내리다	조세감면
698	정조실록 41권	정조 18년 11월 6일 경인 2번째 기사	호서 위유사 홍대협에게 유시하다	조세감면
699	정조실록 41권	정조 18년 12월 1일 갑인 3번째 기사	김종수의 죄명을 씻어주고 역마를 타고 올라와 대제학의 권점에 참여하도록 하다	재임용
700	정조실록 41권	정조 18년 12월 8일 신유 2번째 기사	영남 위유사 이익운이 장계하다	파출청원 수용
701	정조실록 41권	정조 18년 12월 10일 계해 1번째 기사	자궁과 자전께 휘호를 올릴 길일을 택해 거행하라고 명하다	정리 당상 차임
702	정조실록 42권	정조 19년 1월 2일 을유 1번째 기사	풍년을 축원하는 윤음을 내리다	권농
703	정조실록 42권	정조 19년 1월 15일 무술 4번째 기사	진휼을 행하고 있는 제도 방백에게 마음을 다하라고 신칙하는 유시를 내리다	신칙
704	정조실록 42권	정조 19년 1월 17일 경자 4번째 기사	명정전에 거둥하여 자궁의 환갑을 경축하는 치사와 전문과 표리를 바치다	특별사면
705	정조실록 42권	정조 19년 1월 17일 경자 6번째 기사	61세 이상의 문신 · 무신 · 음관에게 가자하고 부채의 탕감과 요역의 면제를 하교하다	특별승진
706	정조실록 42권	정조 19년 2월 18일 경오 2번째 기사	전 좌랑 이우형이 수차의 제도를 통용시킬 것을 아뢰다	수차의 제도 시험
707	정조실록 42권	정조 19년 윤2월 4일 병술 2번째 기사	정동준의 처자를 노비로 삼고 가산의 적몰을 청한 장령 정필조 등을 치죄하다	처벌
708	정조실록 42권	정조 19년 5월 22일 임신 6번째 기사	충청도 병마 절도사 서정수를 전라도 관찰사로 제수하고, 영남의 전 도신 조진택을 파직하다	파직 및 임명
709	정조실록 43권	정조 19년 8월 18일 병신 2번째 기사	수어경청을 혁파하고 광주부를 승격시켜 유수를 두다	수어청 폐지
710	정조실록 43권	정조 19년 8월 19일 정유 4번째 기사	광주부 유수로 남한산성 수어사를 겸임시켜 진에 내보내는 절목	겸직 임명

〈계속〉

711	정조실록 43권	정조 19년 10월 6일 계미 5번째 기사	장악원 정 조진정이 서유린, 서유방에 관한 내용으로 상소하다	관직삭탈
712	정조실록 43권	정조 19년 10월 9일 병술 1번째 기사	영의정 홍낙성이 서호수를 이조 판서에 복망한 일에 대해 상차하다	처벌청원 기각
713	정조실록 43권	정조 19년 10월 29일 병오 1번째 기사	좌의정 유언호에게 유시하다	유시
714	정조실록 43권	정조 19년 11월 2일 기유 2번째 기사	좌의정 채제공을 불러 이 판부사가 이안묵의 상소로 인혐하는 것인지를 대화하다	반열 참여
715	정조실록 43권	정조 19년 11월 7일 갑인 3번째 기사	화성의 둔전이 완성되다. 성 밖의 진전 개발과 품삯 등의 일로 윤음을 내리다	공사 품삯
716	정조실록 43권	정조 19년 11월 21일 무진 4번째 기사	유시를 반포한 데 대해 사은한 주본	청나라 사은
717	정조실록 43권	정조 19년 11월 24일 신미 2번째 기사	첨지 양주익이 국가의 대계로서 통일해야 할 열두 가지 조목을 상소하다	특별채용
718	정조실록 44권	정조 20년 1월 1일 무신 2번째 기사	권농 윤음을 내리다	권농
719	정조실록 44권	정조 20년 3월 17일 계해 3번째 기사	대신들과 시정을 논할 것, 전정 · 군정에 관해 건의한 유심춘의 상소	폐단 상소
720	정조실록 44권	정조 20년 3월 20일 병인 1번째 기사	실록을 상고하여, 존주의 뜻을 담은 책을 편찬하기로 하다	실록 편찬
721	정조실록 44권	정조 20년 6월 10일 갑신 4번째 기사	유생 박한흠 등이 상소하여 조헌 · 김집의 문묘 종향을 청하다	문묘 종향청원 기각
722	정조실록 45권	정조 20년 8월 29일 신축 1번째 기사	백성을 죽인 민치신의 치죄, 난후별대의 면급 등에 대한 주중옹의 상소	처벌청원 수용
723	정조실록 46권	정조 21년 1월 17일 무오 3번째 기사	집의 이명연이 치도의 근본을 들어 현재의 정치를 극단적으로 비판하다	침실 접견 불허
724	정조실록 46권	정조 21년 4월 24일 갑오 1번째 기사	홍낙성에게 궤장을 하사하고, 윤득부와 이성보를 가선 대부로 삼다	표창
725	정조실록 46권	정조 21년 6월 2일 신미 1번째 기사	『향례합편』이 완성되었고, 다른 향례 관계 서적들도 유포시키도록 하다	향례 서적 유포
726	정조실록 47권	정조 21년 10월 6일 신축 1번째 기사	여준영이 개천군에서 현재묵 등이 관장을 무함했던 일을 조사하여 아뢰다	처벌
727	정조실록 47권	정조 21년 10월 12일 정미 1번째 기사	채제공이 상차하여, 당색의 폐단과 직무에 힘쓰지 못하는 자신을 책망하다	사직청원 기각
728	정조실록 47권	정조 21년 12월 13일 무신 2번째 기사	훈련원에서 올린 절목	훈련 관련 절목
729	정조실록 48권	정조 22년 1월 1일 병인 1번째 기사	팔도와 사도(四都)에 권농의 윤음을 내리다	권농

〈계속〉

730	정조실록 48권	정조 22년 1월 17일 임오 1번째 기사	대비의 존호 올리는 일로 윤음을 내리다	대비 존호
731	정조실록 48권	정조 22년 4월 18일 임자 1번째 기사	북관 지방 노비에 대한 폐단을 바로 잡으라고 전교를 내리다	조세감면
732	정조실록 49권	정조 22년 9월 12일 임신 1번째 기사	공자의 제자인 유약을 문묘에 배향하라고 이르다	배향 지시
733	정조실록 50권	정조 22년 11월 15일 갑술 2번째 기사	군정 · 관개 · 환곡 등에 대한 칠원 현감 박명섭의 상소	군정
734	정조실록 50권	정조 22년 11월 30일 기축 1번째 기사	농사를 권장하고 농서를 구하는 구언 전지에 대한 배의 등 27명의 상소문	권농
735	정조실록 51권	정조 23년 1월 1일 경신 1번째 기사	팔도와 사도의 수령들에게 권농에 대한 의견을 진술토록 하다	권농
736	정조실록 51권	정조 23년 1월 18일 정축 1번째 기사	판중추부사 채제공의 졸기	치제
737	정조실록 51권	정조 23년 3월 24일 임오 2번째 기사	여러 신하를 불러 정처 석방에 대해 통유하다	석방에 대한 통유
738	정조실록 51권	정조 23년 3월 24일 임오 4번째 기사	시임 · 원임 대신 및 각신을 만나 정처 석방 문제에 대한 의견을 듣다	석방에 대한 의견
739	정조실록 51권	정조 23년 3월 28일 병술 3번째 기사	삼사가 정처 문제로 합계하였으나 불허하다	석방 취소청원 기각
740	정조실록 51권	정조 23년 4월 10일 무술 3번째 기사	수원 주위의 4, 5개 군 · 현을 외영에 이관한 후 생긴 폐단에 대해 서유린에게 유시하다	폐단 유시
741	정조실록 51권	정조 23년 4월 20일 무신 6번째 기사	유선 이성보가 군사와 백성들의 사치 풍습을 금할 것을 상소하다	환임 요청
742	정조실록 51권	정조 23년 5월 5일 임술 5번째 기사	대사헌 송환기가 상소하여 벼슬 제수를 사양하니 입시하라고 돈유하다	환임 요청
743	정조실록 52권	정조 23년 8월 29일 을묘 1번째 기사	초야에서 높은 학문을 닦은 선비를 등용하는 것은 중요한 정사임을 전교하다	인재 추천 장려
744	정조실록 52권	정조 23년 10월 12일 정유 2번째 기사	축하 예물을 올린 것에 대한 봉천 승운 황제가 반사한 조서	청나라 황제
745	정조실록 52권	정조 23년 12월 13일 병신 2번째 기사	좌의정 심환지가 금을 채취하지 못하도록 건의하다	금 채취 금지령
746	정조실록 52권	정조 23년 12월 21일 갑진 1번째 기사	규장각이 어제 선사본을 올리다	표창
747	정조실록 53권	정조 24년 1월 1일 갑인 17번째 기사	팔도와 사도에 윤음을 내리다	권농
748	정조실록 53권	정조 24년 1월 26일 기묘 3번째 기사	봉천 승운 황제의 조서	청나라 포상

〈계속〉

749	정조실록 53권	정조 24년 2월 22일 을사 1번째 기사	지평 이경신이 『주자어류』 주해와 의례, 비축물 등에 대해 상소를 올리다	제도 관련 상소 수용
750	정조실록 54권	정조 24년 윤4월 3일 을묘 1번째 기사	지방 유생의 한성시 응시를 금하자는 승지 이상도의 건의를 받아들이지 않다	과거법 관련 청원 기각
751	정조실록 1권	부록	정조 대왕 시책문(謚册文)	시책문
752	정조실록 1권	부록	정조 대왕 행장(行狀)	행장
753	정조실록 1권	부록	정조 대왕 천릉 지문(遷陵誌文)	지문
754	순조실록 1권	순조 즉위년 7월 4일 갑신 2번째 기사	등극 반교문	등극 반교문
755	순조실록 1권	순조 즉위년 7월 20일 경자 1번째 기사	약원에서 진찰하다. 대왕 대비가 신료들과 왕의 보호 등에 관해 논의하다	성궁 보호
756	순조실록 1권	순조 즉위년 11월 18일 병신 3번째 기사	수원 유수 서유린이 자신을 변명하는 상소를 올리다	사직청원 기각
757	순조실록 1권	순조 즉위년 12월 3일 신해 2번째 기사	고유제를 행하고 교문을 반하하다	특별사면
758	순조실록 1권	순조 즉위년 12월 14일 임술 2번째 기사	양서의 민인들에게 윤음을 내리다	선왕 업적 관련 윤음
759	순조실록 1권	순조 즉위년 12월 18일 병인 1번째 기사	차대하다. 대왕 대비가 언교 1통을 내리고 신료들과 국사를 논의하다	국사 의논
760	순조실록 1권	순조 즉위년 12월 29일 정축 5번째 기사	영의정 심환지 등이 고 참판 김귀주의 포장을 청하므로 허락하다	포장청원 수용
761	순조실록 2권	순조 1년 1월 10일 정해 3번째 기사	차대하다. 화령전 전관 · 김관주 추증 · 서얼 소통 등에 관해 논의하다	인사 관련 논의
762	순조실록 2권	순조 1년 1월 16일 계사 1번째 기사	관학 유생이 상소를 올려 홍낙임을 탄핵하고 심의지의 추증을 요청하다	탄핵 및 추증청원
763	순조실록 2권	순조 1년 1월 16일 계사 2번째 기사	홍낙임 탄핵 · 고 판서 김한기의 유소 등에 관해 전장령 이안묵이 상소하다. 김한기의 유소를 들이게 하다	탄핵 및 유소 관련 청원
764	순조실록 2권	순조 1년 1월 23일 경자 1번째 기사	상호군 김문순이 홍낙임을 탄핵하다	탄핵청원
765	순조실록 2권	순조 1년 1월 25일 임인 3번째 기사	우의정 서용보가 상소하다	사직청원 수용
766	순조실록 2권	순조 1년 1월 28일 을사 1번째 기사	내노비와 시노비의 혁파를 하교하다	내노비 및 시노비제 폐지

〈계속〉

767	순조실록 2권	순조 1년 1월 28일 을사 3번째 기사	내노비와 시노비의 혁파에 관한 윤음을 내리다	내노비 및 시노비제 폐지
768	순조실록 2권	순조 1년 2월 9일 을묘 4번째 기사	삼사에서 채제공을 탄핵하다	탄핵청원 기각
769	순조실록 2권	순조 1년 3월 10일 병술 1번째 기사	차대하다. 대왕 대비가 신료들과 사학 죄인 처리에 관해 논의하다	사학 죄인 관련 논의
770	순조실록 2권	순조 1년 4월 25일 신미 2번째 기사	영부사 이병모 등이 백관을 거느리고 은언군 이인과 홍낙임의 처벌을 정청하다	처벌청원
771	순조실록 3권	순조 1년 5월 18일 계사 7번째 기사	양사에서 윤행임을 국문할 것을 합계하다	국문청원 불허
772	순조실록 3권	순조 1년 6월 22일 정묘 2번째 기사	봉천 승운 황제의 조서	청나라 조서
773	순조실록 3권	순조 1년 8월 27일 신미 2번째 기사	사학의 해독에 관한 최시순의 상소	병예 및 조사청원
774	순조실록 3권	순조 1년 12월 11일 계축 1번째 기사	규장각에서 선조 때에 어제한 184편을 1백 책으로 만들어 진헌하다	표창
775	순조실록 3권	순조 1년 12월 22일 갑자 1번째 기사	사학을 토죄하고 인정전에서 진하를 행하다. 반교문	특별사면
776	순조실록 4권	순조 2년 1월 20일 임진 2번째 기사	장용영을 폐지할 것을 명하다	장용영 폐지
777	순조실록 4권	순조 2년 8월 9일 정미 3번째 기사	종묘에 나아가 전알하고, 인정전에서 하례를 받고 교문을 반포하다	특별사면
778	순조실록 5권	순조 3년 12월 14일 을해 4번째 기사	옥당에서 면려하기를 진달하고 아울러 낭묘에서 초야에 이르기까지 구언하도록 청하다	구언청원
779	순조실록 6권	순조 4년 1월 1일 신묘 1번째 기사	권농 윤음을 반포하다	권농
780	순조실록 7권	순조 5년 3월 27일 신해 1번째 기사	금오 당상이 채홍원 등에 대한 윤음을 반한할 것을 청하다	윤음 반한청원 기각
781	순조실록 8권	순조 6년 1월 1일 기유 2번째 기사	팔도와 사도에 권농하는 윤음을 내리다	권농
782	순조실록 8권	순조 6년 1월 7일 을묘 1번째 기사	사간 이인채가 상소로 우상의 연주에 대한 비답의 내용을 고칠 것을 청하다	도배청원 수용
783	순조실록 8권	순조 6년 1월 16일 갑자 3번째 기사	부재찬 이유명이 김달순에게 분명한 처분을 내릴 것을 청하다	처분청원 기각
784	순조실록 8권	순조 6년 1월 20일 무진 4번째 기사	첨지 이동형을 그가 올린 상소 내용으로 인하여 찬배시키라 하다	찬배
785	순조실록 8권	순조 6년 1월 26일 갑술 4번째 기사	서매수와 한용귀가 연소를 올려 스스로 삭직과 형벌을 청하다	사직청원 기각

〈계속〉

786	순조실록 8권	순조 6년 2월 7일 을유 1번째 기사	북경에서 돌아온 세 사신을 소견하는 자리에서 정사 서용보와 문답하다	청나라 문견
787	순조실록 8권	순조 6년 4월 5일 임오 1번째 기사	이시수를 소견하는 자리에서 대신 · 삼사 · 제 신하들과 김달순 건을 의논하다	처벌 관련 논의
788	순조실록 8권	순조 6년 4월 10일 정해 2번째 기사	정원에서 의계하여 다시 서유순 등에 대한 국청의 설치를 청하다	국청 설치청원 수용
789	순조실록 10권	순조 7년 1월 1일 계묘 3번째 기사	권농 윤음을 내리다	권농
790	순조실록 10권	순조 7년 8월 22일 신묘 2번째 기사	좌의정 이시수가 왕장을 시원스럽게 거행할 것을 청하는 차자의 내용	왕장 거행청원
791	순조실록 10권	순조 7년 10월 11일 기묘 1번째 기사	이시수와 김재찬이 강학에 힘쓸 것과 율을 엄정히 시행할 것을 아뢰다	강학 및 천기 관련 상소
792	순조실록 12권	순조 9년 2월 14일 갑진 3번째 기사	만수 은조의 내용	청나라 조서
793	순조실록 12권	순조 9년 2월 15일 을사 1번째 기사	장몽서를 추국한 결안	추국 결안
794	순조실록 12권	순조 9년 3월 2일 임술 1번째 기사	팔도와 사도에 윤음을 내리다	민생 구제방안 요청
795	순조실록 12권	순조 9년 6월 14일 계묘 1번째 기사	차대하여 구황하는 정사에 대하여 순문하다	제도 관련 논의
796	순조실록 12권	순조 9년 11월 26일 임오 1번째 기사	경기 · 양호 · 화성의 백성에게 내린 윤음의 내용	구휼
797	순조실록 12권	순조 9년 12월 4일 기축 1번째 기사	광주 목사 송지겸 등이 흉년의 실상을 연명하여 상소한 내용	구휼 청원
798	순조실록 13권	순조 10년 10월 9일 경인 1번째 기사	좌의정 · 우의정 이 연명으로 상소하여 성(誠)에 대해 논하고 사직을 청하다	사직청원 기각
799	순조실록 14권	순조 11년 3월 13일 신유 5번째 기사	시위의 국궁여부를 신명케 하고 승정원의 출근 및 천거 인물 탁용에 관해 하교하다	제도 관련 논의
800	순조실록 14권	순조 11년 4월 19일 병인 3번째 기사	오부의 백성들에게 윤음을 내려 가뭄과 관련하여 유시하다	가뭄 관련 유시
801	순조실록 14권	순조 11년 4월 19일 병인 4번째 기사	재해를 당한 각도 및 사도의 백성들에게 윤음을 내려 유시하다	재해 이후 윤음
802	순조실록 14권	순조 11년 4월 28일 을해 3번째 기사	가뭄과 관련하여 팔도와 사도의 방백과 수신에게 유시하다	가뭄 관련 유시
803	순조실록 14권	순조 11년 6월 2일 무신 4번째 기사	덕유당에서 양사의 제신에게 선온하고 윤음을 내려 권장하다	대각 선온 권장
804	순조실록 14권	순조 11년 7월 1일 정축 3번째 기사	약방 도제조 김사목이 자주 소접하여 건강에 힘쓸 것을 아뢰다	소접할 것을 아뢲

〈계속〉

805	순조실록 14권	순조 11년 7월 2일 무인 2번째 기사	영돈녕 김조순이 차자하여 육상궁 등 제궁의 별제 정지를 청하다	제궁 별제 정지
806	순조실록 14권	순조 11년 10월 9일 갑인 2번째 기사	문임에게 윤음을 대찬케 하여 제도의 이재민에게 유시하다	이재민 구휼
807	순조실록 15권	순조 12년 1월 24일 무술 6번째 기사	양리 선발 · 구휼 · 각도 섬의 정찰에 대한 수찬 이광문의 상소	양리 선발
808	순조실록 16권	순조 12년 6월 9일 경술 1번째 기사	비국에서 출정한 사람의 공죄를 가려 아뢰고 종사관 · 장관 등의 별단을 올리다	종사관 장관 별단
809	순조실록 16권	순조 12년 11월 2일 신미 2번째 기사	영의정 김재찬과 좌의정 한용귀 등이 이해승에 대해 변론하다	이해승 사면
810	순조실록 17권	순조 13년 11월 11일 갑술 1번째 기사	관북 · 관동 · 호서 · 경기 · 영남 · 호남 의 도신들에게 백성들의 재해에 대해 윤음하다	재해 이후 윤음
811	순조실록 17권	순조 13년 12월 13일 병오 1번째 기사	인정전에 나아가 왕대비에게 치사 · 전문 · 표리를 올리고 교문을 반포하다	왕대비 교문 반포
812	순조실록 17권	순조 14년 8월 1일 기미 1번째 기사	영남의 농사에 대한 하교	농사 하교
813	순조실록 17권	순조 14년 12월 19일 을해 2번째 기사	진휼한 삼남 등에 단목과 후추를 내리고 윤음을 지어 효유하라 명하다	진휼 효유
814	순조실록 18권	순조 15년 10월 1일 임자 3번째 기사	심후진이 상소하여 전 장령 조직영에 대한 삭직의 명을 거두라고 청하다	삭직 거부
815	순조실록 18권	순조 15년 12월 16일 병인 4번째 기사	예조에서 복제에 대해 의논한 것을 아뢰면서 재결을 청하다	복제 재결
816	순조실록 20권	순조 17년 1월 20일 갑자 1번째 기사	이시수 · 김재찬 · 김사목이 차자를 올려 3조의 흉언을 한 자를 사핵하길 청하다	사핵 청원 거부
817	순조실록 21권	순조 18년 6월 10일 병자 1번째 기사	대사간 신재식 등이 정도채의 일을 아뢰다	처벌 청원
818	순조실록 21권	순조 18년 12월 11일 갑술 2번째 기사	수찬 김경연이 자신의 죄를 논감하도록 상소하다	상소
819	순조실록 22권	순조 19년 7월 24일 갑신 1번째 기사	공청 감사 박종경이 홍수에 대하여 아뢰다	홍수 구휼
820	순조실록 24권	순조 21년 8월 7일 갑신 2번째 기사	효의 왕후의 애책문	애책문
821	순조실록 28권	순조 27년 2월 18일 갑자 1번째 기사	인정전에서 하례를 받고 세자 청청에 관한 반교문을 내리다	세자 청청 반교문
822	순조실록 30권	순조 29년 1월 1일 병신 1번째 기사	왕세자의 하례를 받다	왕세자 하례
823	순조실록 30권	순조 29년 2월 4일 무진 1번째 기사	대사간 정원용이 박기수의 유배를 풀 것을 건의하다	유배 청원

〈계속〉

824	순조실록 30권	순조 29년 10월 24일 을유 1번째 기사	봉천 승운 황제의 조서 내용	황제 조서
825	순조실록 31권	순조 30년 6월 29일 을묘 2번째 기사	영중추부사 남공철 · 우의정 정만석이 제신의 상소를 받아들일 것 등을 건의하다	상소 청원 거부
826	순조실록 32권	순조 31년 1월 1일 을묘 1번째 기사	권농 윤음을 내리다	권농 윤음
827	순조실록 32권	순조 31년 1월 4일 무오 1번째 기사	김윤근이 권농 윤음의 착오를 승정원 승지들의 처벌로 다스릴 것을 상소하다	승정원 승지 처벌
828	순조실록 33권	순조 33년 1월 1일 계유 1번째 기사	권농의 윤음을 내리다	권농 윤음
829	순조실록 33권	순조 33년 9월 14일 신사 2번째 기사	정원에서 김노경의 석방을 취소하는 윤음을 내리기를 청하다	석방 취소 청원
830	순조실록 34권	순조 34년 1월 1일 정묘 1번째 기사	팔도와 네 개의 도시에 권농 윤음을 내리다	권농 윤음
831	순조실록 34권	순조 34년 10월 20일 신해 2번째 기사	차대하다	차대
832	순조실록 34권	순조 34년 10월 22일 계축 1번째 기사	천둥 번개의 이변에 대해 홍석주가 차자를 올리다	천둥 번개 이변 차자
833	순조실록 1권	부록	순조 대왕 행장(行狀)	행장
834	헌종실록 2권	헌종 1년 3월 16일 을해 3번째 기사	언서로 윤음을 위조한 최공필을 베다	최공필 처벌
835	헌종실록 3권	헌종 2년 4월 5일 정사 1번째 기사	좌의정 홍석주가 영평현을 군수의 고을로 승격시키도록 아뢰다	군수 고을 승격
836	헌종실록 6권	헌종 5년 10월 5일 정묘 1번째 기사	대왕 대비가 사학을 배척하는 윤음을 지어 바치도록 내각에 명하다	사학 배척
837	헌종실록 6권	헌종 5년 10월 18일 경진 1번째 기사	척사 윤음을 경외에 내리다	척사 윤음
838	헌종실록 6권	헌종 5년 11월 10일 임인 1번째 기사	우의정 조인영이 서원의 치제와 경행있는 선비의 별천을 아뢰다	선비 별천
839	헌종실록 12권	헌종 11년 7월 16일 을해 1번째 기사	윤음을 지어 파발마로 위유사에게 내려보내게 하다	위유사 파견
840	헌종실록 1권	부록	헌종 대왕 행장(行狀)	행장
841	철종실록 7권	철종 6년 7월 25일 병술 2번째 기사	시임 · 원임 대신이 연차하여 권재대를 국문할 것을 청하다	권재대 국문
842	철종실록 7권	철종 6년 8월 14일 갑진 2번째 기사	성균관에서 사문의 죄를 범한 박홍양을 해당 율로 벌할 것을 청하다	사문죄 처벌

〈계속〉

843	철종실록 7권	철종 6년 9월 10일 경오 1번째 기사	태학 유생이 권당하여 박홍양 · 이약우를 논핵하고 해당 율을 시행할 것을 청하다	권당 주의
844	철종실록 7권	철종 6년 9월 12일 임신 1번째 기사	오혁 · 황규묵의 찬배를 분간하게 하고 복합하는 유생들을 물러가게 하다	찬배 분간
845	철종실록 9권	철종 8년 9월 25일 계묘 1번째 기사	예조에서 판부사 김흥근의 차사에 대한 정원용 · 김좌근 등의 의견을 아뢰다	차사
846	철종실록 9권	철종 8년 11월 7일 갑신 2번째 기사	영부사 정원용이 내년에 51세가 되는 대왕 대비의 경사를 치를 것을 청하다	대왕 대비 경사
847	철종실록 12권	철종 11년 8월 11일 임신 1번째 기사	휼재 윤음을 반포하다	휼재 윤음
848	철종실록 12권	철종 11년 9월 9일 기해 2번째 기사	휼재 윤음을 관북에 반포하다	휼재 윤음
849	철종실록 13권	철종 12년 7월 8일 갑오 1번째 기사	비변사에서 곡산 등의 고을을 구휼할 방도를 계언하다	구휼
850	철종실록 13권	철종 12년 8월 18일 갑술 1번째 기사	조채를 관북 위유사로 삼다	위유사 파견
851	철종실록 13권	철종 12년 10월 24일 기묘 2번째 기사	위유사 조채를 소견하고 구휼한 결과를 묻다	위유사 소견
852	철종실록 14권	철종 13년 4월 15일 정묘 4번째 기사	윤음을 내리고 선무사 조귀하에게 호남 대소 민인을 효유하게 하다	호남 민인 효유
853	철종실록 14권	철종 13년 4월 15일 정묘 5번째 기사	윤음을 내리고 선무사 이삼현에게 영남의 부로와 사민을 효유하게 하다	영남 민인 효유
854	철종실록 14권	철종 13년 5월 22일 계묘 5번째 기사	은진의 민란을 주동한 자를 잡아내어 효수하게 하다	민란 주동자 처벌
855	철종실록 14권	철종 13년 6월 1일 임자 2번째 기사	영남 선무사 이삼현을 접견하고 도내 백성들의 고통과 난동에 대해 묻다	민생 확인
856	철종실록 15권	철종 14년 5월 29일 갑술 3번째 기사	빈청에서 존호를 올릴 것을 청하다	존호 청원 거부
857	철종실록 1권	부록	철종 대왕 시장(諡狀)	시장
858	철종실록 1권	부록	철종 대왕 행장(行狀)	행장
859	고종실록 1권	고종 1년 1월 11일 계축 3번째 기사	권농 윤음을 전국에 내리다	권농 윤음
860	고종실록 1권	고종 1년 7월 11일 기유 1번째 기사	의정부에서 임금의 일가 중 연좌된 죄인의 명단을 적어 올리다	왕실 연좌
861	고종실록 1권	고종 1년 7월 16일 갑인 3번째 기사	이유원이 재상 임명의 중요성과 자신의 부족함을 들어 직책을 사양하는 상소를 올리다	직책 사양 거부

〈계속〉

862	고종실록 2권	고종 2년 1월 1일 정유 4번째 기사	권농 윤음을 전국에 내리다	권농 윤음
863	고종실록 2권	고종 2년 1월 20일 병진 1번째 기사	조두순이 공부에 힘쓰라는 것, 선대왕의 저작을 편찬할 날을 받으라는 것 등을 진술하다	선대왕 저작
864	고종실록 2권	고종 2년 8월 16일 무신 2번째 기사	경상 감사 이삼현이 비바람에 손실을 입은 정황을 보고하니, 전라 · 경상도에 위유사를 파견하다	위유사 파견
865	고종실록 2권	고종 2년 8월 17일 기유 4번째 기사	경상도, 전라도에 위안하는 반포문을 내리다	민심 위로
866	고종실록 3권	고종 3년 1월 1일 신유 1번째 기사	권농 윤음을 내리다	권농 윤음
867	고종실록 3권	고종 3년 2월 10일 경자 1번째 기사	대왕대비, 왕대비, 대비에게 존호 옥책문과 인장을 올리고 진하를 받다	존호 옥책문 반포
868	고종실록 3권	고종 3년 3월 1일 경신 3번째 기사	호군 조병덕에게 관직에 나오도록 하유하다	관직 권유
869	고종실록 3권	고종 3년 3월 20일 기묘 2번째 기사	부호군 임헌회가 관직을 사양하다	관직 사양
870	고종실록 3권	고종 3년 3월 28일 정해 1번째 기사	좨주 송내희가 관직을 사직하는 상소를 올리다	사직 청원
871	고종실록 3권	고종 3년 7월 30일 병술 1번째 기사	김병학이 유교를 강론하여 사학을 물리치도록 아뢰다	사학 배척
872	고종실록 3권	고종 3년 8월 2일 무자 2번째 기사	사학 죄인을 처벌한 사항을 널리 알리게 하다	사학 배척
873	고종실록 3권	고종 3년 8월 3일 기축 1번째 기사	척사 윤음을 내리다	척사 윤음
874	고종실록 4권	고종 4년 1월 1일 병진 2번째 기사	권농 윤음을 내리다	권농 윤음
875	고종실록 5권	고종 5년 1월 1일 경술 2번째 기사	권농 윤음을 내리다	권농 윤음
876	고종실록 5권	고종 5년 12월 6일 기유 2번째 기사	대왕대비의 회갑을 맞아 존호를 올리고 교서를 반포하다	교서 반포
877	고종실록 6권	고종 6년 1월 1일 계유 1번째 기사	권농 윤음을 내리다	권농 윤음
878	고종실록 6권	고종 6년 1월 6일 무인 1번째 기사	대왕대비에게 존호를 가상하고 옥책과 금보를 올리고 이어 진하를 받고 사면을 반포하다	존호 가상 옥책 반포
879	고종실록 6권	고종 6년 11월 19일 병술 1번째 기사	부호군 조경호가 부인의 상사에 베풀어준 은혜를 사양하는 상소를 올리다	부호군 부인 상사 은혜
880	고종실록 7권	고종 7년 1월 1일 정묘 3번째 기사	권농 윤음을 내리다	권농 윤음

〈계속〉

881	고종실록 7권	고종 7년 4월 3일 기해 2번째 기사	권농 윤음을 내리다	권농 윤음
882	고종실록 8권	고종 8년 1월 1일 신묘 3번째 기사	권농 윤음을 팔도와 사도에 내리다	권농 윤음
883	고종실록 8권	고종 8년 1월 10일 경자 1번째 기사	각도의 수령들로 하여금 그 지역의 권농하는 책임을 지게 하다	수령 권농 책임
884	고종실록 8권	고종 8년 1월 20일 경술 2번째 기사	사역원에 소속된 포삼 별장 관직의 증원에 대하여 의논하다	관직 증원
885	고종실록 8권	고종 8년 1월 20일 경술 3번째 기사	권농 윤음을 내리다	권농 윤음
886	고종실록 8권	고종 8년 2월 10일 경오 1번째 기사	선농단에 나아가 봉심하고 적전을 친경하다	적전 친경
887	고종실록 8권	고종 8년 2월 11일 신미 1번째 기사	권농 윤음을 반포하다	권농 윤음
888	고종실록 9권	고종 9년 1월 1일 병술 5번째 기사	권농 윤음을 팔도와 사도에 반포하다	권농 윤음
889	고종실록 9권	고종 9년 9월 20일 신축 3번째 기사	군사들의 안정을 위해 힘쓴 진무사 김선필에게 특별히 가자하도록 명하다	진무사 사급
890	고종실록 9권	고종 9년 10월 17일 무진 2번째 기사	좌의정 강로가 자신의 부족한 점을 들어 재상의 직을 사양하다	사직 청원 기각
891	고종실록 9권	고종 9년 12월 16일 병인 3번째 기사	대신들이 임금과 대비전의 존호를 올려 업적을 드러낼 것을 청하다	존호 청원 거부
892	고종실록 10권	고종 10년 1월 1일 신사 4번째 기사	팔도와 사도에 권농 윤음을 반포하다	권농 윤음
893	고종실록 10권	고종 10년 윤6월 10일 병술 2번째 기사	진주에 수재가 일어났기 때문에 특별히 위유사를 파견하다	위유사 파견
894	고종실록 10권	고종 10년 윤6월 11일 정해 2번째 기사	수해를 입은 영남에 윤음을 내리다	수해 이후 윤음
895	고종실록 10권	고종 10년 11월 4일 기유 5번째 기사	영돈녕부사 홍순목 등이 최익현을 전형에 처할 것을 청했으나 허락하지 않다	최익현 전형 거부
896	고종실록 11권	고종 11년 1월 1일 을축 8번째 기사	팔도와 사도에 권농 윤음을 내리다	권농 윤음
897	고종실록 11권	고종 11년 2월 14일 정해 2번째 기사	원자의 탄생을 맞아 반사 교서를 내리다	교서 반포
898	고종실록 11권	고종 11년 2월 15일 무자 2번째 기사	영중추부사 강로가 임금의 부르심을 따를 수 없는 이유를 글로 올리다	처벌 청원 거부
899	고종실록 11권	고종 11년 3월 3일 을사 1번째 기사	전 장령 박기종이 별포청이 백성의 토지를 빼앗고 있음을 알리다	별포청 약탈

〈계속〉

900	고종실록 11권	고종 11년 6월 9일 경진 1번째 기사	혜성이 나타난 것과 관련해 이유원이 사직을 청하다	혜성 출몰로 인한 사직 청원
901	고종실록 11권	고종 11년 6월 25일 병신 6번째 기사	전라 감사 조성교가 전주 등에 수해를 입은 상황을 보고하다	휼전
902	고종실록 11권	고종 11년 6월 26일 정유 2번째 기사	호남의 재해를 입은 여러 고을에 윤음을 내려 보내다	재해민 윤음
903	고종실록 11권	고종 11년 6월 29일 경자 5번째 기사	충청 감사 성이호가 공주 등 고을이 수해를 입었음을 보고하다	휼전
904	고종실록 11권	고종 11년 7월 6일 병오 2번째 기사	경상 감사 유치선이 창원부의 수해를 입은 사정을 보고하다	휼전
905	고종실록 11권	고종 11년 7월 7일 정미 1번째 기사	영남의 재해를 입은 고을들에 윤음을 내리다	재해민 윤음
906	고종실록 11권	고종 11년 7월 18일 무오 3번째 기사	경상 전 감사 유치선이 성주, 상주, 김해 등의 재해면적을 보고하다	휼전
907	고종실록 12권	고종 12년 1월 1일 갑자 8번째 기사	팔도와 사도에 권농 윤음을 내리다	권농
908	고종실록 12권	고종 12년 2월 19일 정해 1번째 기사	왕세자 책례와 관련하여 축하하고 대사령을 반포하다	대사령 반포
909	고종실록 13권	고종 13년 1월 1일 계사 4번째 기사	권농 윤음을 팔도와 사도에 내려 보내다	권농
910	고종실록 13권	고종 13년 1월 28일 경신 4번째 기사	일본과 통상하는 문제에 대하여 윤치현이 상소하다	서양물건 거래금지
911	고종실록 13권	고종 13년 8월 9일 정유 1번째 기사	함경도 백성들을 위로하는 윤음을 내리다	구휼 제반 조치 시행
912	고종실록 14권	고종 14년 1월 1일 정사 4번째 기사	팔도와 사도에 권농 윤음을 내리다	권농
913	고종실록 14권	고종 14년 4월 1일 병술 1번째 기사	기근 구제를 하는 도와 유수도에 윤음을 내려 보내다	기근 구제 윤음
914	고종실록 14권	고종 14년 5월 30일 갑신 1번째 기사	진휼을 마친 여러 도에 윤음을 내리다	진휼 보전 대책
915	고종실록 15권	고종 15년 1월 1일 신해 4번째 기사	팔도와 사도에 권농 윤음을 내려보내다	권농
916	고종실록 16권	고종 16년 1월 1일 을사 6번째 기사	팔도와 사도에 권농 윤음을 내려 보내다	권농
917	고종실록 16권	고종 16년 1월 4일 무신 1번째 기사	대왕대비전에 대한 가상 존호 책보를 관리를 시켜 올리게 하다	특별사면
918	고종실록 16권	고종 16년 1월 20일 갑자 1번째 기사	북도의 능 관제를 개정하다	능 관제 개정

〈계속〉

919	고종실록 17권	고종 17년 1월 1일 기사 4번째 기사	권농 윤음을 팔도와 사도에 내리다	권농
920	고종실록 17권	고종 17년 9월 27일 임진 1번째 기사	충청 감사 이명응이 김낙현, 박성양, 이상수의 부주를 가지고 보고하다	임용 유지 봉답
921	고종실록 18권	고종 18년 1월 1일 갑자 4번째 기사	권농 윤음을 팔도와 사도에 내리다	권농
922	고종실록 18권	고종 18년 3월 23일 을유 4번째 기사	승정원에서 황재현, 홍시중을 처벌할 것을 아뢰다	처벌 청원
923	고종실록 18권	고종 18년 5월 15일 병자 2번째 기사	척사 윤음을 팔도와 사도에 내려 보내다	척사 윤음
924	고종실록 18권	고종 18년 5월 22일 계미 2번째 기사	이규원을 울릉도 검찰사에 임명하다	울릉도 검찰사 임명
925	고종실록 18권	고종 18년 6월 8일 무술 2번째 기사	곽기락이 상소문의 소두를 엄히 다스릴 것을 청하다	처벌 청원
926	고종실록 18권	고종 18년 7월 10일 경오 1번째 기사	척사 윤음을 반하할 때에는 통리기무아문에서 나누어 주도록 분부하다	척사 윤음
927	고종실록 18권	고종 18년 윤7월 6일 병신 4번째 기사	홍재학 등이 상소를 올려 척사를 주장하다	척사 주장
928	고종실록 18권	고종 18년 윤7월 20일 경술 1번째 기사	홍재학을 부대시처참에 처하도록 청하다	처벌 청원
929	고종실록 18권	고종 18년 9월 28일 정사 2번째 기사	김낙현이 상소문을 올렸는데, 빨리 조정에 입사할 것을 명하다	임용
930	고종실록 18권	고종 18년 10월 29일 무자 6번째 기사	이재면이 상소를 올려 벌을 줄 것을 청하다	처벌청원 기각
931	고종실록 18권	고종 18년 11월 6일 갑오 4번째 기사	송상순이 현재의 폐단에 대하여 상소를 올리다	제도 관련 상소 수용
932	고종실록 19권	고종 19년 1월 1일 무자 6번째 기사	팔도와 사도에 권농 윤음을 내리다	권농
933	고종실록 19권	고종 19년 7월 18일 임인 1번째 기사	변란과 관계된 문제는 일체 따지지 않을 것이므로 안심하고 편안히 살도록 중외의 대소 신료 등에게 윤음을 내리다	특별사면
934	고종실록 19권	고종 19년 7월 25일 기유 11번째 기사	충주 유학 김익룡이 상소를 올리다	폐단 구제 계책
935	고종실록 19권	고종 19년 8월 7일 경신 1번째 기사	하례를 받고 사면을 반포하다	특별사면
936	고종실록 19권	고종 19년 9월 1일 갑신 4번째 기사	관리 등용의 폐단 등에 관하여 이응하가 상소하다	인재 등용청원 수용

〈계속〉

937	고종실록 19권	고종 19년 9월 10일 계사 1번째 기사	홍순목 등이 성상의 이변과 대동미 횡령 등의 문제에 관하여 아뢰다	제도 관련 상소 수용
938	고종실록 19권	고종 19년 9월 14일 정유 5번째 기사	시폐에 관하여 김병숙이 상소하다	시폐 상소
939	고종실록 19권	고종 19년 9월 22일 을사 6번째 기사	재정의 낭비 등 시폐에 관하여 이민성이 상소하다	시폐 상소
940	고종실록 20권	고종 20년 1월 1일 계미 2번째 기사	팔도와 사도에 권농 윤음을 내리다	권농
941	고종실록 21권	고종 21년 1월 1일 정축 4번째 기사	권농 윤음을 팔도와 사도에 내리다	권농
942	고종실록 21권	고종 21년 7월 3일 을사 1번째 기사	의복제도의 변경문제에 관하여 송근수가 상소하다	제도 관련 상소
943	고종실록 21권	고종 21년 11월 26일 병인 4번째 기사	역적들의 처단문제와 군사 편제 등의 일에 관하여 송백옥이 상소하다	제도 관련 상소
944	고종실록 21권	고종 21년 11월 30일 경오 1번째 기사	대신들에게 마음을 펴는 별유를 반포하다	의정부 위임
945	고종실록 21권	고종 21년 12월 5일 을해 2번째 기사	정사에 관하여 부사과 심기택이 상소하다	제도 관련 상소
946	고종실록 22권	고종 22년 1월 1일 신축 3번째 기사	권농 윤음을 팔도와 사도에 내리다	권농
947	고종실록 22권	고종 22년 8월 26일 임진 6번째 기사	도적을 잡는 일과 사신에게 공급하는 쌀 등에 관해 공조 참판 이응진이 상소하다	제도 관련 상소
948	고종실록 22권	고종 22년 12월 8일 임신 1번째 기사	경상도의 공전으로 곡식을 사서 김해 등을 구휼하고 인천부에 도시를 복설하다	제도 관련 상소
949	고종실록 23권	고종 23년 1월 1일 을미 4번째 기사	권농 윤음을 팔도와 사도에 내리다	권농
950	고종실록 23권	고종 23년 1월 8일 임인 1번째 기사	대왕대비전에게 책보 등을 올리고 축하를 받고 대사령을 반포하다	대사령 반포
951	고종실록 24권	고종 24년 1월 1일 기축 4번째 기사	팔도와 사도에 권농 윤음을 내리다	권농
952	고종실록 24권	고종 24년 8월 15일 기해 2번째 기사	영의정 심순택이 정사에 대해 의논하다	제도 관련 상소
953	고종실록 25권	고종 25년 1월 1일 계축 3번째 기사	왕세자가 상소문을 올려 존호를 올릴 것을 아뢰다	존호청원 기각
954	고종실록 25권	고종 25년 1월 1일 계축 5번째 기사	권농 윤음을 팔도와 사도에 내려 보내다	권농
955	고종실록 25권	고종 25년 3월 13일 갑자 1번째 기사	대왕대비전과 왕대비전에게 존호와 책보를 올리고 하례를 받고 사면을 반포하다	특별사면

〈계속〉

956	고종실록 26권	고종 26년 1월 1일 정미 2번째 기사	권농 윤음을 팔도와 사도에 내려 보내다	권농
957	고종실록 26권	고종 26년 11월 27일 기사 3번째 기사	봉조하 김상현이 묘호에 대해 상소를 올리다	묘호 상소
958	고종실록 27권	고종 27년 1월 1일 임인 6번째 기사	권농 윤음을 팔도와 사도에 내리다	권농
959	고종실록 27권	고종 27년 5월 20일 무자 4번째 기사	공제 후 승후하였으므로 시임 각신과 원임 각신들을 인견하다	산릉 동행
960	고종실록 27권	고종 27년 5월 20일 무자 5번째 기사	안민 윤음을 내리다	안민 윤음
961	고종실록 27권	고종 27년 5월 20일 무자 6번째 기사	윤음을 내려 타이르고 종전의 폐단을 철저히 없앨 것을 명하다	폐단 시정 윤음
962	고종실록 27권	고종 27년 7월 5일 계유 1번째 기사	차대를 행하다	제도 관련 차대
963	고종실록 27권	고종 27년 7월 19일 정해 1번째 기사	북관 백성들이 국경을 넘는 폐단에 대해 관북과 관남 해당 수령을 교체하도록 하다	수령 교체
964	고종실록 27권	고종 27년 8월 30일 정묘 2번째 기사	대행 대왕대비의 지문	지문
965	고종실록 27권	고종 27년 8월 30일 정묘 3번째 기사	대행 대왕대비의 행장	행장
966	고종실록 27권	고종 27년 11월 7일 계유 2번째 기사	무신년 공신들인 조문명 등 25명의 사당에 치제하도록 하다	치제
967	고종실록 27권	고종 27년 11월 11일 정축 6번째 기사	왕대비전의 보령이 망칠순이 되는 해이므로 오는 정월 초하룻날 표리만을 올리고 널리 알리는 절차를 거행하도록 하다	왕실 잔치 의논
968	고종실록 27권	고종 27년 12월 7일 임인 1번째 기사	근정전에 나아가 진하를 받고 사령을 반포하다	대사령 반포
969	고종실록 28권	고종 28년 1월 1일 병인 5번째 기사	권농 윤음을 팔도와 오도에 내리다	권농
970	고종실록 28권	고종 28년 8월 4일 을미 2번째 기사	백성들이 귀화하는 데에 대해 서형순, 홍남주에게 새서와 표리를 내리다	표창
971	고종실록 28권	고종 28년 12월 24일 갑인 1번째 기사	영의정 심순택을 소견하다	제도 관련 상소
972	고종실록 29권	고종 29년 1월 1일 신유 6번째 기사	권농 윤음을 팔도와 오도에 내리다	권농
973	고종실록 30권	고종 30년 1월 1일 을유 4번째 기사	권농 윤음을 팔도와 오도에 내리다	권농

〈계속〉

974	고종실록 30권	고종 30년 2월 18일 신미 1번째 기사	진사 이건중이 사학을 엄금하는 상소를 올리다	사학 엄금 상소
975	고종실록 30권	고종 30년 3월 25일 정미 1번째 기사	대신들이 전라도와 충청도에 일고 있는 동학난에 대한 대책, 공정한 수령 임명, 군사 양성 문제 등을 아뢰다	제도 관련 상소
976	고종실록 30권	고종 30년 4월 1일 계축 2번째 기사	의정부에서 난민을 안정시키는 방법을 아뢰다	난민 안정 상소
977	고종실록 30권	고종 30년 4월 1일 계축 3번째 기사	양호에 윤음을 내리다	난민 안정 윤음
978	고종실록 30권	고종 30년 4월 5일 정사 1번째 기사	대신들이 충청도와 전라도의 동학에 대한 처리와 그 지방의 폐단을 아뢰다	난민 사후 처리
979	고종실록 30권	고종 30년 4월 10일 임술 2번째 기사	의정부에서 보은군의 비적들이 모두 해산했으니 호서와 호남의 관찰사로 하여금 조사하게 할 것을 아뢰다	난민 사후 처리
980	고종실록 30권	고종 30년 8월 21일 경오 1번째 기사	부호군 이건창이 상소를 올려 호남과 호서에 퍼져있는 동학에 대해 성토하다	동학 상소
981	고종실록 30권	고종 30년 10월 4일 임자 1번째 기사	경운궁 즉조당에 나아가 전배하고 선조 대왕이 수도에 환궁한 300년을 축하하는 하례를 받고 사면을 반포하다	특별사면
982	고종실록 31권	고종 31년 1월 1일 기묘 4번째 기사	권농 윤음을 팔도와 오도에 내리다	권농
983	고종실록 31권	고종 31년 2월 22일 기사 1번째 기사	팔도와 오도에 윤음을 내려 전국에 수령의 본분을 잘 지켜 민란을 막으라고 명하다	민란방지 신칙
984	고종실록 31권	고종 31년 2월 30일 정축 1번째 기사	심순택이 영남 지방의 기근 구제, 법조문 적용의 형평성, 지방관의 성실한 임무 수행 등에 대해 진술하다	제도 관련 상소
985	고종실록 31권	고종 31년 5월 12일 무자 1번째 기사	호서와 호남 백성들에게 윤음을 내리다	구휼
986	고종실록 31권	고종 31년 6월 14일 기미 1번째 기사	충청 감사 이헌영에게 청군들이 주둔하고 있는 아산에 많은 민폐가 발생하고 있으므로 혁파하고 바로잡을 것을 명하다	잡세 폐지
987	고종실록 31권	고종 31년 6월 22일 정묘 4번째 기사	윤음을 내리고 현실의 폐단을 시정할 것을 명하다	구언 윤음
988	고종실록 31권	고종 31년 6월 28일 계유 3번째 기사	의정부에서 남양에 민란이 일어난 원인과 지방관을 처벌할 것과 호남 비적들의 잔당을 처리하는 문제를 아뢰다	민란지역 관리 처벌
989	고종실록 32권	고종 31년 7월 4일 무인 1번째 기사	옛 규례를 개혁하는 것에 대한 윤음을 내리다	유신 윤음
990	고종실록 32권	고종 31년 7월 9일 계미 2번째 기사	의정부에서 호서 이인역에 모인 동학 무리들을 안착하는 방도와 대부도의 복구 등을 아뢰다	임명 청원

〈계속〉

991	고종실록 32권	고종 31년 7월 18일 임진 4번째 기사	의정부에서 자기의 직임에 성과를 낸 김학진, 이학승에 대한 은전을 베풀 것을 아뢰다	표창 청원
992	고종실록 32권	고종 31년 7월 20일 갑오 1번째 기사	총리대신과 궁내부 대신, 각 아문의 대신 이하를 소견하다	직숙 요청
993	고종실록 32권	고종 31년 7월 20일 갑오 2번째 기사	여러 아문의 대신에게 직무의 성과에 대한 윤음을 내리다	직무 성과 윤음
994	고종실록 32권	고종 31년 7월 26일 경자 3번째 기사	의정부에서 호서 선무사를 남도의 선무사까지 겸임하는 문제를 건의하다	임면
995	고종실록 32권	고종 31년 7월 26일 경자 5번째 기사	경상도의 백성들을 위로하는 윤음을 내려 보내다	교화 윤음
996	고종실록 32권	고종 31년 8월 15일 기미 1번째 기사	선무사 정경원이 동학 무리들을 잘 진압하지 못했으므로 대죄하다	처벌 청원 기각
997	고종실록 32권	고종 31년 10월 13일 병진 1번째 기사	삼남에 윤음을 내려 비적을 토벌할 것과 백성들을 안착시킬 것을 명하다	임무 명령
998	고종실록 32권	고종 31년 11월 13일 을유 3번째 기사	의정부에서 전사한 김병돈에게 표창할 것과 금산을 방어하는 것을 아뢰다	표창 및 임명
999	고종실록 32권	고종 31년 12월 13일 을묘 2번째 기사	중앙과 지방의 백성들에게 자주 독립을 고취시키는 윤음을 내리다	자주독립 고취
1000	고종실록 33권	고종 32년 1월 5일 정축 3번째 기사	내무 아문에서 자주 독립의 큰 사업을 함께 지킬 것을 포고하다	자주독립 포고
1001	고종실록 34권	고종 33년 2월 13일 양력 2번째 기사	모든 백성들에게 윤음을 내리다	백성 안정 윤음
1002	고종실록 34권	고종 33년 2월 25일 양력 2번째 기사	최익현이 상소를 올리다	백성 안정 임무
1003	고종실록 36권	고종 34년 8월 16일 양력 2번째 기사	연호를 세운 것에 대하여 올리는 진하 의식을 가지고 사령을 반포하다	대사령 반포
1004	고종실록 36권	고종 34년 9월 12일 양력 3번째 기사	김성동 등이 도동 서원의 구습을 없애주기를 청하다	구습폐지 청원 수용
1005	고종실록 36권	고종 34년 10월 20일 양력 8번째 기사	유인석이 변명하는 상소를 올리다	서용
1006	고종실록 37권	고종 35년 7월 9일 양력 2번째 기사	윤치호 등이 관리 선발에 대하여 상소를 올리다	등용 및 구언 청원 기각
1007	고종실록 39권	고종 36년 11월 21일 양력 3번째 기사	고 장령 이진택을 정3품인 비서승으로 추증하도록 하다	표창
1008	고종실록 40권	고종 37년 6월 19일 양력 2번째 기사	황태자가 황제의 50세 탄신 축하 연회를 열 것을 아뢰다	연회 청원
1009	고종실록 41권	고종 38년 9월 27일 양력 2번째 기사	명릉에 작헌례를 섭행한 조병세를 소견하다	제도 관련 상소

〈계속〉

1010	고종실록 41권	고종 38년 12월 4일 양력 1번째 기사	각 도와 각 군에 혜민사를 설치하게 하고 혜민원에서 관할하게 하다	사창법 시행
1011	고종실록 44권	고종 41년 4월 4일 양력 2번째 기사	이중하와 이용관을 평안도 안무사에 임명하다	임명 청원 수용
1012	고종실록 46권	고종 42년 11월 28일 양력 8번째 기사	김종한이 한일 협상 조약을 맺은 신하들을 처벌하고 협약을 취소하라고 상소하다	제도 관련 상소
1013	고종실록 47권	고종 43년 9월 24일 양력 9번째 기사	조병호가 상소를 올려 정사에 대해 의논하다	홍수지역 위유사 파견
1014	순종실록 1권	순종 즉위년 8월 17일 양력 4번째 기사	죄를 지은 이준용이 상소문을 올리다	재판 청원 기각
1015	순종실록 부록 10권	순종 부록 12년 3월 4일 양력 4번째 기사	고종 황제의 행장	행장
1016	순종실록 부록 10권	순종 부록 12년 3월 4일 양력 5번째 기사	고종 황제의 지문	지문
1017	순종실록 부록 17권	순종 부록 19년 6월 11일 양력 4번째 기사	순종 황제의 애책문	애책문
1018	순종실록 부록 17권	순종 부록 19년 6월 11일 양력 6번째 기사	순종 황제의 행장	행장

찾아보기

인명

내용

저자 소개

박종민(朴鍾玟)
경희대학교 미디어학과 교수 jongmin@khu.ac.kr

고려대학교 독어독문학과, 일반대학원 신문방송학과를 졸업하고, 미국 미주리주립대학교에서 광고홍보학 석사, 언론학 박사를 취득하고 부산대학교 신문방송학과 조교수를 지냈다. 현재 한국언론학회장이며, 한국광고홍보학회장과 독립기념관 이사를 역임하였다. 주요 저서로는『산업적 지속가능성을 위한 방송영상산업의 재구조화』(공저, 시간의 물레, 2020),『30대 뉴스에서 PR을 읽다』(공저, 한울아카데미, 2019),『한국 언론학 60년』(공저, 나남, 2019),『커뮤니케이션 과학의 지평』(공저, 나남, 2015),『정책PR론』(공저, 커뮤니케이션북스, 2015),『Public Relations Leaders as Sensemakers: A Global Study of Leadership in Public Relations and Communication Management』(공저, Routledge, 2014),『현대사회와 미디어』(공저, 커뮤니케이션북스, 2014),『PR학 원론』(공저, 커뮤니케이션북스, 2014) 등 15권과 25여 편의 해외논문(SSCI), 110여 편의 국내 논문(학진등재지)이 있다.

남태우(南泰宇)
성균관대학교 국정전문대학원 교수 namtaewoo@skku.edu

뉴욕주립대학교(Albany)에서 행정학 박사학위를 취득하고, 현재 성균관대학교 행정학과와 국정전문대학원 교수로 재직 중이다. 2019 미래한국 아이디어 지도교수부문 대상(기획재정부장관상)을 수상하였고, 2020 SKKU-Fellowship에 선정되었다. 디지털정부, 정부혁신과 관련된 연구를 수행하고 있고, 다양한 정부부처와 공공기관의 자문위원을 역임하고 있다.

김상연(金相延)
광운대학교 미디어커뮤니케이션학부 교수 sangkim9@kw.ac.kr

미시간주립대학교에서 커뮤니케이션학 박사를 취득하고 위스콘신-밀워키대학교 커뮤니케이션학과에서 십여 년간 교수 생활을 하며 문화와 설득, 통계 방법론에 대해 연구와 강의를 계속하다가 최근 모교인 광운대학교로 자리를 옮겼다. 저서로『1인 미디어와 AI』(편저, 2020, 광문각),『Effect Size Issues in Media Psychology』(편저, 2020, Wiley Blackwell) 등이 있으며, 문화와 설득, 휴먼 커뮤니케이션, 통계 방법론에 관한 다양한 연구를 정통 커뮤니케이션(Human Communication Research, Communication Research, Journal of Computer-Mediated Communication, Social Influence 등), 의료보건(Annals of Internal Medicine, Journal of Substance Use 등), 양적 방법론(Communication Methods and Measures, Studies in Communication Sciences 등), 그리고 문화/역사(International Journal of Intercultural Relations, Immigrants & Minorities 등) 분야 전문 국제학술지에 게재하고 있다.

조선 500년 대민 커뮤니케이션 윤음(綸音) 연구

YUNEUM: 500 years of public communication during the Joseon Dynasty

2024년 1월 10일 1판 1쇄 인쇄
2024년 1월 20일 1판 1쇄 발행

지은이 • 박종민 · 남태우 · 김상연
펴낸이 • 김진환
펴낸곳 • ㈜ 학지사비즈
04031 서울특별시 마포구 양화로 15길 20 마인드월드빌딩
대표전화 • 02-330-5114 팩스 • 02-324-2345
등록번호 • 제313-2006-000265호

홈페이지 • http://www.hakjisa.co.kr
인스타그램 • https://www.instagram.com/hakjisabook

ISBN 979-11-984792-2-8 93320

정가 18,000원

저자와의 협약으로 인지는 생략합니다.
파본은 구입처에서 교환해 드립니다.